HACKING DIGITAL

Best Practices to Implement and Accelerate Your Business Transformation

ハッキング・デジタル

DXの成功法則

マイケル・ウェイド、ディディエ・ボネ、横井朋子、ニコラウス・オブウェゲザー
根来龍之 監訳、門脇弘典 訳

日本経済新聞出版

HACKING DIGITAL

Best Practices to Implement and Accelerate Your Business Transformation
by Michael Wade, Didier Bonnet, Tomoko Yokoi and Nikolaus Obwegeser

Japanese translation right arranged with McGraw Hill
through Japan UNI Agency, Inc., Tokyo.

ハイジに。大切なものすべてがデジタルではないことに感謝して――M・W

学問や共同作業、楽しいひとときについて多くのことを教えてくれた共著者たちに――D・B

ついにスカイプの仕方を覚えた両親に――T・Y

無限のインスピレーションの源泉であるノエミとイザベルに――N・O

ハッキング・デジタル　DXの成功法則——目　次

III　外部環境と協働する

IV　ビジネスモデルを変革する

V 人と組織を導く

VI 推進力を持続する

装幀　松田行正

序章

私の目的地は、場所ではなく、新たな視座だ。
――マルセル・プルースト

壇上の照明が消されると「ネクストウェーブＤＸ（デジタル・トランスフォーメーション）カンファレンス」の参加者たちはレセプション会場にぞろぞろと移動した。カンファレンスの１日目がつつがなく終わり、いまからネットワーキングの時間が始まる。

「話し相手が見つかるといいけど」。会場を見渡しながら、イアンは心のなかでつぶやいた。グローバルなエンジニアリング企業に勤めて20年。叩き上げのエンジニアだが、先日、会社の「デジタル」の責任者に任命され、キャリアの転機を迎えている。どうスタートを切ればいいのかをつかむため、このカンファレンスへの参加が許されたのだった。

さきほどプレゼンテーションをしていた女性が目にとまった。たしか名前はエレナで、１年前からオランダの銀行でＣＤＯ（最高デジタル責任者）を務めていると言っていた。自分の経験をシェアするので、聞きたければ気兼ねなく声をかけてほしい、とも。エレナがいま話している男性も、登壇者のひとりで、アンドレイと名乗っていた。消費財メーカーのＣＤＯを務めていたが、最近ＣＩＯ（最高情報責任者）に昇進したという。

大規模で複雑なDXプロジェクトのマネジメントについて、ぜひ2人に教えてもらいたい。イアンは、エレナとアンドレイに声をかけた。自己紹介がひととおり済むと、2人は新しい任務はどんな具合か尋ねてきた。

「それが妙な感じなんですよ」。イアンは言った。「一見すると順調そのもの、だけど不安がぬぐえないのです」

「どういうことですか」。アンドレイが尋ねた。

「1カ月前、ボスのCOO（最高執行責任者）に言われてデジタル担当の責任者になったのですが、指示があまり明確ではないんです。『急いでデジタル化を進めるんだ』とだけ言われました。聞こえはいいですよね。あと、『会社をデジタルな企業に変革するためなら、常識の範囲内でどんなリソースでも使っていい』と言われました」

「それはなによりじゃないですか」とエレナ。「何が問題なんです？」

「ボスも経営陣のメンバーも、DXが何かをきちんと理解していないような気がするんです。CIOや財務責任者など、会社を動かしているエグゼクティブとも話して、全員がサポートを約束してくれましたが、積極的に関与してくれるわけではないんです。具体的な話をしようとすると、とたんに反応が悪くなって――。

どうもDXには、自分が知っているよりもずっと多くのことが関わっているんじゃないかと思っているんです。あちこちの部署でやっている既存のプロジェクトがどうなっているのか、全体像がよくわかりません。会社のウェブサイトやアプリがありますが、どちらも統一されずに乱立していて、それがどれだけのビジネスを生み出し、利益を出しているのか、誰も知らないようなんです。

全体として、皆が私を受け入れてくれているけれど、変革には本気でコミットしていないという感じです。ディスラプションやＤＸの話をうんうんと聞いてはくれても、こちらのメッセージがきちんと届いていないような。それがＤＸへの不信感から来るものなのか、私にはＤＸを起こせないと思われているのかはわかりません。

基本的には、私に干渉されずに、これまでどおりの仕事ができれば満足なのでしょう。『いるのはかまわないよ、邪魔さえしなければね』という」

「チームは何人くらいですか」。アンドレイが尋ねた。

「それも問題なんですよ。メンバーがすごく少なくて、たった5人のチームを引き継いだんです。プロジェクト・マネジャー、広報担当、アジャイルコーチ、ＩＴ担当2人と、スキルセットは幅広くそろっています。『他にも雇いたいだけ雇え』とボスには言われていますが、どんなスキルが必要なのかもよくわかっていない状態で。それから、ＤＸの中心になるべきガバナンス体制もありません。次に何をしたらいいのか見当もつかないというのが本音ですね」

「うちの銀行も似たような感じでしたよ」。エレナが言う。「1年前に私が雇われたころの話です。すでに大がかりな事業変革が始まっていたのですが、『変革疲れ』が会社を覆っていて、デジタル化へのモチベーションがなかなか高まらなかったんです。いろいろなことを把握するのに、私も手間取りましたね。デジタル化の進み具合を知るために、監査を実施しなければなりませんでした。そこで、新たなチームをつくり、プロジェクトを設定して取り組みました。少し手応えを感じはじめたころ、コロナ禍で一気に変わったんです」

「どんなふうに？」イアンは尋ねた。

「言ってみれば、会社では日陰の存在だったのが、突然スポットライトを浴びたように、期待の眼差しを向けられましたよ。幸い、ＩＴ部門といい関係をつくってあったので、緊密に連携を取りながらビデオバンキング・プロジェクトを加速させ、これが効果的な一手になりました。また、リモートワーク・プロジェクトの指揮も執りました。時間も労力もすごくかかりましたが、ありがたいことにうまくいって、２週間ほどで７０００人が在宅で仕事をするようになりました。ビデオバンキングとリモートワークが成功したおかげで、社内での信頼度も高まりましたね」

「コロナ禍がきっかけになったんですね」。アンドレイが言う。

「そう言えるでしょうね」とエレナ。「けれど、デジタルへの期待値がやたらと上がりすぎてしまったとも思います。その後も次々とデジタル・プロジェクトをやっていくうちに失敗例も出てきて、それにつれて以前の『変革疲れ』がぶり返したんです。いまはちょっと停滞気味かもしれません。最近はもっぱら、技術よりも組織に関わることに時間を使っていますね。変革に勢いをつけるとか、プロセスを再設計する、プロジェクトについて業務部や人事部と協働する、従業員に対してデジタルスキルの教育を行う、新しいビジネスモデルの有効性を示すといったようなことです。それと、顧客と過ごす時間もできるだけとるようにしています。何が必要とされているのか、そして一番重要なこととして、何に対してお金を出してもらえるのかを理解するために。いま抱えている最大の課題は、デジタル・プロジェクトのパイロット版を拡張させることです。有望なものがいくつもあるのに、まだインキュベーションの段階で、いっこうに拡張させるめどがつかなくて頭を抱えています。問題をひとつ解決したら別の難問が現れる。そんなものですよ、イアン。ここ1年でいくつかの成功を体験した私でも、完璧に取り仕切れているようには感じられません」

次いで、アンドレイが語りはじめる。「いずれ状況はよくなりますよ。少なくとも私のときはそうでした。ここ3年でさまざまなプロジェクトを実施し、そのすべてが成功とはいかなかった――というより、失敗もかなりありました。それでも、結果的にはうまく軌道に乗っています。初めのうちは、変革の必要性を社内で説いてまわるのに多くの時間を費やしました。ディスラプションへの対処が社員のDNAに刻まれていなくて、すぐそこにある脅威がよく見えていなかったからです。また、デジタルの力でディスラプションに対処できると信じていない人たちもいました。デジタルをITツールの豪華版としか考えていない人たちが――なんとIT部門にも！

そんな彼らも、会社の事業が脅かされることが続くと、さすがに現状維持ではまずいと納得してくれました。それがコロナ禍以前のこと。コロナ禍は私たち消費財業界のビジネスにはプラスに働き、需要の増加に応えるために素早く増産する必要があったのですが、そこでデジタルが本当に役に立ちました。すでに強力なデジタルチームが編成されていて、ガバナンスも明確化され、業務部門やIT部門などとの関係もきちんと整備されていたのが幸いでした。いまでは新しいデジタルツールを開発、評価し、業務のなかに大規模に組み込むことができます。まあ、ほとんどの場合は、ですが。

ＤＸが重点プログラムになって数年たちますが、いかにしてこれを『当たり前のやり方』に変えるかが今後の課題です。もうデジタルを分けて考える意味はありません。いまやこの業界では何をするにもデジタルなのですから。今日の自分たちよりもずっとアジャイルで、協働的で、データ駆動的にならないといけない。そのためにはデジタルツールとデジタル技術が不可欠なので、ビジネスの中核部分にそれらを組み込む必要があります。ただし、デジタル企業になりたいなら、組織と経営モデルも再設計する必要があります。なので、これからも道のりが続きます」

ＤＸに王道なし

ここに登場したイアン、エレナ、アンドレイは実在の人物ではなく、多くの人々を混ぜ合わせたものだ。コンサルティングやエグゼクティブ教育、調査研究の仕事をしている私たちは、彼らのような人たち――デジタル・プロジェクトの推進や組織変革の現実を前にして苦労しているエグゼクティブを何千人も見てきた。

その経験から学んだことがひとつあるとすれば、「ＤＸは難しい」――これに尽きる。魔法の処方箋や統一されたメソッド、絶対確実なロードマップがあればいいのだが、実際にはない。世のコンサルタントやビジネス書がなんと主張しようとも、ないものはない。私たちが保証する。

DXには多くの紆余曲折がつきものだ。曲がり角の先にはいつも新たな課題が待ちかまえ、成功への道を邪魔している。技術に関連する課題もあるが、大半は人々や組織構造、企業文化、インセンティブ、ガバナンス、ビジョンなどに関わる組織的な課題だ。

調査に基づいた、DXのパフォーマンスに関する11の研究を分析したところ、DXプログラムの87%が当初の期待に応えられていないことがわかった(注1)。成功する確率はかなり低い。必要でなければ、DXには手を出さないのが賢明だ。しかし、残念ながら、そんなことが許される組織はどんどん減ってきている。機会(および脅威)の大きさを考えれば、あなたもなんらかのかたちでDXに踏み切るしかないだろう。たとえ狭く険しい道であっても、他に選択肢はない。

成功を約束することはできないが、成功する可能性を高めることはできると信じている。すでに私たちはこれまでに書いた本のなかで、デジタル・ディスラプションのダイナミクスを解き明かし、変革の旅をナビゲートするのに役立つツールやフレームワークを提供してきた。私たちだけでない。世界中の学者やコンサルタント、アナリストが、DXのプロセスを導くために役立つフレームワークやインサイトを指南している。しかし、それでもなお、大勢のエグゼクティブが四苦八苦している。

本書では、従来とは異なるアプローチを採用する。そこには、約10年にわたるDXについての研究のなかで私たちが集めてきた「実践者たちのベストプラクティス」が詰まっている。変革という難事業を成し遂げるための手法として役立つはずだ。

本書の活用法

多くの組織が直面するＤＸの課題はどれも似通っている。本書ではできるだけ関連性の高いものを取り上げたいと思うが、デジタル・ロードマップの決定要因となる目標や優先事項は、組織によって異なる。ＤＸを実現するための旅路に同じものはなく、成功するためにはそれぞれの道筋を行かなければならないことは私たちも承知している。

それゆえ、本書を最大限に活用してもらうために、読者ひとりひとりの事情に漏れなく対応できるような構成にした。デジタルの成熟度や目標はそれぞれ異なり、すべての組織で使える万能のデジタル・ロードマップはない。それぞれの課題を受け入れ、組織の状況に適用させるのは、読者の皆さんであり、デジタルリーダーの責任である。広範な調査とデジタルリーダーたちへの膨大な取材にもとづく本書には、現実のさまざまな課題に当てはまる事例がそろっている。が、「いつ」「どのように」行うかがわかるのは、あなたしかいない。

本書は「やることリスト」だと思ってほしい。まず、あなたの組織で最も切迫している課題を特定することから始め、その後も進捗に合わせて定期的にリストをアップデートしよう。正しい順序が決まっているわけではない。あなたの組織の旅路に基づいて考えてほしい。

イアン、エレナ、アンドレイは、いま抱えている課題に直結する実践的なアドバイスを必要としている。3人はそれぞれ、ＤＸを実現するための旅路において異なるフェーズにおり、直面している課題も三者三様だ。

図表1　DXジャーニー（プロジェクトの始動からデジタル組織の構築まで）

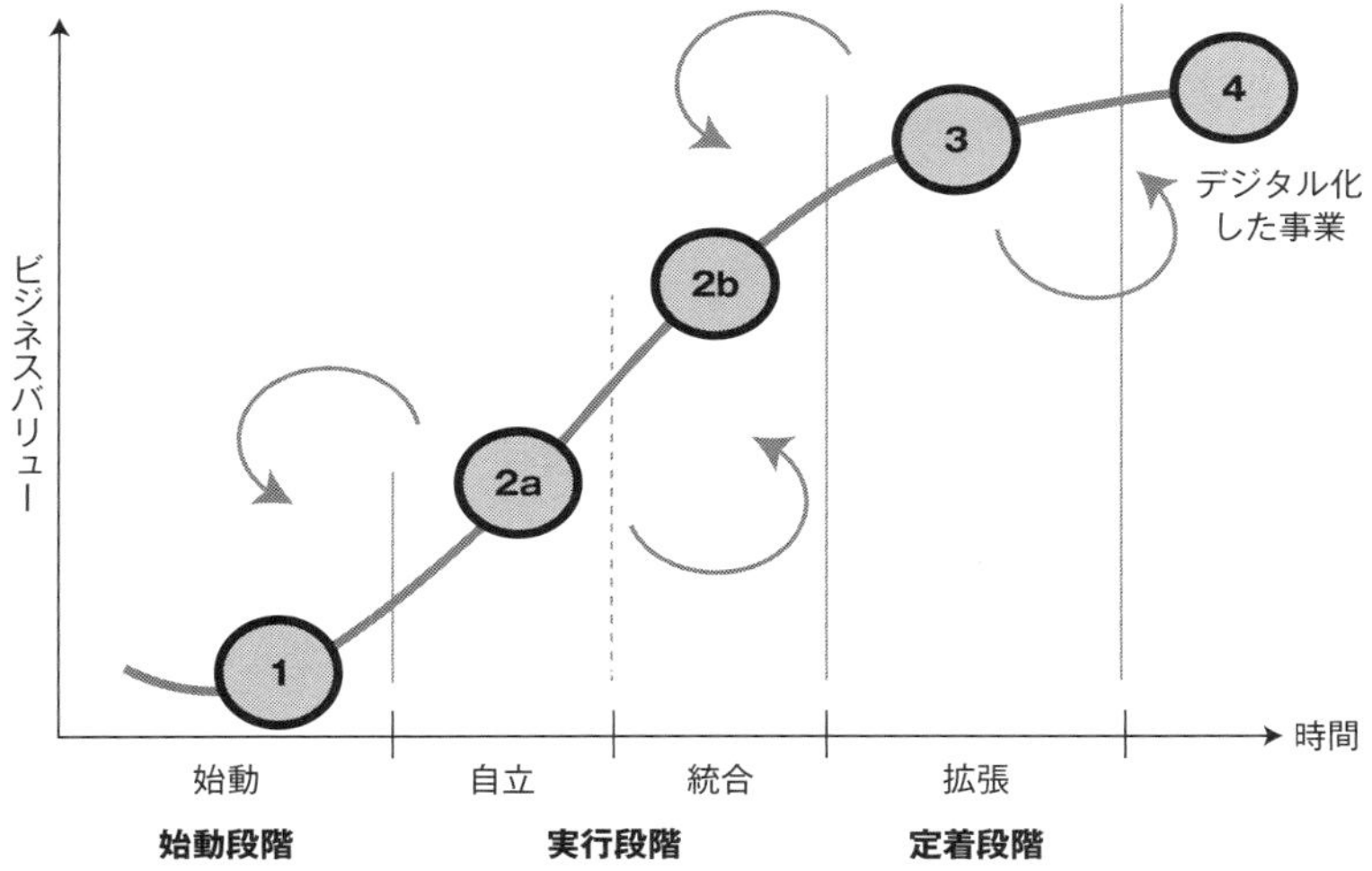

私たちはこれまでの調査と経験から、DXプログラムを次の3段階に分けるのが自然だと考えている。それは「始動段階」「実行段階」「定着段階」だ。段階ごとに特有の課題があり、成し遂げるには慎重に舵取りする必要がある（図表1）。

1　始動段階

さほど大きくなく、かかる労力は全体の1割程度にすぎないが、この「始動段階」を適切に完了させないとDXプログラムは丸ごと崩壊しかねない。成功に向けた強固な土台づくりとDXプログラムの策定が、この段階の目的だ。主なステップは3つ。「機運醸成」「目標設定」「現状把握」である。

機運醸成は、変革への危機感を芽生

えさせ、変革の必要性を主な利害関係者の共通認識にするステップだ。なによりもまず、経営陣がＤＸプログラムを支持し、組織内で強く団結することが必要になる。また、適切な資金とリソースをＤＸプログラムに割り当てることも必要だ。

目標設定は、「デジタル化のためのデジタル化に終始する」というありがちな失敗を防ぎ、より大きな、ビジネスを主眼とした目標へ進んでいくための重要なステップだ。

現状把握では、組織のデジタル成熟度を明確にして、すでにあるデジタル技術とデジタル・プロジェクトの全体像を正確につかむ。

2　実行段階

「実行段階」は、ＤＸプログラムにおける最大かつ最難関のフェーズだ。全体の約7割を占め、組織にとっての価値のほとんどがここで創出される。ＤＸの成否を決める段階と言える。

実行段階は長丁場となるため、「自立」と「統合」の2つに分けて考える。

自立は、変革の順調な滑り出しを目指すものであり、適正なデジタル・ガバナンスの策定やデジタル・プロジェクト・ポートフォリオの作成といった重要な行動も含まれる。何が有効で、何が有効でないかを検証する実験が定期的に行われれば、成功だ。大切なのは、矢継ぎ早に成果を積み上げ、デジタル・プロジェクトの目に見えるインパクトを手早く示すこと。他部署や他部門とあまり交わらずに進められるステップである。

統合は、おそらく最大の難関となる。デジタル・プロジェクトとデジタルチームが既存の組織に溶け込む必要があるからだ。そうしなければ、持続的に成果をあげることはできない。このステップでは、ステークホルダー・マネジメントや、業務部・人事部・マーケティング・ITなどとの機能横断的な連携に手を尽くすことになる。明確なKPI（重要業績評価指標）を設定する、従業員のデジタルスキルを構築する、従来の製品やプロセスにデジタル技術を取り入れる、新たなビジネスモデルを微調整する、外部パートナーと協働するなど、すべきことが多い。

3　定着段階

最後の「定着段階」は、DXの終わりの始まりである。全体の2割程度に当たるこの定着段階では、デジタル関連のツールやシステム、プロセスが通常のやり方に組み込まれるにつれ、個別のデジタルプログラムやデジタルインフラが必要なくなる。デジタルツールとデジタル技術を組織の基本構造に織り込み、拡張させた結果、デジタルビジネスはただの「ビジネス」となる。あえて個別のデジタルプログラムを実施しなくても、新たな技術やビジネスモデルを速やかに取り入れられるよう、従業員のあいだにデジタル能力の基盤を築くのが、このフェーズだ。デジタルが自然なかたちで業務の一部となるよう、適正水準のデジタル・ガバナンスを組み込むことも含まれる。デジタルツールとデジタル技術を活用・拡張して新たな機会と脅威に対応できる組織をつくることが、定着段階の本質的な目的である。

これら3段階は絶対不変のものではない。明確に区切られているわけではなく、むしろ、それぞれの段階のあいだを行ったり来たりすることがよくある。たとえば、機械学習のような革新的技術が登場したら、貴重で高価なスキルセットを共有できるようにするため、実行段階の最中にDXプログラムのガバナンスを見直さざるを得ないかもしれない。状況の変化は他にも考えられる。CEOの交代も、DXの理念や緊急性に影響しうる事態のひとつだ。繰り返しになるが、デジタルリーダーは「やることリスト」を最新の状態に保ち、優先事項を見直し続ける必要がある。

イアンの例をもう一度見てみよう。着任して1カ月なので、始動段階のまっただなかだ。強い期待をかけられており、見通しもいいように思えるが、慎重に進めなければあっけなく失敗してしまう可能性もある。そんなイアンには、DXの立ち上げについて解説した本書の第Ⅰ部が役立つだろう。「明確で強力な『変革理念』を打ち立てる（第1章）」「順調なときこそ、危機感を醸成する（第2章）」「既存のデジタル・プロジェクトを棚卸しする（第5章）」などだ。

それに対してエレナは着任から1年がたっており、イアンが直面している課題の多くをすでに経験している。成功と失敗の両方をへて、いまから実行段階の急所に差しかかるところだ。なお、CDOの平均的な任期が2年半あまりであることが私たちの調査でわかっている（注2）。エレナの役職が安定するかどうかの重要な時期でもあるわけだ。ここでは、技術の枠を越え、組織に変革を深く根づかせる必要がある。いま、ほとんどのDXの実践者がエレナと似た状況に置かれているため、彼女が抱えている課題に本書の大部分を割いた。「アジャイル手法でDXを加速させる（第10章）」「DXの社会的責任と持続可能性を追求する（第16章）」「デジタル・サービスの対価に説得力を持たせる（第18章）」などが特に参考になるだろう。

アンドレイはＤＸのベテランだ。しかし、だからといって危険がないわけではない。成功しているデジタルリーダーがデジタル・プロジェクトを組織全体に根づかせるのに失敗し、窮地に立たされた事例を私たちは何度も見てきた。実行段階から定着段階へ移行中の彼の課題は、いかにしてＤＸプログラムをデジタル組織の課題へと変えるかだ。イアンやエレナの課題ほど戦術的ではないが、重要であることには変わりない。「プロジェクトを拡張する（第27章）」「ＤＸを測定する（第28章）」などを論じた本書の後半部分は、世のアンドレイたちのために書かれている。

イアン、エレナ、アンドレイの誰かに自分を重ねた人もいれば、３人をミックスしたような状況に置かれた人もいるだろう。ＤＸを実現するための旅路のどの段階であれ、成功する確率を最大化できる手法が本書には詰まっている。

旅の始まり

目次を見て、あなたに関係するものや、いままさにあなたが直面している課題を探してほしい。その章を開き、アドバイスをひととおり読むのがお薦めだ。各章の最後には、あわせて読むことで相乗効果が見込める別の章のリストを載せてある。読み進めてさまざまな課題を知るうちに、自分の「やることリスト」が形づくられ、優先事項がよりクリアに見えてくるだろう。

順不同で読んでいっても学びや洞察が得られるように、どの章も同じ構成になっている。まずは各章のテーマとなる課題を提示し、最重要のアドバイスを短くまとめたあと、次の４つのセクションで深掘りする。

1 なぜ重要か その課題をあえて本書で取り扱うに足る理由、言い換えれば、なぜそれがDXの成否に関わるのかを説明する。事実と統計をふんだんに盛り込み、いかに自分事であるかを示す。

2 ベストプラクティス 各章のなかで最も大きなセクション。ここでは、その課題にどう取り組むべきか、エビデンスに基づいたアドバイスをする。事例を交えながら、典型例に対するベストプラクティスを紹介する。また、あなたの組織に適用できるツールやフレームワークも併せて提供する。

3 ツールボックス すぐに効果を出すために用いることができる、極めて実践的なツールとアドバイスを提供する。

4 チェックリスト 本書のアプローチを取り入れる際のチェックリストや検証に使える質問を提供する。

なぜばなる

DXは「飛行機」にたとえられることが多い。燃料を入れ、滑走路に行き、正しい方角へ離陸しさえすれば大丈夫、というふうに。しかし、私たちの経験からすると、この比喩は正しくない。むしろＤＸは「トレッキング」のようなものだ。しっかり準備することが不可欠だが、それだけでは十分ではない。旅に出てからも油断は禁物だ。トレッキングを成功させるには、常に周囲の環境に注意を払い、障害を避け、状況の変化に対応し、仲間たちの意思を統一し、なにより重要なこととして、忍耐強く歩を進める必要がある。

本書は、そんなＤＸのための「マルチツールナイフ」（訳注、さまざまな機能を持った十徳ナイフ）だと思ってほしい。あなたがいまいるフェーズやその日の課題に応じて本書を開き、用が済んだら閉じる、という使い方でかまわない。ただし、必ず手の届くところに置いておくようにしよう。次なるＤＸの難所がいつ現れてもおかしくないのだから。

本書の目的は、ＤＸの「どうやって」を解き明かすことだ。難しいことだが、不可能ではない。私たちは思い出したくないほど多くの失敗を目の当たりにしてきたが、その一方で数多くの成功も見てきた。本書では、そこで得たベストプラクティスや洞察、アドバイスを取りそろえている。いま直面しているＤＸの難所を乗り越え、道を切り拓き、デジタル組織の実現に近づくために、ぜひ役立ててほしい。

Hacking the First Steps:
Initiating Your Digital Transformation

I

DXを始動する

前に進む秘訣は、足を踏み出すこと。
——マーク・トウェイン

家を建てるとき、基礎づくりは、特に複雑でも壮観でもない。それゆえに、時とともに忘れ去られてしまう部分だ。しかし、基礎の出来が悪いと、いずれ高いツケを払うことになる。コンクリートが割れ、床はたわみ、湿気がこもり、夢のマイホームは見るも無惨な姿になってしまう。

DXプログラムの「始動段階」についても同じことが言える。

強固な基礎をつくれば、すんなりと「実行段階」に移行できる可能性が高まる。逆に重要なところで手抜きをすると必ず、軌道修正の作業に追われることになる。私たちは過去10年ほどのあいだに、DXが思うように進まない組織を数多く見てきたが、その根本原因の多くは「始動段階の出来の悪さ」だった。

では、どうすればいいのか。

まず、何といっても「なぜ」を問うこと。企業のDX宣言は流行化しつつあるが、これは危険な傾向だ。「デジタル化のためのデジタル化」をしても、高まるのはコストばかりで、業績も一緒に高まるかどうかはわからない。重要なのはビジョンであり、野心と事業目標をまとめた明確な「変革理念」である。明確さを欠けば、DXは動き出してすぐに空中分解してしまう。

組織を動かすには、変革が急務であることを経営陣などの利害関係者に納得させる必要がある。皮肉なことに、市場環境が厳しく、財務状況に余裕がないときほど、納得させるのは簡単だ。しかし、そうでない場合には、変革に取り組むだけの価値があると思わせる野心的なゴールを提示しなければならない。

ＤＸはトップダウンで進むこともあるが、独力ではなし得ない。素晴らしいビジョンと明確な目標を定め、経営陣が一致団結すれば、正しい方向性を示すことができるが、それを実現させるには、従業員たちの熱心な取り組みが欠かせない。成功には「組織的な推進力」を生み出すことが不可欠だ。

まったくの白紙状態からＤＸが始まることはほとんどない。すでになんらかのデジタル化が試みられている組織が多い。最適なスタート地点と組織全体のデジタル成熟度を見定めるため、既存のデジタル・プロジェクトを漏れなく棚卸しするようにしよう。

最後のポイントとして、ＤＸには費用がかかる。明確な予算的裏づけがなければ、どれほど準備がうまくいったＤＸプログラムでも、プレゼン資料やパイロット版から先に進むのは難しい。実行段階へつつがなく移行するには、「言葉」だけでなく「予算」でも変革にコミットする必要がある。

家の基礎づくりと同じく、始動段階であっても時間と労力と気配りを惜しんではならない。それは、成功のための前提づくりであり、全体から見れば短いフェーズでもＤＸプログラムの実行を下支えする長期的な投資になる。

第1章 明確で強力な「変革理念」を打ち立てる

Creating a Clear and Powerful Transformation Objective

「変革理念」は、企業全体のＤＸの野心と目標を概説するステートメントだ。企業の部門または事業にまたがる、すべての戦略的意図を集約し、変革に向けた目標をひとつにまとめることで、足並みのそろった実行を可能にする。明確な理念がなければ、変革はまたたく間に分裂し、制御不能になってしまう。

なぜ重要か

多くの組織が、ビジョン駆動型やミッション駆動型になることを目指している。素晴らしい目標だが、ビジョンやミッションといった、いわゆる「北極星」（訳注、いつも同じ位置にある、正しい方角を知るための目印）にＤＸの推進力が認められる例はほとんどない。なぜか。漠然としていて遠大すぎるせいで、実行するための効果的な助けにならないからだ（注1）。変革理念を明確に言語化しておかなければ、新技術や特命プロジェクト、散発的なデジタル化がはびこり、ＤＸとは名ばかりの「ごった煮」ができあがる破目になる（注2）。最悪の場合には「デジタル化のための「デジタル化」に堕してしまうだろう。実際、ＤＸプログラムの成功率の低さは、変革理念の不出来や欠如が大きな要因になっている(注3)。

変革理念を明確に言語化し、強力なガバナンスを敷くことができれば、ＤＸプログラムの脱線を防ぎ、業績を高める真の力に集中することができる。

ベストプラクティス

変革理念には、次の５つの主要な特徴が備わっているとよい。「正確（Precise）」「現実的（Realistic）」「包摂的（Inclusive）」「簡潔（Succinct）」「測定可能（Measurable）」だ(注4)。これら５つの特徴の頭文字をとって「ＰＲＩＳＭ（プリズム）」と呼ぶ（図表１－１）。

第１に、変革理念は「正確」でなければならない。明快で誤解の余地がないという意味だ。たとえばシスコは、２０１５年から２０２０年までの５年間にわたる変革理念を「50／50／２０２０」という言葉に凝縮した(注5)。これは２０２０年度末までに、収益の50％をハードウエアではなくソフトウエアから、同じく50％を単発（売り切り）ではなく反復性のある（リカーリング）収入源から得るというものだった。変革理念が決められた２０１５年、同社の収益の約８割が、反復性の低いハードウエアの販売によるものだった。

この変革理念はとても正確で、疑問も誤解も生まない。もし変革理念が正確さを欠いていたら、組織の各部門・部署が独自の解釈をして、最後にはバラバラなものに「変形」してしまうだ

図表 1-1　効果的な変革理念の要素（PRISM）

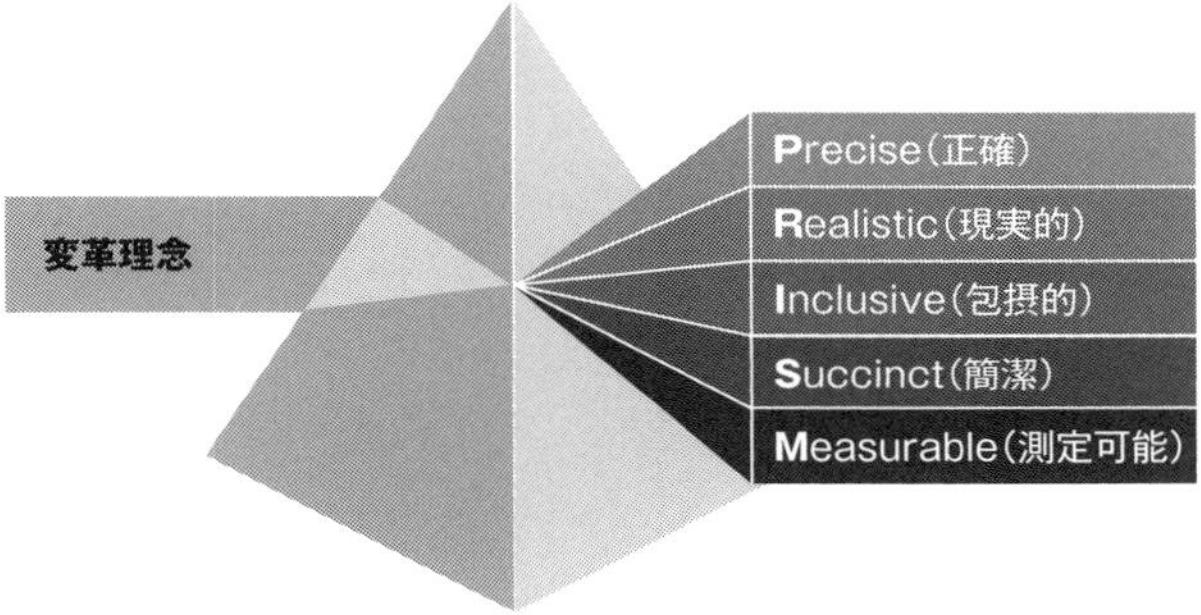

ろう。統一性のなさは往々にして、戦略的な方針よりもスピードを優先する「変革のための変革」を生む恐れがある。しかし、変革理念が「正確」なら、全員が同じ方向に引っ張られる。必ずしも数字を用いる必要はないが、ビジョンやミッションにありがちな「心に響くけれども漠然としている」という問題を打ち消すのに数字は役に立つ。

第2に、変革理念は「現実的」でなければならない。難しくても達成可能なゴールであるべきだ。達成不可能なゴールは不適切である。経営陣や中間管理職、現場の従業員たちが皆「いつか実際にやり遂げられる」と心から思えるものでなければならない。非現実的な理念は、フラストレーションを生み、モチベーションを削ぐ恐れがある。現実的に考えて、誰が不可能な目標に挑もうとするだろうか。もしシスコの変革理念が「50／50／2016」だったら、ほとんどの人は真面目に受け取らなかっただろう。短期間に達成できないのは誰の目にも明らかだ。

「最先端だから」とか「流行だから」ではなく、「本当に事業にインパクトがあるから、変革を推進しているのだ」と示せる数値やKPI、ベンチマークを考えなければならない(注6)。

――パトリック・ホフステッター（元ルノーCDO）

第3に、変革理念は「包摂的」でなければならない。会社の上から下まで、左から右まで、社内の全員が関係しているだろうか。シスコの「50／50／2020」という変革理念は組織全体に関係していた。研究開発部門は新しい種類の製品・サービスを開発し、マーケティング部門はそれをどう販売促進するか考える必要があったし、営業部門は顧客エンゲージメント・プロセスを改良する必要があった。ハードウエアではなくソフトウエアの需要に応えるため、製造や物流が見直され、KPIが改定され、採用・定着プログラムも導入された。変革理念によって組織全体の行動変容が促されたのだ。

第4に、変革理念は「簡潔」でなければならない。従業員が理解できるもの、簡単に覚えられるものでなければ、効果的な目標とは言えない。あくまでも目的地の説明であって、そこに到達するためのステップを細々と記した長大なリストではない。簡潔で容易に覚えられるものにすれば、自分のしていることが目標達成の助けになっているかどうか、誰もが判断できる。ドイツの大手メディア企業、アクセル・シュプリンガーが2006年に掲げた変革理念「10年以内に、収益と利益の50%をデジタルソースから得る」は、正確で、現実的、包摂的であるだけでなく、簡潔で覚えやすいものだった。

第5に、変革理念は「測定可能」でなければならない。なかには、聞こえはいいが大雑把で、その進捗を誰もが自分勝手な尺度で測れるような理念もある。ヒルトンのビジョン「おもてなしの明るさと温かさでこの地球を満たす」は、やる気を起こさせるものだが、よい変革理念とは言えない。そこに含まれる要素の明確な測定方法がないと、誰もが勝手に定義づけしてしまう。これでは、変革理念が達成されたかどうか、わからない。たとえば、収益や利益、市場シェア、ネットプロモータースコア（NPS）、従業員エンゲージメントなど、定量化できる目標は継続的に測定できるので、効果的であることが多い。組織の現在値をピンポイントで示し、残りの道のりがどれくらいかを測定できる、一貫した基準を設けなければならない。

「PRISM」の特徴を備えた変革理念なら、意思決定と実行が容易になる。残念ながら、多くの企業の「○○宣言」は単なる飾りにすぎない。故ジョージ・H・W・ブッシュ元大統領が「ビジョンとかいうやつ」と切り捨てたことはよく知られている(注7)。そうしたメッセージは、社内の食堂に貼るポスターのキャッチコピーにするのにはいいかもしれないが、意思決定者や複雑な変化を請け負っている人々にとってはほとんど意味がない。

ツールボックス

複雑すぎる理念は避ける　多くの場合、変革理念の策定には複数の部門が関わる。そうした議論では、往々にして利害がぶつかり合って数々の妥協がなされ、結果として、野心的でない、あるいは複雑すぎる理念ができあがる。改めて精緻化と簡素化を行い、変革理念が「PRISM」の要素を満たしているかどうかを検証するとよい。

言葉尻をとらえるのではなく、取捨選択に切り換える　ステートメントを書こうとすると、言葉選びにこだわってしまいがちだ。それよりも、その時間を、何をしたいのかを決断し、優先順位をつけることに振り向けよう。「もしひとつだけ選ぶとしたら、XとYのどちらだろうか」

検証、検証、また検証　幅広い利害関係者を相手に検証するとよい。変革理念について話してみよう。明確性（理解されるかどうか）、適切性（興味を持たれるかどうか）、現実性（達成可能と見なされるかどうか）を評価するのに役立つ。こうした検証のあとで理念を手直しすることが大切だ。

具体的な数字にコミットする　あえて具体的な目標を含めよう。数値目標は利害関係者に歓迎されないことが多い。目標達成の責任が発生するからだ。それでも曖昧にしてはならない。最も効果的な変革理念は、具体的な目標と期日を約束する。

チェックリスト

- 変革理念は、明快で誤解の余地がないほど正確なものか？
- 変革理念は、設定された期間で現実的に達成可能か？
- 変革理念に影響されない人や包摂されない人（関係しない人）はいるか。どうすれば彼らを包摂できるか？
- 変革理念を、理解しやすく記憶しやすい、より簡潔なものにできるか。経営トップから3〜5層下の従業員も変革理念を説明することができるか？
- 変革理念を測定可能なものにするには、どうすればよいか？

関連する章

- 変革の成功に向けて経営陣を一致団結させる（第3章）
- 取締役会を巻き込む（第7章）
- DXの社会的責任と持続可能性を追求する（第16章）
- DXを測定する（第28章）

第2章 順調なときこそ、危機感を醸成する

Building Urgency When Your Business is Doing Well

DXが最もうまくいくのは、危機感に駆られて行動を開始したときだ。競争環境や財務状況が明らかに厳しい状態なら、「急いで変革する必要がある」とトップダウンで説くことも簡単だ。では、順風満帆のときにはどうか。事業が順調そのものだと、いくら口先で危機感を煽ってもうまくいかない。それよりも、DXが組織や従業員にもたらす「機会」について、説得力のある絵を描く必要がある。そのためには、野心的なモデルが必要だ。

なぜ重要か

調査によると、危機感の醸成こそが、大規模な変革の取り組みにおける実践の第一歩である(注1)。DXも例外ではない。

競争上または財務上の危機に直面し、急ぎの対応を迫られている組織を考えてみる。財務指標が悪化し、競争上の地位が脅かされ、新たなビジネスモデルで市場が破壊されているときなら、簡単に危機感を醸成できる。なぜか。リスクが明白で、差し迫っており、容易に周知できるから

だ。足元に火がついた状態である。事業の健全性を保つために変革しなければならないことを、経営陣も従業員もたちまち察知し、機運が盛り上がる。これは、DXを、生き残るために必要なステップとしてとらえる「欠乏型モデル」だ。

では、すべてが順調な組織はどうか。事業活動は良好、競争環境は平穏、財務状況は健全だ。「壊れていないなら直すな」の言葉どおり、いまのやり方を続けたくなるのが人情だろう。しかし、リーダーであるあなたは心中穏やかではない。「現状は長続きしそうにない」とあなたの勘が告げているし、「事業を時代遅れにしないためにはDXが不可欠だ」という確信がある。そのような場合、どうすれば改革機運と危機感を醸成できるか。

ここで役に立つのが「展望型モデル」だ。展望型モデルでは、DXが中長期的に事業にもたらす機会について説得力のあるビジョンをリーダーが提示する必要がある。これは、リーダーにとって事業変革の最大の難所のひとつだ。

ベストプラクティス

事業変革を後押しする危機感が、組織内で自然発生することはほとんどない。万事うまくいっているときには、まったく生じないと言っていい。「成功とは、たちの悪い教師である。賢い人々に失敗の恐怖を植えつけてしまう」とビル・ゲイツも指摘している(注2)。どうすれば、そんな「平常運転」マインドと、それに伴う「組織慣性」を克服できるのか。

アイデアの源泉は、時として思いがけないところに隠れている。たとえば、イノベーションの先駆的な例として取り上げられることが少ない公共セクターだが、エストニア政府は、展望豊かなデジタル・リーダーシップの金字塔を打ち立てた。1990年代にデジタルインフラと行政サービスに着目して始まった野心的プログラム「eエストニア」がそれだ。大々的に宣伝され、幅広い政治的コンセンサスに裏打ちされたこのプログラムは、ソ連から独立したエストニアの社会と経済を西側諸国に開くシンボルだった。具体的な政策よりも、インスピレーションを与え、国と国民のデジタルな将来像を描き出すことに重心を置いていた。開始以来、このプログラムはエストニアの公的なイメージとブランドの一部となり、政府によるDXの代表的な成功例として高く評価されている（注3）。

展望型の危機感醸成モデルには次のような要素がある。

- **外部の視点から将来像をとらえる**　危機的状況は、外部から起こると認識しやすい。自分の組織と従業員が目指すべき、よりよいデジタルの将来像を描こう。それを実現するための道筋を示し、置かれている状況と求められる結果を論理的に定義づけしよう。大きな危機と同様、大きな機会も、変革への組織的機運を生み出すのに役立つ。ネガティブな脅威ではなくポジティブな機会に目を向けることで一気に機運を高め、変革に必要なエンゲージメントを醸成することができる。
- **複数の時間的尺度で考える**　いま成功している事業のマネジメントと、将来のデジタル事業構築の必要性のあいだでバランスをとろう。「足元の短期的なニーズ」と「より長期的な展望」を両にらみすることが重要だ。短期的なニーズに偏れば、危機感は燃え尽きてしまう。長期的な展望に偏れば、いますぐ行動すべきというプレッシャーが弱まる。

・コミュニケーションを組み立て直す　「前向きなストーリー」として自分だけの物語を構築し、継続的に洗練させ、更新していこう。陳腐化した変革の物語ほど、危機感を削ぐものはない。危機感を持続させることは、危機感を生み出すのと同じくらい重要だ。

DXへの危機感を醸成しようとするとき、経営陣の多くは「デジタル・ディスラプションが事業や業界にもたらすリスク」を強調する。あるいは、「他社に破壊される前に自分で自分を破壊しよう」といった威勢のよい言葉を掲げる者もいる。だが、こうしたアプローチを真似してはいけない。そうしたやり方では、従業員は動かない。ありもしないのに「足元に火がついている」と言っても響かないのだ。

私たちにとって第1の課題は、輝かしい成功により130年にわたって培われてきたレガシーに対処することです。（中略）そして第2の課題は、足元に火がついていないけれども変革を推進すること。多くの企業が財政的な必要性や致命的な脅威と向き合って初めて変革に着手しますが、幸いなことに、わが社にはそうした問題はありません。重圧がかかる状況ではなく、強い立場からスタートできます。それを羨ましがる人もいますが、組織的なエネルギーを高めるのが大変です。しかし、足元に火はついていないものの、燃えるような野心があります。いまよりさらに上を目指し、業界をリードする組織能力を育てるという野心が(注4)。

——ジョナサン・プライス（BHP社CTO）

「平常運転」から「変革志向」へシフトするには、現状よりも魅力的な絵を描くビジョンが必要だ。最善の方法は、デジタル化の先にある「理想の地」を示し、デジタル化の進展こそがそうした未来をたぐり寄せることだと説得することだ。そのプロセスの始まりとして、組織の目を外の世界に向けさせよう。顧客のデジタル行動がどう変容しているのか。どの企業がDXで抜け出ているのか。どのブランドがデジタル・ネイティブから支持されているのか。

内側から改良できることに着目するのではなく、外側から展望の種を見つけてくることがビジョンの基礎になる。次のような具体的イメージを従業員の頭に植えつけよう。

「アップルストアの販売員のようなサービス品質が手に入ったら」

「ウーバーのようなシームレスなユーザー体験を提供できるとしたら」

「アウディのような高品質の製品を提供できるとしたら」

「ネットフリックスのようなサブスクリプション方式で商品を販売できるとしたら」

イメージが湧き、自分と結びつけられる実例を用いて、デジタル・ビジョンを定義づけ、洗練させよう。

また、事業がうまくいっているときこそ、複数の時間軸でデジタル化を考える必要がある。現行の事業で利益の最大化を図り（深化）、同時に、デジタル化の未来にかけた保険を構築する（探索）。カギは、デジタル化の時間軸のマネジメントだ。いつまでにデジタル化したいのか、どのような組織変更を行う用意があるのか。

「いま成功しているからこそ、デジタル化の未来を築くことができる」というふうに、投資の前向きなロジックを固め、次にこのメッセージを経営陣で共有しよう。イノベーションの適用方法を修正したり、新たなデジタルの柱を立てたりするために、より多くのエネルギーとリソースを注ぎ込む必要があるかもしれない。

しかし、変革がチーム戦であることは忘れてはならない。大きなビジョンを共有することは必須だ。関係者を集め、DXの道のりを描いてみよう。ビジョンを実現するためには、どこを変える必要があるのか、部下に考えさせてみよう。戦略策定や予算編成、資源配分などといった従来の直線的プランニング手法を分解することが出発点になる。

シンガポールの多国籍金融サービス企業であるDBS銀行は、デジタル・バンキングへの移行について、危機感を強化するために新たな組織単位をつくった。「デジバンク」と呼ばれる新組織の任務は、インドのような新市場での独立系デジタル銀行の設立だ。既存事業が脅かされることのないホームグラウンドの外側での市場開拓だったが、「デジタル・バンキングこそ、未来への道である」という強いシグナルが全社に発信された(注5)。

コミュニケーションを組み立て直すとは、デジタルの未来に関する物語（スローガンではない）を新たに構築することである。筋が通っており（デジタル戦略）、人々の感情に訴えかけ

（エキサイティングな未来）、行動に裏打ちされる（新規プログラム、新組織、デジタル・チャンピオンなど）ことが欠かせない。ビジョンが実現したあかつきには、各自の仕事がどう豊かになるのかを示そう。現在の事業を称えつつ、待ち受けているよりよい未来を指し示し続けよう。

抵抗勢力が現れる場合もあるかもしれない。そのときには、「ショック療法」を少し加えたメッセージを発信して、お気楽ムードを吹き飛ばすのも一案だ。ただし、よりよい未来についての前向きなメッセージは維持したうえで、DXを受け入れなかったときに組織が直面する脅威を示すようにすること。社内のコミュニケーション部門と人事部門の協力を得て、物語を広く発信し、フィードバックを奨励するとよい。

最後になるが、メッセージは継続的に強化する必要がある。自己満足は大敵だ。着実に前進していることを強調しつつ、先が長いことも併せて周知徹底しよう。機運や関係者のエンゲージメントが高まっているかどうかを随時測定することも忘れてはならない。

既存事業が順調なときにDXを進める場合には、「足元に火がついている」と危機感を煽ってもうまくいかない。展望を持ち続けられるような、よりよいデジタルの未来と、それを示すアウトサイドインのビジョン（外部の視点から見たビジョン）を構築する必要がある。

ツールボックス

アウトサイドインのビジョンを構築する

社外に目を向ける少人数のチームを編成し、アウトサイドインのデジタル・ビジョン構築を支援させよう。チームは、機能や地域といった組織の複雑性を反映し、ダイバーシティを担保した構成にすること。顧客の行動変容や、未来の消費パターン、次に来るデジタル技術、新興市場、新たなビジネスモデルを見出すのがこのチームの任務だ。

デジタル・ビジョンの「一目惚れ」を利用する デジタル・ビジョンの全体像、あるいは一部要素の手本とすべき外部のロールモデルを見つけよう。たとえば、「ザラのようなサプライチェーンの供給スピードが欲しい」「アップルストアの販売員のようなサービス品質が必要だ」といった具合だ。次に作業グループを編成し、手本とする組織がどのように実践しているかを細かく分析させて、ビジョンを実現するための方法を探らせよう。

意図を発信する 展望型のビジョンに目鼻がついたら、実現を後押しする施策や投資を目に見えるかたちで行おう。デジタル関連の部署を新設する、デジタル・チャンピオン（見本となる人）を指名する、必要なら部門を再編するなどだ。どのくらい真剣かを組織に示すデモンストレーションになる。

コミュニケーション部門と人事部門の協力を得る コミュニケーション部門と人事部門は、デジタル・ビジョンについての魅力的な物語を構築、拡散するのを手伝ってくれる。大風呂敷は避けるべきだ。たとえば、「わが社は金融サービス業界のウーバーになる」みたいなものは響かない。実際、DBS銀行は、バンキング・サービスが顧客購買全体に占める割合は小さく、それゆえに自社でできる最も顧客中心的なことはバンキング・サービスの「高速化」と「見えない化（意識されないほどスムーズ）」だという結論に達した。そして、デジタル・ビジョンを「RED」——丁重さ（Respectful）、取引しやすさ（Easy to deal with）、信頼できる（Dependable）——と定め、DXプロジェクトをこれらの理念と結びつけた（注6）。デジタル化の優れた物語ができあがったら、自分も関係者も、折に触れてそれを繰り返し唱えるようにしよう。

チェックリスト

- 社外のデジタル・ベストプラクティスを探すために、どれくらいの時間を割いているか？
- 組織内部を変えるのではなく、組織が目指す姿（アウトサイドイン）に焦点を当てたデジタル・ビジョンを策定できるか？
- DXに乗り気で、変革の推進に協力してくれそうな人材を特定できるか？
- 「平常運転」から離れた組織的な体制やリソースがあるか。ない場合、どんな変化が目に見える引き金となるか？
- 危機感とエンゲージメントを高める、明確で説得力のある物語はあるか？

関連する章

- 明確で強力な「変革理念」を打ち立てる（第1章）
- 組織的機運とエンゲージメントを醸成する（第4章）
- 組織内に「ハイパーアウェアネス」を構築する（第12章）
- 技術の最前線に居続ける（第29章）
- DXで組織のレジリエンスを高める（第30章）

第3章

変革の成功に向けて、経営陣を一致団結させる

Aligning the Top Team to Drive Transformation Success

ＤＸを開始するというＣＥＯの決定を受けて、あえて反対する経営幹部はまずいない。当然だろう。顧客のデジタル化、事業活動のコネクテッド化（訳注、すべてがネットワークにつながること）が進み、ほとんどの業界でディスラプションが起きているいま、デジタルでの新たな成長の源泉を見出すことは、企業の長期的見通しを立てるのに不可欠なのだから。そこまではいい。しかし、次の段階に進もうとすると、雲行きが怪しくなることが往々にしてある。ロードマップをつくる、プログラムに資金を充てる、リソースを分配する、人材を再配置する、プロジェクトを新設あるいは整理する……。そういう肝心なことに話が及んだ途端に、それまで一様に頷いていた幹部たちの動きがピタッと止まる。抵抗（積極的なものも消極的なものも）が始まり、優先順位に対する異議があがり、誰もが自らの担当領域の守りに入る。要するに、経営のトップレベルで一体感が欠如しているのだ。これでは、変革が暗礁に乗り上げることは避けられない。ＤＸへのコミットメントを生み出すには、リーダー間で建設的な議論を行い、公正で透明なプロセスを経る必要がある。

なぜ重要か

ＭＩＴスローン経営大学院が４０００人以上のマネジャーを対象に実施した調査によると、自社の戦略的優先事項３つを正しく挙げることができた回答者は28％にとどまった(注1)。別の調査では、ＤＸが直面する最大の困難は「最終目標についてトップマネジャー間で暗黙の不一致があること」とされている(注2)。これは憂慮すべき事態である。なぜなら、「大企業におけるＤＸの成功例は、ほぼすべてがトップ主導だった」ことが私たちの調査で示されているからだ(注3)。考えてみてほしい。一致団結した経営陣の強力なリーダーシップがないのに、ＤＸを成功させる見込みが立つだろうか。リーダーの一部が「変革理念」について異なる解釈をしているのに、組織全体を正しい優先事項に集中させることができるだろうか。経営資源とデジタル投資を明確かつ整合的に配分することができるだろうか。そんな状態のリーダーたちを従業員たちはどう見るだろうか。

変革理念について一致団結するのは簡単ではない。まず、「なぜ」それをするのかについてコンセンサスを形成する必要がある。消費者行動の変化から会社を守りたいのか、それともデジタルバリューの新たな源泉を獲得したいのか、その両方か。次に、「何」をするのかについて合意する必要がある。顧客体験を再構築するのか、事業活動をコネクテッド化／自動化するのか、新たなデジタル・ビジネスモデルを開拓するのかなど、何に賢いデジタル投資をすべきなのか。そして最後に最も重要なこととして、「どうやって」進めるのかについての意思統一が必要だ。どうやって従業員を動かし、エンゲージメントを引き出すのか、どうやって組織能力を適切なものにするのか（採用、教育、配置転換など）、どうやってサイロを越えたプログラム管理を行うのか、どうやって技術チームと事業チームをエンパワーし、拡張可能な成功を生み出すのか。

無理難題に聞こえるだろうか。しかし、経営陣の一致団結は、戦略と実行とのギャップを埋め、DXから価値を生み出すための最も直接的な方法なのだ。

ベストプラクティス

経営陣の一体感は、集団として取り組むものであり、丁寧に築き上げる必要がある。自然発生することはまずない。リーダーの役割は、まず、チームの現状を分析し、一体感が欠けているところを見つけ出すことだが、それがすべてではない。よく機能するチームには、メンバー全員が誠実さを保とうとする「集団的責任感」が備わっている。安心してリスクある立場を取れる環境（心理的安全性）（注4）を整え、生産的な意見対立を促すこともリーダーの役割である。これは簡単ではない。DXを軸とした経営陣の一体感を築き上げるまでには、次のような数々の障害をあぶり出し、乗り越えなければならない。

「HiPPO」効果

高給取りの意見（HiPPO：Highest paid person's opinion）が通る状況は、DXの必要性に

ついて予備知識を持った強いリーダーの存在を示すことはあっても、強い一体感は保証しない。「デジタル・デイ」などと銘打った合意形成の会議を私たちは数多く見てきた。どの会場にも、会社のデジタルの方向性について自分なりの明確な視点を持った強いリーダーたちがずらりと並んでいる。しかし、経営陣の関与がごくわずか、あるいはまったくのゼロだと、その会議では緩い合意が形成される（一同がふむふむと頷く）のがせいぜいで、悪くすると誰ひとり口を開こうとしない。どちらにしても見解の相違や水面下の衝突が隠され、変革のあいだも解消されずに残ってしまう。

カナダのテレビ局に勤めるあるエグゼクティブは、いくつかのミーティングでこのようなことがあったと言う。「ブレインストーミングをしてアイデアを出し合っても、最後は、ボスの思いつきの発言で決まったことがあります。参加した部下たちは互いをちらちらと見交わし、『本当にこれで行くの？』という顔をしていましたよ」(注5)

このようなリーダーを相手にするときは、より深い一体感が必要だと建設的に提案できる比較的安全な機会を待とう。もしも自分がこうしたリーダーのひとりなら（その自覚があれば）、パーソナルコーチングを受けるか、少人数のグループを集めて建設的な介入の仕方を一緒に考えてもらおう。

> 思考や戦略がどれほど優れていても、ひとりでプレーしているかぎり、必ずチームに負かされる(注6)。
>
> ——リード・ホフマン（リンクトイン共同創業者）

「暗黙の前提」の呪い

リーダーが条件反射的に判断してしまう要因が、変革のスピードや競争の性質、デジタル技術の利点などについての暗黙の前提だ（理性だけでなく感情に基づいた前提もある）。こうした前提をオープンにして異論を認めなければ、誰も自分の立場を変えようとはしない。反対に、前提をオープンにすれば、建設的な議論が始まり、さまざまな視点と経験を取り込んで洗練させることができる。これはよい取り組みであり、一体感のカギになる。もちろん、そこには一定の信頼と生産的な意見対立を促す環境が不可欠であり、いずれも優秀なチームにとっては重要なことだ。スティーブ・ジョブズが言ったように「海軍に入るより、海賊になるほうが楽しい」のだ（注7）。

「平均」の呪い

変革の方向性に関する重要なポイントは、なんらかの評価基準に照らしたり、チームで投票したりして決まることが多い。こうしたやり方は民主的で波風は立たないが、優れた意思決定ではないし、経営陣からのコミットメントも得られない。なぜか。平均から外れた視点は表明されにくいからだ。しかし、平均値ばかり見ていたら、溝の深さに気づけない。見るべきはその逆、デジタルの「外れ値」だ。つまり、理解を促し、声をあげさせ、（うまくいけば）互いの意見を変えるのに役立つような極端な視点である。

効果的な手法はいくつもある。まず、経営陣を両極端な2グループに分ける方法。デジタル楽観論者とデジタル悲観論者、「ディスラプションに備えよう」陣営と「成功の方程式は変えない」陣営などに分かれ、どんなことが起これればそれぞれの極端な視点の正しさが示されるかを話し合うのだ。また、これから起こり得る困難なシナリオに基づいて考えるシナリオ・プランニングの手法も効果的だ。各シナリオについて各自の暗黙の前提を引き出し、その議論の豊かさを利用して共通認識に到達しよう。

「議論できないこと」の呪い

多くの組織では、ある特定の話題が、触れてはならない「タブー」になっている。しかし、自覚していようがいまいが、タブーを抱えた経営陣は機能しない。IMDの研究者による最近の調査によれば、経営陣が「議論できない」状況に陥ると、メンバー間の衝突を解消できず、関与やエンゲージメントがばらつくとともに、有害な集団思考に陥るといった悪影響が出るという(注8)。この「議論できない」状況にはさまざまな形態がある。

まず、思っていても口にできないこと(気後れ)。たとえば「この変革を実現するために必要なレベルの資金は絶対に得られないな……」などだ。次に、口では言っても本心ではないこと(行動)。たとえば「デジタルは、わが社の顧客中心主義のコアになっている」など。そして、感じていても言ってはいけないこと(負の感覚)。「私たちには、この変革理念を達成するために必要な組織能力がまったくない」などだ。最後に、気づかずにやっていること(無自覚の行動)。

議論できないことについては、それに言及するリスクを過大に評価する傾向がある。奇妙な話だが、これはよいニュースでもある。議論できないことについてオープンに議論すれば、安心感がもたらされ、やる気が高まり、チームへの信頼が強まるからだ。これはＩＭＤの調査で明らかになっている。つまり、デジタルの共同幻想のもとで一致団結するのを避けたいなら、議論できないことを議論するほど手軽な対策は他にないのだ。

経営陣の一体感を生む目的は、全員を満足させることではない。議論に行動が伴うようにＤＸ成功の下準備をすることが重要だ。透明性ある公正なプロセスを通じてさまざまな意見が吸い上げられてこそ、コミットメントは定着する。組織の全員がそのことに感謝するはずだ。

ツールボックス

会議では、経営陣を定期的に「デトックス」する時間をとる　異議や反対意見、タブーを忌憚なく口にし、後腐れなく建設的な議論をする時間だ。このアプローチを使うと、チームのダイナミクスが高まり、ＤＸの議論が内容豊かになる。

平均的なコンセンサスを目指さない　単純な投票をしても何も変わらない。チームのスタンスを動かすため、極端な視点を遠慮なく言わせるか、ロールプレイさせるかしてシナリオづくりをしよう。

各メンバーの意見を深掘りする　意見の下に隠れている前提を明らかにしよう。意思の不統一や暗黙の前提をあぶり出して「平均」の罠を避けるには、ライブ投票システムを導入するのも一案だ。「外れ値」の回答について話し合えば、さまざまな前提を掘り起こして理解を深めることができる（注9）。「議論できないこと」を究明するには、適切な質問をする必要がある（注10）。

中立の視点を取り入れる　経営陣を、研究者や学者、ビジネスリーダーといった外部有識者の最先端の考えに触れさせよう。これにより、「アウトサイドイン」の観点をDXの議論に取り込むことができる。

シャドー・コミッティー（影の委員会）や諮問委員会の設立を検討する　たとえばアコーホテルズはDX戦略の一環で、7カ国を代表する25～35歳の男女6人ずつによる委員会を発足した。同委員会は2カ月ごとに会合を開いて新規プロジェクトの評価を行い、戦略的意思決定の相談役となった（注11）。

論争のもとになっている「前提」を軽視しない　前提が正しいかどうかを明確にするために、各グループで事実に基づく調査を続行し、結果を報告させよう。

チェックリスト

- あなたがチームリーダーなら、自分がつくり出した問題に直面していないか、自問してみてください。自己で認識することは、経営陣の足並みをそろえるための強力なツールになる
- 経営陣のなかに、あからさまに「上意下達」している人はいないか?
- 会議では同意していても、それぞれの部門に戻ると異なる行動や言動をしているメンバーはいないか?
- チームメンバーの意見を分析して「暗黙の前提」を解き明かすために十分な時間をかけているか?
- 変革理念について経営陣が組織内外に向けて発するコミュニケーションは、明確で整合性のとれたものになっているか?

関連する章

- 明確で強力な「変革理念」を打ち立てる(第1章)
- 組織的機運とエンゲージメントを醸成する(第4章)
- 取締役会を巻き込む(第7章)
- デジタルリーダーとしての信頼を確立する(第22章)

第4章

組織的機運とエンゲージメントを醸成する

Building Organizational Momentum and Engagement

優れたビジョンは戦略の方向性を定めるが、ビジョンの実現に必要な機運を生むのは、高いエンゲージメントを持った従業員たちだ。リーダーが従業員の信頼を得て、彼らのエンゲージメントを高める。そんな彼らを動員してはじめて、大規模な変革プログラムは成功する。DX実現に向けた組織的機運をすぐに生み出せる「秘伝の技」などない。時間と我慢強さがどうしても必要だ。組織的機運とエンゲージメントを醸成するには、組織の連携を図り、誰にでも発言の機会を与え、新しい働き方を促進することが重要だ。

なぜ重要か

DXの機運を醸成できるかどうかは、企業にとって最高の資産である従業員を巻き込めるかどうかにかかっている。しかし、従業員エンゲージメントは、強制できるものではなく、つかみ取らなければならない。これは言うほど簡単ではない。ギャラップの「世界従業員意識調査」によると、従業員エンゲージメントの世界平均はわずか15%にとどまる（注1）。それゆえ、従業員の熱意を引き出すことが、デジタルリーダーの重要タスクになる。その第一歩となるのが、良質なコミュニケーションだ。調査によれば、従業員の64％が「上級リーダーはＤＸのビジョンを組織全員と共有している」とは思っていない（注２）。

ＤＸの主要な目標のひとつに、企業文化を発展させ、働き方を変えることがある。これは特に最前線の従業員に当てはまる。エンゲージした従業員は変革の取り組みの推進者だからだ。しかし、勝手にそうなるわけではない。従業員エンゲージメントを高めようと多くの組織がビデオ会議や共創プラットフォーム、企業用ソーシャルネットワークなどのデジタル技術に投資しているが、ユーザーが使いこなせなければ無用の長物だ。「デジタル・コラボレーション・ツール」が費用対効果をもたらすのは、導入されたときではなく、実際に従業員に使われ、業務に変化が起きたときなのだ。

ＤＸの成功は、従業員の協力によって大きく左右する。従業員エンゲージメントが低いままま、あるいは変革理念への歓迎ムードが尻すぼみのような状態だと、成功の見込みはなくなる。したがって、デジタル・プロジェクトを実行するためのロードマップと同様、従業員エンゲージメントを維持するための計画も立てることが重要だ。

私たちは従業員を、消費者と同じように考えています。社内顧客であり、原則は同じです。ＤＸを成功させるにはスピードと同じくらいスタミナが重要です。組織は、短距離走ではなく、マラソンに取り組む必要があります。スタートを切り、トップスピードで走るのは、初めのうちは簡単ですが、難しいのはそのあと。組織と従業員と経営陣がスタミナをキープし、勢いを保てるかどうかです(注3)。

——ラフール・ウェルデ(ユニリーバDX担当執行統括責任者)

ベストプラクティス

DXを順調に進めるため必要なステップ——機運を醸成し、従業員エンゲージメントを高めるための3つのステップを紹介しよう。

1　組織全体を結びつけ、従業員全体をエンゲージさせる

全社的なコミュニケーションとコラボレーションを促進するためのデジタルツールは、すでに多くの組織が導入している。次のステップは、そうした既存ツールを棚卸しし、従業員体験を高めたり顧客と事業のニーズを効果的に満たしたりするのにどのくらい役立っているかを評価することだ。一般的な職場では、従業員間のやりとりを管理する技術が9つ以上も使われている(注4)。それらのツールを合理化して自社に適した明確な事例をつくりあげ、従業員の業務をよりよく、より簡単で、より充実感あるものにすることが重要だ。

たとえば、ゼネラル・エレクトリックは、組織全体に散らばった専門知識にアクセスするとい

う課題に直面した。９つの事業間で専門知識を共有する方法をより適切に評価、予測するために分析手法を用いることにした。特定の疑問に答えられるエキスパートの所属を予測し、彼のところへ質問が自動的に届くようにした。このように的を絞ってデジタルツールを導入することで、同社は従業員とのつながりを強化し、エンゲージメントを高めることができた。わずか１年のあいだに、１１７２人のエキスパートが大規模に連携して５１３件の顧客の課題を解決した（注５）。

2　従業員に発言の機会を与える

組織全体を結びつけるとエンゲージメントが高まるが、真の目的は、従業員に発言の機会を与え、有意義な対話を促すことにある。多くの場合、変革理念は、競争にどう対応するか、効率性をどう高めるか、財務指標をどう改善するかを語っている。それは企業レベルでは意味を成す。しかし、従業員を本気で関与させるには、最前線の従業員にとって意味のある言葉に翻訳しなければならない。「この変革をすることで、あなたの仕事はこのようによりよく、より簡単で、より充実感あるものに変わる」というふうに。

変革に貢献し、意見を求められているという実感がある従業員ほど、変革を歓迎する可能性が高い。それゆえ、マネジャーや経営陣は、ビジネス関連の場での双方向の対話やフィードバック、アイデア、洞察、ベストプラクティス共有を通じて、最前線の従業員のトレーニングやスキルアップ、エンパワーメントに注力しなければならない。

従業員エンゲージメントを高めた代表例に、ＩＢＭの「バリューズ・ジャム」がある。

2003年、CEOに就任した直後のサム・パルミサーノは、100年近い同社の歴史上初めてIBMのバリューを再検討する全社プロジェクトを開始した。30万人の従業員が働く組織で、指揮統制型でバリューを改定してもうまくいかないと考え、300人の上級エグゼクティブと4つのコンセプトについて議論し、さらにそれを煮詰めるためのオンライン・ディスカッションに参加するよう従業員に広く呼びかけた。このセッションが「バリューズ・ジャム」だ。72時間に及ぶ会期のあいだに5万人の従業員が参加し、1万件のコメントが寄せられた。それらは改定版コーポレートバリューに取り入れられ、いまも息づいている(注6)。

3 新しい働き方を促進する

従業員を関与させるのはリーダーの仕事だ。関与させる権利を得るにはどうすればいいか。初めの一歩として、期待される変化のロールモデルを務めるのもいいが、それだけでは十分ではない。

アドビは、「製品志向型ビジネス」から「デジタル・サービスのビジネスモデル」への変革に挑んだ。CEOのシャンタヌ・ナラヤンは、「とても心地いいとは言えない……。だから利点を強化しないといけない」(注7)と自ら評したアプローチを採用した。フラッグプランティング&ロードビルディング(旗を立て道を敷く)だ。それは、社内外の利害関係者に向けてDX開始の旗を振り、明確なタイムラインと中間目標を定めた道のりを示すというものだった。同社の変革では、財務指標の公開など、透明性を高める努力もなされた。「誰もが澄んだ目で見て、失敗を認め、方向修正できる企業文化を生み出すことが必要不可欠だった」とナラヤンは言う。

まず初めに、従業員には「変革に乗り気のグループ」と「どこか煮え切らないグループ」「抵抗感を持つグループ」があることがわかりました。コミュニケーションと変革プランは、いつものメールと同じ調子で「DXジャーニーを始めることになりました」と伝えるだけでは成立しません。変革のいくつものフェーズを通じて従業員を導く必要がありました。その方法は、従業員をビジョンに参加させること、そしてデジタルが顧客の生活向上に役立った具体的な成功例を示すことです。特定のグループに合わせてコミュニケーションを調整し、メッセージが確実に響くようにしました(注8)。

——サスキア・シュタインアッカー(バイエル社DXグローバル責任者)

ペルノ・リカール社は、すべての階層でエンゲージメントを担保するため、上級管理職や取締役会メンバーからスタートした。社内ソーシャルネットワークを開設して1年が過ぎたころだった。各国の従業員の84%を自律的コミュニティでつなげていたこのネットワークは、既存の事業活動の改善や新規事業の創出に役立っていた。コミュニティは、ブランドマネジメントや価格設定といった事業関連のグループを中心に形成されていた。会長兼CEOのアレクサンドル・リカールによれば、「このネットワーク上につくられるコミュニティには、地理的、機能的、階層的な線引きがありません。いまでは、即時性と議論が、従業員同士の関係の軸になっています。こ

の2つは、当社と消費者との関係にも欠かせないものになりました」(注9)

変革を次のステージに進めるには、新しい働き方を確立し、新しい行動を促す必要があった。同社はそのために、次のステージの共同設計者として従業員を参加させることにした。

元CEOのピエール・プランゲは言う。「当社のDXの第1段階では、組織全体をつなげ、コミュニケーションのとり方や働き方、イノベーションの起こし方を変えてきました。そのプロセスを拡張し、加速させるのが第2段階です。成功のカギは、従業員を『旅の道連れ』にすることです」

ペルノ・リカールの従業員を対象にした第三者調査では、2019年末の時点でエンゲージメントを「感じる」「強く感じる」との回答が88%にのぼった(注10)。これは、業界の世界平均を大きく上回る数字である。

＊　＊　＊

従業員エンゲージメントの問題は、短距離走ではなくマラソンだ。強烈なメッセージを発信し、エンゲージメントプログラムを導入し、タウンホール・ミーティングを開催し、野球帽のようなグッズを提供したりすれば、初めのうちはモチベーションを簡単に高めることができるが、時間がたつと従業員が変革疲れを起こし、古いやり方に戻ってしまうことも多い。新しい業務活動が制度化されるまで実験を行い、定着を図らなければならないので、機運を維持するのは難しい。このマラソンに勝利するには、DXの各段階を従業員とともに継続的に共創することだ。DXへの組織的機運を醸成するカギは、従業員エンゲージメントを高めることにある。そのためには、組織全体を結びつけること、従業員とコミュニティに発言の機会を与えて本気度を増すこと、業務活動を改善のうえ制度化することが必要だ。

ツールボックス

エンゲージメントプログラムを創設し、奨励する　それにより、デジタル・ビジョンを実現させる機運ができあがる。ベストプラクティスの共有や問題解決のコラボレーションから最も恩恵を受けるコミュニティを特定しよう。たとえば、新製品のグローバルなプロモーション案を決定するブランドマネジャーのコミュニティや、グループ内での国際移転価格を調整する経理のコミュニティなどだ。

棚卸しする　社内ソーシャルネットワークや共創ツール、ビデオ会議プラットフォームなど、さまざまなコラボレーション・ツールや生産性向上ツールを洗い出そう。組織全体の従業員を結びつけられるようにうまく組み合わせて、2~3種類に整理したい。従業員に発言の機会と実際的な目的を与えるため、どのツールをどのような意図で使うのかを明確にすべきだ。十分なスキルや研修、相談相手を得られるようにすることで、従業員のエンゲージメントを高め、ツールの利用を促進させることができる（人事部と連携しながら）。

コミュニティ内でのベストプラクティス共有を奨励、促進する　社内表彰やゲーミフィケーション、アワードプログラムなどの方法がある。事業への好影響が確認されたら、働き方の改良版を制度化するために、プロセスや報奨、組織デザインをそれに合わせよう。従業員エンゲージメントを定期的にチェックするデジタルツールを使えば、人事部は進捗を管理しやすくなる。

ソリューションを共創する　エンゲージメントとコラボレーションが高まったら、最も重要な事業課題に対する解決策をコミュニティで共創しよう。従業員たちとともにDXの次のステージを共同設計したペルノ・リカールが一例だ。問題解決のための任務は、実践可能な解決策を考え出せる詳細で実用的なものにしよう。また、適切なコミュニティを対象とすること。

チェックリスト

- DXによって、従業員の仕事がよりよいものに、簡単で充実したものになることを効果的に伝えているか？
- デジタルツールの導入だけでなく、利用状況についても十分に把握しているか？
- 上級リーダーは有言実行しているか？

- 全社員にデジタル・プロジェクトの議論に参加する機会があるか？
- 組織に「変革疲れ」が出ていないか？

関連する章

- 明確で強力な「変革理念」を打ち立てる（第1章）
- 順調なときこそ、危機感を醸成する（第2章）
- アジャイル手法でＤＸを加速させる（第10章）
- サイロを打ち破る（第25章）

第5章 既存のデジタル・プロジェクトを棚卸しする

Taking an Inventory of Existing Digital Initiatives

DXを成功に導くには、組織が置かれた現状を見定めておくことが重要だ。その一環として「デジタル・プロジェクト（複数）の棚卸し」を実施しよう。重複を最小限に抑えて、相互関係を把握し、戦略的一貫性を確保するためだ。しかし、デジタル・プロジェクトの情報は、組織内での所在も持ち主もばらばらであることが多い。そのため、一口に「棚卸し」といっても簡単ではない。また、「中央集権化に向けた動きではないか」と勘繰って、抵抗するプロジェクトオーナーもいる。そうした不安を解消するには、トップダウンの支援を行い、変革理念を明確に発信する、デジタルチームを管理するのではなく調整する必要があることに焦点を当てることが求められる。

なぜ重要か

DXリーダーの立場から社内のデジタル・プロジェクトを見渡すと、オーナーや責任者がさまざまな階層に散らばっている、まとまりのない風景を目の当たりにすることがよくある。これは、事業や機能、地域、ブランドごとに高度な自律性が与えられ、それぞれが権力を握っている非中央集権的な組織構造の企業にとりわけ多い（注1）。私たちが一緒に仕事をした企業のなかには、デジタル・プロジェクトの数を全社で20ほどと見積もっていたが、徹底的に調べた結果、160を超える個別プロジェクトが出てきたという例もあった。そうした組織は少なくない。経験から言うと、「1000の花を咲かせる」ことを目指す戦略からは、1000の「結びつきのない」花しか生まれない。調整されていないアプローチの多くは一貫性を欠き、重複が生じ、拡張するのが難しいうえ、デジタル投資がムダになり、企業業績に悪影響をもたらす。デジタルを担当する部門としては、「権限を強奪しにきた」と見られないようにしながらデジタル投資を統合することが重要だ。

> 見てまわったところ、デジタルとイノベーションに注力する小規模部門がどんどん増えているのに気づきました（注2）。
>
> ――フレッド・ヘレン（SGS元CDO）

ベストプラクティス

デジタル・プロジェクトの棚卸しはDXの初期段階に行う必要があるが、あまり歓迎されない。デジタルリーダーが新たに決定権を持つことに対して懐疑論が出ることもある。既存のプロジェクトオーナーには、権限縮小への不安を克服してもらう必要がある。「監視役のようなイメージを持たれるんです」とは、あるエグゼクティブの述懐だ。

経験から言うと、後述する「イネーブル」「エンパワー」「アクセラレート」を行うことで多くのリーダーがそうした悪いイメージを払拭している。カギは、中央のデジタルチームと実働部隊とのあいだに厚い信頼を築き、情報を共有することだ。主要な利害関係者との信頼関係を構築することは、情報フローを確保し、一体感を生み出すのに大いに役立つ。フランシス・フレイとアン・モリスは、真正性（authenticity）と論理性（logic）、共感性（empathy）が信頼醸成の主要因になるという「信頼のトライアングル」説を提唱している(注3)。とりわけ共感性を示すことについては、ほとんどのリーダーが苦労する。ひとつの対策は、相手のニーズを第一に考えることだ。つまり、相手を助ける姿勢に徹すれば、より自発的に情報がもたらされるようになる。デジタルチームが投資予算や貴重な能力を持っているなら申し分ない。メリットが実働部隊に伝わりやすくなる。私たちの調査では、「イネーブル（可能にする）」「エンパワー（力を引き出す）」「アクセラレート（加速する）」という3つの方法が有効であることがわかっている。

1　イネーブル（可能にする）

イネーブルには2つの方法がある。ひとつは、デジタル導入の障壁を積極的に取り払うこと。デジタルチームは、オンデマンドで働くプロジェクト管理本部として活動する。この方法なら、組織内で信用を高めながら、組織内のデジタル能力のニーズに関する情報を集めることができる。ABBの元CDOであるギド・ジュレは次のように述べている。「私は出向いていって、こう言います。『うちのチームならこの課題をよく知っている。一緒に仕事をする気があるなら、うちのアーキテクトやプロダクトマネジャーに協力させるよ。最新の機能化技術と関連ソフト開発スキルを持った会社も紹介できる』」(注4)

もうひとつは、事業部門や地域ごとに「デジタル牽引者」を任命する方法だ。これにより、中央のチームと実働部隊のあいだの調整や情報伝達を促進するネットワークが形成される。デジタル牽引者は、顧客向けと社内向けの2つの役割を持ち、通常はデジタルチームの拡大版と見なされる。製薬大手のノバルティスに新設されたCDOのポストに2018年に就任したベルトラン・ボドソンは、戦略的優先事項のひとつとして、自社のデジタル・アジェンダを先導するプロジェクト・ポートフォリオの確立を掲げた。それは、ノバルティスをデジタルとデータのリーダーにするというボドソンの戦略における重要なステップだった。事業とともにデジタル・プロジェクトを立案し、執行委員会の支援を得て、デジタルとデータの可能性を実証することが主眼だった。さまざまな事業と密接に連携して主要ニーズを探り出し、300人のトップリーダー(デジタル・チャンピオン)から、リソースと人材の割り当てに関するコミットメントをとりつけた(注5)。

2 エンパワー(力を引き出す)

非中央集権的な組織で厳格なトップダウンがうまくいくことはほとんどない。実働部隊をエンパワーすることが最善策だ。ただし、エンパワーが効果的なのは、組織全体がデジタル・ビジョンにコミットし、上級リーダーが戦略面で意思統一されている場合だけだ。検査・認証サービスの世界最大手、SGSの元CDOであるフレッド・ヘレンは、「信頼の構築と情報共有の文化」に焦点を当てると言う。

「ムチでなくニンジンを与えるようにしているので、プロジェクトの持ち込みがよくあります。そのときは歓迎し、収益をあげて定期的に連絡するよう要請します。もしも翌日、別のところから似たようなプロジェクトが持ち込まれたら、立案者同士で情報共有するように手助けします。たくさんの情報が私のところへ来るようになっているのは、私が、(そうした活動を)やめろとは言わないからです。何かニュースがないか聞いてまわり、いつでもポジティブな反応をするようにしています。すべてをコントロールしなくてもよいのです」(注6)

3　アクセラレート（加速させる）

実働部隊を結集させるには「DXの加速が共通のゴールである」ことを上級リーダーが強調すべきだ。この方法は、異質なプロジェクトをより緊密に調整する必要があるときや、競争上、事業のデジタル化に迫られているときによく用いられる。たとえば、新型コロナウイルスは、多くの組織のデジタル化をアクセラレート（加速）した(注7)。「アクセラレート」をスローガンに掲げれば、利己的なものから協調的なものへとマインドが瞬時に変わる。ある石油ガス企業のリーダーたちとの会談では、「アクセラレート」を変革の中心テーマにしたところ、中央のデジタルチームと事業部門とのあいだのエンゲージメントに根本的な変化が起きたという話が出た。

リーダーのひとりはこう言った。「毎月、セッションを開催しています。各事業部門の代表者による非公式ネットワークと中央のデジタルチームが集まり、いかにしてデジタル・プロジェクトを加速させるかをひたすら議論します。事業部門とデジタルチームの役割分担を明確化する儀式なのです。事業部門には、デジタル・プロジェクトの企画や具体化、実施を管理する裁量があります。中央のデジタルチームの役割は、事業部門をまたいだ戦略的一体性を実現することです」

デジタル・プロジェクトの棚卸しは、重要な初期ステップだ。情報の中央集権化は、重複を最小限に抑えてシナジーを創出するのに役立つ。ただし、「DXリーダーは、プロジェクトの管理権を奪うつもりはない」と社内各所に納得させる必要がある。共通のゴールに基づいた協働アプローチをとるべきだ。成功は、信頼を早期に築き、変革理念と社内のさまざまな活動に整合性を持たせられるかどうかにかかっている。信頼が築かれ、組織内のデジタル・プロジェクトの全体像がつかめれば、変革理念に沿ったかたちでプロジェクトのポートフォリオと投資を優先順位付けし直すことができる。

ツールボックス

事業構造をマッピングする　どの個人やチームが何をしているかを特定するのは、状況を把握するための重要なステップだ。巨大なペンを使って、組織内の人やデータ、インフラを丸で囲むところを想像してほしい。そうすれば、どのリソースが組織のノード（結節点）やリンクに潜んでおり、変化が必要なときに利用可能かが見えてくる。ノードやリンクの代表者にデジタル牽引者の選任を頼もう。デジタル牽引者は、情報の流れを促し、最前線のニーズについての洞察をもたらすことで、現場における推進役を担う。

存在感を出す　デジタル・プロジェクトの棚卸しは、「社内各所と今後どう協働するつもりなのか」を示す機会となる。この任務を誰かに委任するべきではない。ワークショップを開催し、積極的に情報を取りにいき、いつでもどんな疑問にも答える姿勢（存在感）を示そう。

臨時の作業グループを設立する　多くのＤＸリーダーは、ブロックチェーンやＡＩなどの新技術に知識や興味を持つ人を広く募り、作業グループを設立している。そうした臨時の作業グループは、組織全体に興味と実験を広げていく窓口となる。

チェックリスト

- デジタル・プロジェクトの情報共有を阻んでいるものは何か？
- どうすればデジタルチームと事業部門の信頼関係を築けるか？
- どうすればプロジェクトのオーナーとの協働を強化できるか？
- どうすれば、デジタル・プロジェクトを監督する意図がないことを示せるか？
- デジタル・プロジェクトについて、どのような情報を収集する必要があるか？
- デジタルチームと事業部門のあいだに、変革の優先事項に則ってプロジェクト・ポートフォリオを見直すための十分な信頼関係があるか？

関連する章

- 変革の成功に向けて、経営陣を一致団結させる（第3章）
- DXを行うために資金を調達する（第6章）
- バランスのよいプロジェクト・ポートフォリオを構築する（第20章）
- サイロを打ち破る（第25章）
- プロジェクトのパイプラインを整備する（第26章）

第6章 DXを行うための資金を調達する

Funding Your Digital Transformation Program

経営陣が熱く議論を交わすテーマといえば、ディスラプション、デジタル・ビジョン、ロードマップなどだが、DXを行うための資金をどこから捻出するかは、それらとは比べものにならないほどの激論を巻き起こす。多くの場合、CIOやIT予算に負担が押しつけられることになる。しかし、これは唯一の選択肢でも、ベストな答えでもない。適切な資金が与えられなければ、どれほど意欲的で巧妙なDXプログラムも失敗する。このことは経験的にわかっている。なぜそんな事態になるのか。資金繰りが厳しい、予算編成のサイクルがデジタル化のスピードと合わない、CFOが正確なリターンを要求するなどが要因だ。「会社の発展のために変革は急務だ」と経営陣のあいだで認識されていても、そうなるのである。

DXプログラムの資金調達にはアートとサイエンスの両面がある。そのためには、投資の種類やさまざまな資金調達モデルを明確に理解し、短期と長期の利益バランスが取れたプロジェクト・ポートフォリオが必要だ。

なぜ重要か

DXへの投資支出は近年激増している。IDCのアナリストによる推計では、ICT（情報通信技術）投資総額に占める割合は2019年の36％から2023年には50％を超えるまでになるという(注1)。しかし、組織レベルにおいて、DXは通常のIT投資とは異なる。DXは「ジャーニー」であり「プロジェクト」ではない。また、ROIのような伝統的指標ではデジタル投資のインパクトをとらえきれない。資金調達には、技術という「デジタル」の部分だけでなく、人や組織といった「トランスフォーメーション」の部分も関わってくる(注2)。DXで利益を得るのは、それを導入した側であり、それにはコストがかかる。デジタルスキルの構築や組織改革、コミュニケーション、研修などの導入コストは、早期に織り込んでおかなければならない。直接的あるいは間接的な人的資本コストも考慮する必要がある。

デジタル投資のなかには、正当化するのが難しいものもある。現実的な事例やROI計算が経営陣に提示されていない場合には、なおさらだ。たとえば、プロセス・パフォーマンスの改善は容易だが、ブランドに対する顧客エンゲージメント向上を目的とするプロジェクトは、変革の成功を決める一手になる場合でも評価するのが難しい。また、明確に測定できるプロジェクトに資金をまわそうとすることも多い。その際には、デジタル戦略を前面に出し、変革理念に向けた焦点がぼやけないようにする必要がある。デジタル事業全体の価値創造と成長目標は、初期コスト（資本支出）とランニングコストの両方をカバーするかたちで明確に設定する必要がある。資金調達の交渉では、「北極星」となる変革理念を見失わないようにすることも重要だ。

資金調達の透明性を確保するカギは、ＤＸプログラムの設計段階にある。長期的な組織能力を構築するための投資もあれば、試験的あるいは短期的な実験のための投資もあるが、ＤＸプログラムは「遠大なマラソン」ではなく「俊敏なスプリント（短距離走）」の繰り返しとして構築されるべきだ。しかし実際には、拡張性のある技術プラットフォームへの投資に依存する取り組みもあり、その場合にはより伝統的な資金調達方法が必要になるかもしれない。短期と長期の成果をバランスよく達成するためには、資金調達モデルと資金源のバランスがとれたポートフォリオが必要だ。

ベストプラクティス

ＤＸを行うための資金調達の第一歩は、技術関連のコストではなく、価値創造（顧客体験や従業員体験、競争力向上、ディスラプションなど）の議論にすることだ。必要となる資金を適切に見積もっておくことも欠かせない。金融界と緊密に提携してＤＸジャーニーに資金を投入する必要があるが、それだけでは不十分だ。変革の取り組みを分類し、資金源を多様化し、バランスのよい資金ポートフォリオを構築することもデジタルリーダーには求められる。

デジタル投資の種類

デジタル投資には、次のようなものがある。

- **整備投資**　ウェブサイトのセキュリティ対策やコンプライアンス対策などの整備投資は、業務上の便益がはっきりしているため、従来の資金調達方法（ＲＯＩや予算サイクルなど）を適用するとよい。通常は、既存の部門予算が充てられる。たとえば、あるグローバルな消費財メーカーでは、統一感のある体験を顧客に提供するために、数百の異なるウェブサイトを共通のホスティング・プラットフォームに統合する必要があった。このプロジェクトは、ＩＴ部門が資金を調達、管理し、標準的な計画手順で実施された。
- **基盤投資**　基幹システムやプラットフォームなどの基盤投資は、ＤＸを戦略的に成功させるための重要な要素だ。これらの投資は、コストがかさみ、その便益が事業部門をまたいでいることが多い。資金は通常、本社またはＩＴ部門が負担する。しかし、必ず経営陣の裁定が必要になる。詳細な事例を示すのが難しく、経営陣の強いリーダーシップがなければ実現しない。たとえばバーバリーは、グローバル展開している一般的なＥＲＰ（統合基幹業務システム）では変革理念を何一つ達成できないと早い段階で気づいた。当時ＣＥＯだったアンジェラ・アーレンツは、ＥＲＰの更新をＣＩＯの優先事項とし、プロジェクトは予定どおり予算内で実現した。この新たなＥＲＰにより、同社のデジタル・サービスは強固な共通基盤上に構築されることになった（注３）。

・探索投資　製品のデジタル化や新サービスの開発などの探索投資は、イノベーション主導で行われる。不確実性が高いが、パイロット版、実証実験、ＭＶＰ（必要最小限の機能を持った製品）、インキュベーターなど、反復的で短いサイクルの開発に適している。成功するためには十分な規模が必要だが、リスクプロファイルを管理するためにもある程度の規模が必要となる。ＲＯＩの規律を厳しくしすぎると、よいアイデアの芽も摘みかねない。逆に規律が緩いと、巨額のサンクコストを抱えることになる。ベンチャーキャピタルのような考え方を取り入れるのが最適だ（注４）。世界的な食品メーカーであるモンデリーズは、パートナーやスタートアップと共同で、間食についての破壊的なアイデアをテストするために設計されたインキュベーター「スナック・フューチャー」に投資した。さらには、より有望なアイデアに追加資金を投じる拡張プロセスも整備している（注５）。

ＤＸに投資する金額には上限を設け、期間を設定する必要があります。そうすることでリスクの上限を設けるのです。一定の期間が過ぎたら、予定に対してどれほど実績をあげたかをアピールし、次の資金提供を求めます。段階的に行うのが鉄則です。ただし、俊敏に行動し、早期の成功（クイック・ウィン）としてＭＶＰをつくることが重要です。そうしないと、「ＲＯＩのことは聞くな」と言い続ける底なし沼になり、誰も聞く耳を持たなくなります（注６）。

――ムルティウンジェイ・マハパトラ（インドステイト銀行元ＣＤＯ）

資金調達モデル

ウェスターマンらは、財源を多様化するために次のような方法を挙げている(注7)。

●**既存予算**　既存の予算枠から資金を出す方法がいくつかある。多くの企業では、DXのスタート時に、デジタル・プロジェクトの優先順位付けを目的としたポートフォリオ・レビューを実施する。そこで重複しているプロジェクトが見つかれば、統合または合理化し、浮いた予算を新たなプロジェクトに振り向ける。ITバックオフィスの効率化で得られる年間コスト削減目標を設定し、削減分の一部(または全部)をデジタル投資に充当している企業もある。たとえば、ある世界的な日用品メーカーは、ITプラットフォームの効率化に伴い、3%の年間削減目標を設定した。そのうち1%を利益計上し、2%をデジタル・プロジェクトの資金に充てている。

●**本社予算**　部門間の調整が必要な全社的な投資である。基盤投資には、この資金調達モデルが適している。イノベーション・ベンチャー(インキュベーターやイノベーション・ラボなど)への資金提供に使われることもある。また、長期的に最も利益を得る事業部門に費用を割り当てる「チャージバック・モデル」を併用することもある。たとえば、イギリスの金融サービス企業であるロイズ・バンキング・グループはITシステムの再プラットフォーム化に投資することを決めたが、その決断は極めて重要だった。新しいプラットフォーム上に構築されるプロジェクトの成功がかかっていたからだ(注8)。また、ABBは、DXを加速させるために「マッチング・ファンド」を創設し、そこからの資金で、事業部門レベルで行わ

図表6-1　資金調達オプション

	既存予算	本社予算	部門／事業部予算	提携先予算
整備投資	✓		✓	
基盤投資		✓		✓
探索投資		✓	✓	✓

れるデジタル投資を倍増させた（注9）。

• **部門／事業部予算**　プロジェクトがある事業部門や事業の特定領域に直接利益をもたらす場合は、事業部門別投資が効果的だ（たとえばECアプリケーションによってあるブランドが便益を得るときなど）。事業部門別投資は、事業部門から真のコミットメントを引き出し、成功する可能性を高める最善策となる。可能なかぎり、積極的に行うべきだ。

• **提携先予算**　パートナー参画型投資にはさまざまなかたちがある。技術関連のパートナーやスタートアップなら、市場アクセスや優れたユースケースの宣伝などと引き換えに、投資を支援してくれることがある。パイロット版を拡張する際には、実績ベースの投資や成功報酬を求めることもできる。たとえばバーバリーは、セールスフォースと強力なパートナーシップを構築した。

図表6-1には、資金調達のオプションをまとめた。

ポートフォリオ型資金調達アプローチ

DXの成功は、機能や部門ごとの予算にとらわれない機運を生み出せるかにかかっている。ほとんどの組織が、中央のデジタルチームや経営陣の下部グループを編成し、彼らにＤＸの調和や進捗を見張らせているが、投資案件を個別に見ているようでは、遂行できない。資金調達は、すべての投資カテゴリーにまたがるポートフォリオをもとにして考えるべきだ。独自のＲＯＩを持つプロジェクトもあれば、ポートフォリオレベルでのみ高いＲＯＩを持つプロジェクトもある。マルチチャネル統合のような長期的な取り組みもあれば、機能を再構築して短期的に成果をあげる取り組みもある。ポートフォリオのバランスをとることは、短期的に成果をあげるだけでなく、プロジェクトの新陳代謝を促すことでリスクを回避するのにも役立つ。もちろん、ポートフォリオの中身は、変革理念の規模や企業のリスク選好度によって異なる。

ツールボックス

財務部門の協力をとりつける　さまざまなカテゴリーのデジタル・プロジェクトを測定、監視、報告させるために、有能な財政担当役員をデジタルチームに配置しよう。社内の財務部門に所属しているか、良好な関係を築いている人物が望ましい。資金調達ルールや報告ルール、デジタル投資の管理方法（報告頻度など）について決めておこう。

投資の評価基準を定義する　進行中のデジタル・プロジェクトを徹底的にレビューしよう。変革理念とタイミングを考慮しながら、投資案件の優先順位を見直す。不要な取り組みは延期または中止して投資余力を確保する。デジタル投資をカテゴリー別に分類して（整備投資、探索投資など）、それぞれにどの資金調達モデルを適用するか（本社予算、部門／事業部予算など）の合意を得よう。カテゴリーやプロジェクトごとに、実行のマイルストーンと連動した段階的な資金レベルを割り振ること。

外部パートナーのエコシステムを巻き込む　変革理念とロードマップを共有することで、ベンダーやコンサルタントなどのパートナーを取り込もう。スタッフなどのリソースや投資、成果を約束してくれれば、DXジャーニーに一緒に乗り出す用意があることを伝えるとよい。調達部門と連携し、特別なデジタル・パートナーとの契約を通常のプロセス外で行えるようにする。

デジタル投資について最低でも四半期ごとにレビューする　DXプログラム全体の整合性を保つため、プロジェクトの集合体としてではなく、ひとつのポートフォリオとして投資を見直し、適切に再配分しよう。経営陣と資金提供元（事業部門など）の代表者に参加してもらうこと。

チェックリスト

- 変革を支えるデジタル投資を、投資の種類と便益が発生する期間で定量化したか？

- 既存のプロジェクトや取り組みを中止し、資金を再配分する準備はできているか?
- デジタルの資金源として、ITの効率化によるコスト削減を検討したか?
- デジタル投資について、サイロを越えた調整を行うための適切なガバナンス体制と財務部門の支援はあるか?
- 長期的な目標を損なうことなく、短期的なリターンについてのニーズも満たす、バランスのとれたデジタル投資のポートフォリオを持っているか?
- 変革を成功させるために、どのようなリスクを負う覚悟があるか?

関連する章

- 既存のデジタル・プロジェクトを棚卸しする(第5章)
- 取締役会を巻き込む(第7章)
- 適切なデジタル・ガバナンスモデルを選択する(第8章)
- スタートアップに投資する(第14章)
- プラットフォームと競争するか協業するかを決める(第19章)
- バランスのよいプロジェクト・ポートフォリオを構築する(第20章)
- プロジェクトのパイプラインを整備する(第26章)
- DXを測定する(第28章)

Hacking the Internal Organization:
Setting Up the Right Organizational Dynamics

II

推進力を構築する

「曲」の背景に組織化原理を持たないといけない。

——トム・ヴァーレイン

第I部ではDXの基礎づくりを解説した。第II部から第V部では、その基礎に乗せる地上部分に焦点を当てる。建物の1階と高層階は、目に見える部分であり、大半の時間がここに費やされる。これらのフロアは、構造的に健全で機能的であることに加え、見た目の美しさも必要となる。DXも同じだ。

変革の実行には、組織内に適切な力学をつくり出すことが重要だ。組織そのものがデジタル化に備える体制を整える必要がある。建物を長持ちさせるには、配管や電気、構造といった舞台裏の要素と、内装や装飾品、技術といった機能的・審美的要素を組み合わせる必要がある。DXでは、目に見える要素（ツール、アプリケーション、技術）が機能しなければならない。しかし、舞台裏の要素についても、それと同等かそれ以上の努力をする必要がある。ITと連携する、明確なガバナンスを定義する、データをクリーニングし、保護するなどだ。

第I部では、経営陣の足並みをそろえることの重要性について述べた。組織にとってDXは何を意味するのか、なぜそれを行うのかを明確に理解し、そのうえで足並みをそろえなければ、成功する見込みはないだろう。同様に、取締役会の協力を得ることも重要だ。取締役会のメンバーは、経営陣よりもビジネスから遠いところにいるため、変革へのプレッシャーを感じにくいかもしれない。

また、一般的に取締役会は、経営陣よりもデジタルに精通しておらず、DXを成功させるために必要なリソースや労力、組織改革を評価していない可能性もある。変革のアクセルにもブレーキにもなる取締役会の力をうまく利用することが重要だ。

さらに、変革の失敗の多くは、ガバナンスの不備や弱さに起因する。川下の変革活動の多くに影響を与えるため、ガバナンスについては早期に、そして慎重に取り組む必要がある。主要な利害関係者の役割や責任、決定権を明確に定義しているのが、優れたガバナンスだ。デジタル化の取り組みをどの程度まで統合（あるいは分離）するかについて、企業の目標や文化に基づいて組織的に決める必要がある。どんな場合にも通用する万能のガバナンスはない。

DXの初期には、デジタルチームとIT部門の関係についての疑問が必ず浮上する。それは、重複する責任や相互に依存する責任を抱えながら、手を携えた関係だ。両者の関係がうまく機能しないと、リソースの配分や経営陣からの支持などをめぐる対立が避けられなくなる。わざと相手を妨害した事例もあった。デジタルチームとIT部門が良好な関係のもとで強固な連携を図ることが極めて重要だ。

データは、ITとデジタルの重要な共通基盤だ。デジタルツールやデジタル技術が自己完結していることはほとんどない。ともにインフラ上に置かれ、社内外のデータを利用する。インフラが貧弱だったり、データが乱雑だったりすると、デジタル・プロジェクトは失敗に終わる。

最後に、アジリティ（俊敏さ）の問題もある。アジャイル手法とデジタル・プロジェクトは相性がいいが、その関係は複雑だ。すべてのデジタル・プロジェクトをアジャイル手法で実行する必要はないし、アジャイル手法はデジタルでないプロジェクトにも適用できる。ＤＸでは、アジャイル手法のいいとこ取りをして円滑に実行することが重要だ。

多くのデジタルツールやデジタル技術（ＡＩやＡＲ、分散型台帳など）は魅力的で心躍らされるが、それらを組織に埋め込むプロセスは極めて平凡なものになりがちだ。しかし、ガバナンスやデータ、プロセスといった組織的な文脈を統合する舞台裏の努力は、将来的に大きな実を結ぶことになる。

リスク管理、価値創造、長期的な持続可能性のバランスをとることは、取締役会の重要な役割だ(注1)。これらの課題について効果的な指針を示すために、取締役会はデジタル技術やビジネスモデルの影響を考慮する必要があるが、そのためには取締役が、デジタルについて適切なレベルの知識を持っていなければならない。また、DXに関する洞察が検討されるように、プロセスとガバナンスを確立する必要がある。最後に、取締役会には、デジタルの話題において、経営陣と緊密で透明性のある関係を築くことが求められる。

なぜ重要か

調査によれば、経営幹部の63%が「DXの取り組みを成功させるためには、取締役会との連携が不可欠である」と考えているが、「取締役会が現在の戦略の支持者として機能している」という回答は、わずか27%にとどまる(注2)。

デジタルに精通した取締役会を議論の相手として迎えることは極めて重要だ。次の3つがその目的として挙げられる。

1　デジタル戦略を指導、検証し、ビジネスモデルに対するデジタルの機会と脅威を適切に評価する。

2　DXプログラムを監視し、デジタル・ロードマップや主要プロジェクトについて、投資が計画どおりに進んでいるかどうかを確認する。

3　サイバーリスクから組織を守り、データ・プライバシーやコンプライアンス、倫理性を確保する。

デジタルに精通した取締役会は、財務業績にもプラスの影響を与える。最近の調査によると、デジタルに精通した取締役会を持つ組織は、収益成長率や利益率、総資産利益率、時価総額成長率などで他の組織を上回るという(注3)。もっとも、収益10億ドル以上のアメリカ企業のうち、デジタルに精通した取締役会を持つ組織は24％にすぎないことも同じ調査で明らかになっている。

ベストプラクティス

グーグルやアマゾン、ウーバーなど、生来のデジタル企業から、デジタルに精通した役員を引き抜いている組織は多い。成功したデジタル起業家を取締役に任命する企業もある。しかし、そうした経歴のメンバーを雇ったからといって、デジタルに精通した取締役会になるとは限らない。彼らが外部の視点と新鮮な考え方を持ち込んでくれるのは間違いないが、伝統的な組織を変革した経験はまずないからだ。それゆえ、伝統的な組織でＤＸプロジェクトをマネジメントしたことのある専門家を招き入れるのがベストな選択である。

「デジタルラーニング探検」を通じた教育

企業の多くが、デジタル・ネイティブ企業（アマゾン、テンセント、グーグルなど）やＤＸで成功している非競合企業（スターバックス、シュナイダーエレクトリックなど）を実際に経営陣が訪問する「デジタル・サファリ」を実行している。非常に効果的な学びの旅となるため、取締役たちも連れていくとよい。何ができるのか、どのように改善できるのかを見るために外に出ることで、デジタルが自社にもたらす戦略的影響を理解することができる。

企業を訪問すること自体が有用だが、デジタル・ディスラプションとＤＸの潜在的な影響について議論するために、取締役会と経営陣のあいだで報告会を行う時間も設ける必要がある。会議中の休憩時間が、市場環境の変化に対応するために自社のＤＸをどう形成すべきかを非公式だが本音で話し合う場ともなることもある。報告会を行わないなら、単に観光旅行をしただけにすぎない。

透明性

経営陣と取締役会のあいだでデジタル知識について格差が生じるのと同じぐらい非生産的なのが、透明性の欠如だ。これを防ぐため、ネットフリックスでは、取締役会のメンバーが定期的に(デジタル・コミュニケーション・ツールを使って)経営会議に出席することで風通しのよい関係を促進している。CEOのリード・ヘイスティングスは言う。「取締役のメンバーにとって、経営チームの活動を見たり、各階層のメンバーに会ったりするよい機会になっています。(中略)ディナーやミーティングに顔を出すだけの集団ではなく、より理解力のある取締役会ができあがります」(注4)

既存のガバナンスの仕組みを活用する

ほとんどの組織では、既存のガバナンス委員会が取締役会のための有用なフォーラムを提供している。情報を集める、デジタル戦略を議論し策定する、戦略の実行を担う経営陣とのコミュニケーションをとることが、その目的だ。委員会には次のようなものがある。

- **戦略委員会**　取締役会の戦略委員会は、デジタル戦略や変わりゆく競争環境について議論するのに最適な場だ。そこで、戦略委員会では、戦略やDXに関する徹底的かつ継続的な対話のために十分な時間を割り当てることを勧めたい。すでに多忙なところにデジタル関連の議題をねじ込むのが困難なため、単発の公式会議に非公式な交流を組み合わせた「タイトールーズ（tight-loose）」形式を採用している企業もある。たとえば、取締役のメンバーのなかには、機能や事業ごとのリーダーとタッグを組み、その事業がどのように実行されているのか、企業文化や運営形態がデジタル戦略によってどのように変わりつつあるのかを観察している人もいる。

● **技術委員会**　監査委員会や戦略委員会と同じレベルに、デジタル委員会や技術委員会を設置している取締役会もある。助言的な役割を担い、デジタル関連の議論を促進することで、情報に基づいた意思決定を支援する委員会だ。

最近の調査では、ＣＩＯと取締役会の交流が深まることで、デジタル・リスクやデジタル・イノベーション、技術投資についてよりバランスのとれた議論ができるようになり、デジタル化によるビジネスモデルの変化に対して取締役会の理解が進むことが明らかになっている（注5）。デジタル委員会や技術委員会を設置している企業は、２０１６年にはＳ＆Ｐ５００企業のわずか９％にすぎなかったが（注6）、その数は増加傾向にあり、取締役と主要デジタルエグゼクティブが組んだ「デジタル委員会」も増えている。社外の専門家も参加した「デジタル諮問委員会」を発足させた企業もある。

ある消費財メーカーでは、ＩｏＴに接続されたシステムが消費者体験を再形成する方法をブレインストーミングするための諮問委員会「エコシステム」を設立した（注7）。この種のブレインストーミングや文脈学習は、知識ギャップを埋め、デジタル技術の戦略的利用に関する議論に新たな道を切り拓く。

私が取締役会のメンバーになってから、抜本的で大規模な変革のステップがいくつもありました。DVDの宅配レンタルをウェブ上のストリーミングに変え、海外へ進出し、コンテンツに百万ドル単位の投資を行い、番組製作にも資金をかけました。取締役のひとりとして嬉しいです。（中略）経営陣はとても思慮深く、意思決定プロセスにおける意見の対立にもオープンです。その厳しさゆえに、非常に困難な決定でも比較的容易に行うことができています（注8）。

——ネットフリックス取締役

革新的なモデルを生み出す

DXを経て持続可能なデジタル企業となるために、デジタルな事柄に対する取締役会の関与と効果を向上させる新しいモデルを開発しなければならない組織もある。例を挙げよう。

・影の取締役会　新興企業や若手従業員とより密接な関係を築きたいとの思いから、「影の取締役会」と呼ばれる従業員グループが誕生した。これは、戦略的プロジェクトについて助言する取締役会の諮問機関だ。

マーケティングサービスのコングロマリットであるグループMでは、3カ年計画のDXの実行に際して、南アジア市場のCEOが若手エグゼクティブ委員会を設置した。2013年の発足以来、この委員会は、グループMの将来成長の中核にデジタルを据える「ビジョン3・0」の策定を任されている。彼らは、契約のデジタル化と、メディアオーナーやデータプロバイダー、監査人、スタートアップとの提携の強化に焦点を当てたプロジェクトを進めてきた。また、経営陣と従業員をつなぐコミュニケーション・チャネルを開設した。この取り組みにより、若手従業員の洞察力を活用することで、役員たちの視点を多様化することができた(注9)。

- **リバース・メンタリング** リバース・メンタリング(逆指導)を導入して「バディ・システム(訳注、2人1組になって行動する制度)」を構築した企業もある。取締役とデジタルに精通した従業員がペアを組み、デジタル戦略やDXに不可欠な特定領域を非公式に探求するのが狙いだ。

DXの成功には、取締役会を巻き込むことが不可欠だ。取締役会をDXジャーニーの効果的なパートナーにするには、教育、透明性、適切なガバナンス、オープンな対話が必要となる。

ツールボックス

取締役会とのホットラインを確保する 取締役会と適切な会話をするために十分な時間がとら

れていることを確認しよう。「サイバーセキュリティなどのリスク削減」と「技術を活用した価値創造」のあいだでバランスのとれた会話を行うのが望ましい。それぞれの会話は別の時間に行い、意図的に分離させること。

取締役会のデジタル熟練度を高める　デジタルの専門家と、伝統的組織でＤＸの取り組みを担当したことがある変革の専門家を取締役に迎えるよう要請しよう。調査では、ＤＸの取り組みを適切に支援するためには、デジタルに精通した取締役が3名いるとよいことがわかった(注10)。

取締役がデジタルの変化を体験できるようにする　実際に見て体験すると、洞察を得て、そのプロセスに深く関与するようになる。たとえば、あるグローバル小売業者が「クリック＆コレクト」サービス(訳注、ネットで商品を注文し、店舗や宅配ボックスなど自宅以外の場所で受け取るサービス)を導入した際、同社は役員たちに新サービスの試用に参加するよう呼びかけ、コメントや提案をフィードバックしてくれるように頼んだ。

定期報告の仕組みを整える　ダッシュボードやバランス・スコアカードのような体系的な仕組みを導入し、ＤＸの実行における運営上の進捗や障害、成功を継続的に報告しよう。

チェックリスト

- 取締役会はどの程度、デジタルに精通しているか？
- DXについて、常に取締役会に報告する仕組みを確立しているか？
- 取締役会は、DXを理解し、積極的に支援し、資金を提供しているか？
- 取締役会に対してどの程度の透明性を持っているか（または持つべきか）？
- 取締役会の議題として、DXの戦略と実行について議論するための十分な時間はあるか？
- DXの舵取りや実行のために、既存の委員会（戦略委員会、技術委員会など）や新たに連携した委員会（デジタル諮問委員会など）を積極的に活用しているか？
- 取締役会がDXの進捗や成果をモニターできる、適切な報告メカニズム（スコアカードなど）があるか？

関連する章

- 明確で強力な「変革理念」を打ち立てる（第1章）
- 順調なときこそ、危機感を醸成する（第2章）
- 変革の成功に向けて、経営陣を一致団結させる（第3章）
- DXを行うために資金を調達する（第6章）

第8章 適切なデジタル・ガバナンスモデルを選択する

Choosing the Right Digital Governance Model

適切なデジタル・ガバナンスを敷くことはＤＸの成功のカギだが、簡単ではない。どのガバナンスモデルを選択するかは変革理念によって変わるし、選んだモデルを効果的に機能させるには基盤となる文化も考慮する必要がある。

デジタルチームを他の部門と完全に分けるべきか、密接に統合させるべきかという議論はいまも続いているが、実際には、この2択は間違っている。一般的には、どちらに振り切っても、よい結果は得られない。ハイブリッドなアプローチが最もうまくいく。デジタルチームを独立させれば勢いはつくが、適切な統合ポイントがわかれば、プロジェクトを前進させることができる。ＤＸが進むにつれて、デジタルな取り組みが業務モデルに埋め込まれていき、専門チームの必要性は減少していく。

なぜ重要か

組織が最初に下すべき決断のひとつは、デジタル・ビジョンを実現するためにどのようなガバナンスモデルを採用するかだ。私たちの調査によれば、84％の組織が、ＤＸの取り組みを管理・監督する専門グループを設けている（注1）。しかし、ＤＸの狙いは、「既存業務をデジタルで強化する」「新しい方法で顧客体験と業務を改善する」「ビジネスモデルを刷新する」など多種多様だ。目的によってそれぞれに適したガバナンスモデルがある。

デジタルチームを完全に分離することで、現在のガバナンスモデルや運用の制約にとらわれずに考えることができるようになる。従来のプロセスや命令系統の束縛から解放され、変革の勢いが加速することもある。しかし、デジタルチームを独立させると、日々のビジネスから孤立するというリスクを伴う。「象牙の塔」症候群に陥り、プロジェクトの運用と拡張を困難にすることもある。

「専任チーム」は必ずしも「独立したチーム」を意味するわけではない。とはいえ、実際には、ゼネラル・エレクトリック（ＧＥ）が発足させたＧＥデジタルのように、独立したデジタルチームとその他の組織のあいだに隔たりが生じやすいことが実証されている。

一方、デジタルチームを完全に統合することで、現在の業務に近づけ、デジタル実験から業務への移行をシームレスに行うことができる。しかし、統合は、漸進主義や重複を生み出し、新鮮な思考や組織的学習、真のデジタル・イノベーションを犠牲にするリスクを伴う。したがって、適切なバランスを見つけること——デジタルの勢いを加速させるために十分な独立性と、成功したプロジェクトを事業全体に移行させるために十分な統合性を両立することが重要となる。

次に、文化の問題がある。組織によっては、各事業部門の自律性が高く、高度に分権化されている場合がある。そのような組織では、日常業務の仕組みを反映させるためにも、デジタルチームの独立性を慎重に管理しなければならない。

たとえば、多くの組織では、デジタル・チャンピオン（デジタル・プロジェクトのキーマン）のネットワークを構築して、デジタルの優先事項に関する決定権や影響力を事業部門に与えている。より中央集権的な文化や業務体系を持っている組織はどうか。そのような組織では、デジタルの取り組みを中央で調整し、調和させることが適している。たとえば、P&Gは、複数のグローバルブランドを中枢部門が強力に支援するという文化が長く根づいているため、DXの実行においてもこのガバナンスモデルをうまく再現することができた(注2)。

私たちの調査では、デジタルの責任を中央集権化すべき組織と分散化すべき組織が半々に分かれたが(注3)、成功事例では例外なく、独立性と統合性のバランスが取れていた。ハイブリッドモデルが理に適っているということだ。

大企業のDXでは、サイロを横断するかたちで調整し、共有するという不自然なことをしなければならない。それゆえ、ガバナンスが重要になる。しかし、組織はやがて変化し、学習するものだ。

デジタルの成熟度が高まり、デジタルツールやデジタル技術、仕事の進め方が組織のオペレーションモデルとして浸透し、統合されたら、デジタルチームの構成とガバナンスモデルも変える必要がある。多くの組織では、独立したデジタル・ガバナンスが不要になってくるだろう。

ベストプラクティス

デジタル・ガバナンスモデルの選択は、自社のDXの狙いと組織文化によって決まる。また、サイロ横断的な調整がどれほど必要か、どのくらいの共有リソースを配備しなければならないかによっても選択が左右される。私たちの調査によると、次に挙げる4つのガバナンスモデルから選ぶことができる。

1　通常どおり　デジタルの取り組みは、既存の事業部門と経営陣によって進められ、デジタル委員会がプロジェクトを調整する。このモデルは、組織や構造を変更しないシンプルな管理形態であり、既存の予算枠内で資金が賄われる。日々のレガシー事業から抜け出せず、なかなか進展しない、リソース共有が進まないといったリスクがある。

2　デジタルリーダーを任命する　ＣＤＯなど専任のエグゼクティブが、リソースと予算をさまざまなレベルで配分し、デジタルの取り組みを調整する。このモデルは、集中や調整、リソースの共有を行うことで取り組みを加速させるために使われる。リスクは、デジタルリーダーに与えられる責任と権限のレベルや、事業部門との緊密な調整の必要性に関連する。

3　デジタル部門を共有する　このモデルの利点は、専門的で希少なデジタルリソース（ＡＩ能力など）を中央のハブに引き込めること。デジタル・プロジェクトの統合型ロードマップや調和のとれた働き方、部門横断型の強力な調整（デジタル・アンバサダーのネットワークなど）を実現することができる。しかし、コア事業から孤立する、取り組みが重複する、既存の部門（ＩＴ、マーケティングなど）と対立するといったリスクがある。共有されるデジタル部門は、ＩＴなどの既存部門から、デジタルＣＯＥ（中央研究拠点）や、組織的に分離した自立的な部門などさまざまだ。

オランダの銀行、ラボバンクは、分散したリソースをプールして、専用の「デジタル・ハブ」を設立することを決定した。このハブは、ある程度まで独立性が維持されているため、柔軟性と革新性を育成し、デジタル化を促進することができた。

また、ハブを分離せず、一元化したことで、既存のリソースにもアクセスできるようになった。ラボバンクのＣＤＯ／ＣＸＯのバート・ルアーズは、次のように述べている。「オランダでは、デジタル化を本格的に進めることにしました。そこで、変革を推進するためにデジタル・ハブを社内に設けました。デジタル・ハブは、デジタルの課題をピックアップし、それに対する解決策を開発して、同僚たちにフィードバックします。デジタル・ハブの立ち上げにあたり、私たちが行ったのは、社内で目にするすべてのカスタマー・ジャーニー、特にデジタル化できるカスタマー・ジャーニーに注目することでした。その数は１００前後にもなったと思います」（注４）

4　未開拓分野のベンチャーを設立する

このモデルは、新たなビジネスモデルの開発など、現行の業務から抜本的に脱却することを目指す場合に最適だ。市場投入までの時間が短縮され、斬新な経済モデルやプロセス、技術スタックが可能となる。既存事業との競合による重複や内輪もめが起こる、リソースや文化が相いれず、既存事業から新事業への移行が困難になるなどのリスクがある。

フランスの通信会社、オランジュは、既存の巨大な顧客基盤を活用するため、事業をデジタル・バンキングに拡大することを決定した。銀行インフラの買収に続き、組織からほぼ独立した未開拓分野ベンチャー企業、オランジュ銀行を設立する。この新事業はわずか1年で立ち上げられ、いまでは複数の地域に拡大している(注5)。

ほとんどの組織が、これら4つのガバナンスモデルのハイブリッド版を選択することになる(図表8－1)。組織として、報告、権限、決定権、予算などを適切に調整することが重要だ。適切なガバナンスモデルの実装が、DXの成功には不可欠だ。しかし、それには、ある程度の「組織的手術」が必要となる。が、安心してほしい。私たちの研究やデジタルリーダーたちとの共同作業による経験から、成功する可能性を最大化する方法について教訓が得られている。

●経営陣とのホットラインを持つ　デジタルチームは、CEOかCOO、またはCMOなど、執行役員直通のレポートラインを持つべきだ。また、IT部門とも密接な連携が必要である。

●分散型ネットワークを構築する　デジタルチームの一部を分散させるのは、よい方法だ。一般的には、各事業部門内に「デジタル・アンバサダー」や「デジタル・チャンピオン」を組み込む。彼らはデジタルチームの目となり耳となり、組織内でどのようなデジタル・プロジ

図表8-1　デジタル・ガバナンスモデル

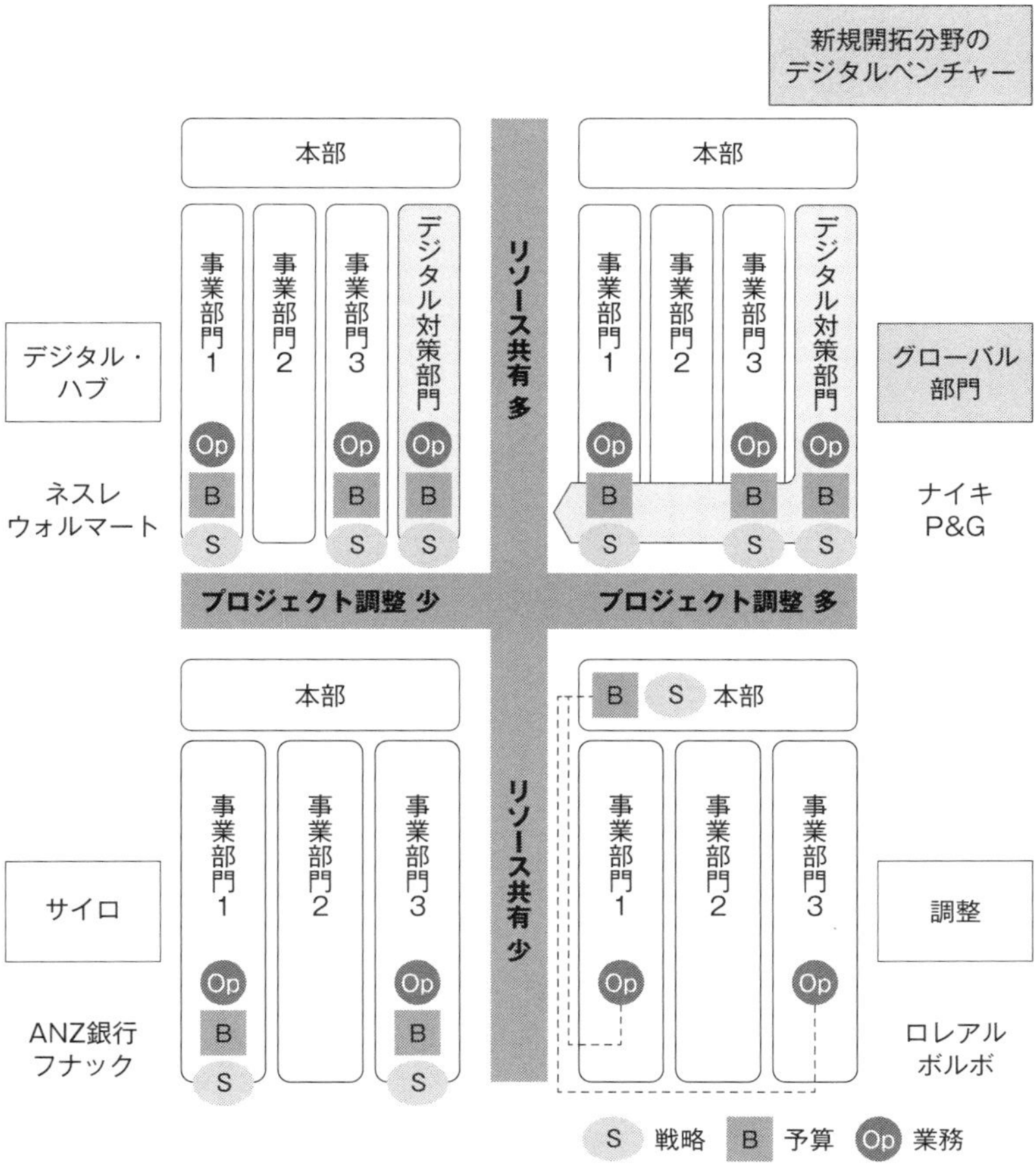

ェクトが推進されているかを明確にして、最新情報をチームに伝える。

電子機器メーカーのラディアルは、DXの取り組みを支援するため、デジタル・アンバサダーのネットワークを構築し、訓練を実施した。世界中の拠点でデジタルを実装する際の調整が彼らの任務だった。デジタルプロセスと変革管理の訓練を受けた現地職員がその役割を担った(注6)。

●内輪もめを回避する　デジタルチームは、デジタル・プロジェクトに取り組んでいる他部署(とりわけIT部門)から敵と見なされないようにすべきだ。GEデジタルが失敗したのも、この敵対視が主要因のひとつだった(注7)。ABBの元CEOであるギド・ジュレはこう表現している。「私のチームは、パーソナルトレーナーです。自分たちが腕立て伏せをするのでは意味がありません。本当に必要なのは、事業にデジタルの筋肉を付け、鍛えさせることなんです」(注8)

●社内外の能力を組み合わせる　デジタルチームには、デジタルの専門家や経験豊富なプロジェクト・マネジャー、広報担当など、さまざまな経験とスキルを持った人材をそろえる必要がある。保守や修理など社内の専門知識と、社外のデジタル技術についての専門知識を組み合わせることは、過ちを見直すための最良の方法だ。社内の人材は企業文化を理解し、組織内を器用に動きまわれるので、成功の確率が高まる。新しいスキルや外部の視点も必要だが、バランスが重要だ。外部人材が多すぎると、デジタルチームが孤立するおそれが大きくなる。赤十字国際委員会の元DX担当責任者であるシャーロット・リンゼイ・カーテットは、次のように述べている。

「私は、他部署から人材を引っ張ってくるようにしました。技術アドバイザーのひとりは、もともとITに携わっていましたが、その分野の生え抜きです。長年培ってきた経験はとても有用でした。組織のさまざまな部門から人材を集めることには、いくつもの利点があると思います。彼らは、自分たちのネットワークや統合から得た信頼を活用し、実際に顔を合わせて『組織全体が前に進むためには、協力が大事なんだ』と言うでしょう」（注9）

●モデルの発展　ガバナンスモデルの構造やデジタルチームが提供する支援の種類は、時間の経過とともに変化する。組織内では、デジタルの能力と成熟度が高まるにつれて、デジタルチームを分離させる必要性が低下していく。組織が成熟するにつれて、デジタル業務をオペレーションモデルのなかに組み込んでいこう。

ドイツの広域電力会社、エネルギー・バーデン・ヴュルテンベルク（EnBW）はDXに着手した際、デジタル専門チームの構築が望ましいと判断した。DX担当責任者のスヴェン・マイヤーは、組織構造や既存事業の強み、統合された資産などを考慮した決定について次のように説明した。「私たちDX部門は、組織のちょうど真ん中に位置しています。わが社は垂直統合型企業であり、DXでは各資産と連携しなければなりません。分社化したデジタル構造では難しかったでしょう」（注10）

各事業部門のプロジェクトを中央から支援するかたちが2年ほど続いたころ、組織全体に冗長性が見られるようになった。そこで、中央からの介入なしに共通のプロジェクト（業務のロボット化など）を管理するために、ケースバイケースでコミュニティ・ガバナンスがつくられた。

デジタル・ガバナンスを成り行きに任せてはならない。それはＤＸを成功に導くカギとなる。デジタルチームを完全に分離しても、完全に統合しても、うまくいくことはほとんどない。変革理念と企業文化にマッチした「ハイブリッド型アプローチ」が最も効果的だ。

デジタル担当部門である「デジタルワン」の設立が非常に大きかった。それは、サイロを壊し、チームや部門がひとつになり、新しい共通の考え方が生まれるという組織の変化を体現したものです（注11）。

――サビーネ・ショイナート（ダイムラー社デジタル＆ＩＴマーケティング／セールス担当副社長）

ツールボックス

デジタル・ガバナンスに真正面から取り組み、チャンスを逃さない　ハイブリッド型モデルを中心に、どのガバナンスモデルがＤＸ目標と最もマッチするかを検討しよう。たとえば、小売販売でクロスチャネル統合を管理するには、接客現場やバックオフィスの業務、ITチームのあいだで綿密な調整を行う必要がある。また、デジタル・ガバナンスモデルが企業文化（中央集権型、分散型など）に適合しているかどうかも重要だ。

アカウンタビリティを明確にする　デジタルチームの業務範囲や戦略、決定権、運営責任、予算などを明文化しよう。

デジタルリーダーや役割を慎重に選ぶ　最善のソリューションを提供するための専門知識と、組織内をまとめ、業務遂行を促進するための優れた対人スキルの両方をバランスよく備えていることを確認する必要がある。外部人材と社内の経験豊富なエグゼクティブの組み合わせは、しばしば、よい解決策となる。

ガバナンスモデルの調節プロセスを確認する　組織の発展に伴い、DXのニーズも変化する。時間をかけて、デジタルチームと事業部門のあいだでリーダーを交代させ、調和を促し、デジタル実務を定着させよう。

時間をかけて、ガバナンスの緩和を検討する　DXの取り組みにおける調整や共有が企業文化として定着してきたら、一貫性を担保するために必要な調整機能を残しつつ、より多くの決定権を事業部門に委譲することを検討しよう。公式のガバナンス構造を緩和させるのだ。

チェックリスト

- デジタル・プロジェクトのポートフォリオを正しく把握しているか?
- 誰がDXを牽引しているのか、明確になっているか?
- DXは適切なペースで進行しているか?
- デジタルチームと事業部門のあいだに敵対関係はないか?
- さらにDX業務を移管してもよいと思えるほど、組織のデジタル成熟度は高まっているか?

関連する章

- 変革の成功に向けて、経営陣を一致団結させる(第3章)
- デジタルとITを連携させる(第9章)
- アジャイル手法でDXを加速させる(第10章)
- バランスのよいプロジェクト・ポートフォリオを構築する(第20章)
- CDOの成功を導く(第23章)
- サイロを打ち破る(第25章)
- DXを測定する(第28章)

第9章 デジタルとITを連携させる

How to Make Digital and IT Work Together

過去10年ほど、伝統的なIT組織とデジタルベンチャーの関係は円滑ではなかった。伝統的なIT（レガシーシステム）は、しばしばデジタル革新の大きな障害と見なされがちだが、一方のデジタル・ソリューションはよりよい未来へのエンジンとして称賛されている。実際には、両者はDXを成功に導くために、緊密に連携しなければならない。そのためには、正しいマインドセット、よりよいデジタルの未来についての共通ビジョン、明確なアカウンタビリティ、適切なガバナンス体系が必要だ。

なぜ重要か

DXの研究では、古めかしいITシステムとアプリケーションがしばしば重大な障害と名指しされ(注1)、組織内でもIT部門は「ノーしか言わない部門」として閉鎖的、保守的、お役所的などと批判されがちだ。正しい指摘もあるかもしれないが、こうした偏見は、さまざまなかたちでデジタル化と伝統的なITとの分断を生んできた。

最先端の知識を持っているかどうかにかかわらず、ＩＴ部門はＤＸを進展させるために不可欠な存在だ（注２）。単独の実験やピカピカの最新技術の展開にとどまらず、デジタルの実装には企業全体にシステムを拡張するための支援が必要となる。既存のバックオフィス・システムと接続したり、大量のデジタル・アプリケーションの中核となるデータを抽出したりする場合はなおさらだ（注３）。

ＤＸに伴い、事業とＩＴは深く絡み合うようになった。しかし、残念ながら、デジタル・プロジェクトとＩＴのあいだで責任が重複していると、混乱やコスト増、非効率が発生しやすい。共同戦線を張る必要がある。

デジタル・ガバナンスモデル（ＣＤＯ、デジタル部門など）がどのような形態であれ、デジタルリーダーとＩＴリーダーの活動範囲や責任、連携を明確にすることが重要だ（注４）。両者の連携がとれていないと、デジタルの取り組みを拡大したときのコストと痛みが大きくなる。これは、デジタル投資から健全な利益を得るための前提条件となる。

デジタルと技術が会社に何をもたらすかという問題について、経営陣全体が非常に熱心に、そして生き生きと取り組んでいます。イノベーションと消費者向け技術でリードし続けることが、彼らに共通する目標のひとつなのです（注５）。

――アダム・ブロットマン（スターバックス元ＣＤＯ）

ベストプラクティス

DXは、古いものと新しいもののバランスをとることだ。これは、ITマネジメントにも当てはまる。複雑なバックオフィス・システムや基幹業務インフラ（内製であれ外注であれ）を介して現行の事業を継続させるには、「伝統的IT」の存在が不可欠だ。製品やサービスの調達から、製造、流通、販売、顧客サービスまで、企業は伝統的なバリューチェーンを機能させるために、依然としてこれらのシステムに依存している。

しかし、DXによって「デジタル・ソリューション」という新たなニーズがITに加わった。迅速なアプリケーション開発や革新的な顧客との対話、プラットフォーム構築、製品やサービスのデジタル化などだ。こうした役割を効率的に行うことがDXの成功にとって不可欠だが、伝統的ITの運用と革新的なデジタル・ソリューションという2つのニーズに応えなければならないため、考え方の転換が必要だ。2つの課題を解決するためには、図表9-1に挙げた7つの相反を知り、それをうまくマネジメントする必要がある。

これらの相反関係を管理するには経営陣のコミットメントが不可欠だ。ITとデジタルプログラムを連携させるためには、権限と責任を明確に分担できる体制にすることが重要となる。また、現在のシステムの全体像と、デジタル開発の基盤となるターゲット・アーキテクチャを明確に描き出すことも欠かせない。

たとえば、コンタクトレンズ・メーカーのクーパービジョンでは、CDOとCIOの連携によ

図表9-1　伝統的ITとデジタル・ソリューションの相反をマネジメントする

伝統的IT		デジタル・ソリューション
品質／安定性	↔	市場投入までのスピードと時間
セキュリティ／復旧性	↔	実験
法令遵守／適法性	↔	ユーザー・顧客中心
ユーザー要件	↔	プロトタイプ／PoC
徹底検査	↔	反復型開発
手動介入	↔	自動プロセス
データ管理	↔	データ中心設計

り、「フロントエンドシステムをバックエンドシステムから分離する」というアプローチで責任分担を明確化した。CIOのジョン・カゼッラは、ウェブサイトでの顧客のデジタル体験を基幹システムから「分離」することで、デジタルチームの裁量と即応性を高めるとともに、IT部門の余分な作業を最小限に抑えたと言う。これにより、責任の所在が明確になり、対立が少なくなったのだ(注6)。

ITとデジタルの連携がうまくいくかどうかは、採用されたガバナンスモデルにもよる。企業によっては、両者が同じ組織、同じレポーティング・ラインにある場合もある。しかし、統合が進むと急進的なイノベーションにブレーキがかかり、市場投入までの時間が遅くなるというリスクがある(注7)。また、CDOなどの経営幹部がデジタル部門を監督する場合もある。この場合は、デジタル部門がITと事業の架け橋となり、デジタル・ソリューションの提供を行う。

このモデルが非常にうまくいったのが、スターバックスだ。CIO、カート・ガーナーのスパーリング・パートナーとしてアダム・ブロットマンをCDOに任命し、2人をCEOの直属にした。ガーナーは、その関係を次のように説明する。「われわれは、特定のプロジェクトを担当するタイガーチームやSWATチームを持っています。デジタルと技術の熟慮型リーダーとそのチームが一緒になって同じ目標に向かって仕事をすることで、多くの時間とサイクルを短縮することができました。立ち上げやブレインストーミングからサービスの提供に至るまですべてが共同管理され、チームワークが重視されており、非常に協力的です」(注8)

デジタル部門が、従来のITから独立した部署になっている企業もある。これにはDXに焦点を当ててアカウンタビリティを果たすという利点があるが、コア事業から孤立し、従来の伝統的ITと対立する要因を生み出す危険性があるため、上手に管理する必要がある。

最後に、ITとデジタルのあいだでリソースの流動性を確保すれば、連携を強化することができる。デジタルとバックオフィスの統合の両方に焦点を当てた合同チームをつくったり、それぞれの側に主要なスタッフを配置して、目標を調整したりするのだ。クーパービジョンのCIO、ジョン・カゼッラは、CDOチームに上級エンタープライズ・アーキテクトを配置した経緯を次のように語っている。「このマネジャーはCDOの優先事項を理解し、プロジェクトのためにITチームのリソースを使いました。デジタルチームがITチームと折衝しなくてもよくなったのです」

ツールボックス

正しいモデルを設定する　組織は、デジタルの取り組みの基盤となるモデルをひとつ選択することができる。モデルの設定は、DXジャーニーを進めていくうちに変化する可能性もある。どのようなモデルを追求するにせよ、適切な整合性の見通しを立てるようにしよう。

たとえば、中央集権型デジタルチームを設置するなら、IT部門にも情報を提供し、積極的に関与させるのが望ましい。透明性を高め、責任分担を明確化するツールを使うと便利だ。RACIマッピング（責任や説明、相談先、報告先を示した図表）で、ITとデジタルの活動範囲を明確に線引きするのもよい。

定期的な接点をつくる　優秀なデジタルリーダーは、連携を成功させるためには口先だけのコミットメントでは不十分で、現実的かつ具体的な接点が必要であることを理解している。連携を日常業務に組み込むには、デジタル部門とIT部門のあいだで継続的に情報を共有し、信頼を高めるプロセスや役割を導入する必要がある。

事業とITの橋渡し役と同様に、デジタルとITの関係を管理するマネジャーは、継続的な調整と調和を図る。また、物理的な距離を縮めたり、定期的にイベントを開催したりすることで情報共有を促すことができる。対立を避けるには、デジタル部門とIT部門のあいだで配置換えや人材交流を行い、当事者意識を持たせることが有効だ。

ともに成長する　連携は、イベントや1回限りのタスクではなく、ＤＸジャーニーの継続に伴って進化する連続的なプロセスだ。デジタルの収益と責任が増えるにつれ、デジタル部門とＩＴ部門のあいだで勢力争いや政治的対立が起こることもある。こうした対立を完全に防ぐのは不可能かもしれないが、デジタルリーダーが立場を超えて連絡を取り合い、成功も失敗も共有することで決裂を回避することができる。ＩＴリーダーとデジタルリーダーはＤＸの進捗を定期的に共同で報告し、組織や能力、リソースの難点をオープンに提起して、対処できるように責任を負う必要がある。

チェックリスト

- ＩＴリーダーとデジタルリーダーのあいだに協力関係と信頼関係があるか?
- ＩＴリーダーは、デジタル戦略とそのために必要な変革を支持し、積極的に支援しているか?
- ＩＴチームとデジタルチームの活動範囲や責任は、組織全体で明確化されているか?
- ＩＴとデジタルの共同進捗報告を受けているか。あるいは、各部門から個別に異なるフィードバックを受けているか?
- ＤＸが適切なペースで実施されていると確信しているか。あるいは、体制やリーダーシップに変化が必要だと感じているか？

関連する章

- 変革の成功に向けて、経営陣を一致団結させる（第3章）
- 適切なデジタル・ガバナンスモデルを選択する（第8章）
- 技術インフラを構築する（第11章）
- パートナーシップ戦略を成功させる（第13章）
- スタートアップに投資する（第14章）
- CDOの成功を導く（第23章）

第10章

アジャイル手法でDXを加速させる

Accelerating Digital Using Agile Methods

アジャイルのツールと手法を用いてＤＸを加速する組織が増えている（注１）。ＤＸにはスピードと適応性が必要だが、アジャイルのツールと手法は、短い改善サイクルと実験に焦点を当ててこうした取り組みを支援する。しかし、アジャイル手法は広く採用されているにもかかわらず、その成功の程度はさまざまだ。本章では、このばらつきの原因を探り、アジャイル手法をＤＸプロジェクトに適用するための方法についてアドバイスをする。

なぜ重要か

アジャイルは新しい手法ではない。２００１年からソフトウエア開発と関連づけられるようになったが、そのルーツは日本の製造業と品質運動にある（注２）。新しい点としては、ＤＸ推進の手段として多くの組織に受け入れられていることが挙げられる。

最近の調査では、成功したＤＸの３分の２以上でアジャイル手法が活用されていることが明らかになっている（注３）。「スクラム」や「エクストリーム・プログラミング」（注４）といったアジャイルの手法と枠組みは、迅速な配置や変化への対応、顧客ニーズの重視などを柱とする反復型の開発アプローチだ。また、アジャイルの現場では、原則として、仕事は小規模で、自律的で、機能横断的なチームで行うべきだという考え方を共有している。

アジャイルの利点は明らかだが、大きな組織で実践しようとすると、変化への抵抗や導入の難しさ、組織構造との不適合などの多くの課題を経験する(注5)。アジャイル手法は、もともと小規模で単独チームのプロジェクト向けに開発されたものだからだ。それゆえ、多くの組織が、単一のチームや事業部門のような限られた領域での導入で成功しているが、パイロット版を他の領域まで拡張することには苦戦している(注6)。

また、アジャイルは、チェンジ・マネジメントのための有用な枠組みを提供しているが、それだけでは企業全体のDXを推進するには不十分だ。調査によれば、組織がアジャイルのツールとプロセスを「型どおりに」実装しても、「組織の俊敏性(プロジェクトの俊敏性に限らない)を変革の中心に据える」という発想の転換がなければ、その恩恵は得られないことが多い(注7)。

この変化を推進するのはリーダーの責任であり、それは継続的な仕事です。プロジェクトや部門に委託できるものではありません(注8)。

——フェリックス ヒエロニミ(ボッシュ社アジャイル変革担当VP)

ベストプラクティス

DXは、古典的なチェンジ・マネジメントの手法では対応しきれない。ネットワーク化された組織の性質を反映するため、システマチックなものである。また、高度な規模と相互依存性、ダイナミズムを組み合わせる必要もある(注9)。

アジャイル手法の実行アプローチは数多くあるが、事業部門や機能をまたいだ連携の強化や継続的な変化の促進、意思決定における権限委譲と自律性の促進などで特に有用性が高い。これらはすべて、DXを成功させ、かつ規模を拡大するための重要な要素だ。では、アジャイルを効果的に行うには何が必要か。

サイロ横断型の連携を強化する

DXの実行においては、従来のサイロをまたいで作業することが避けられない。部門横断型の問題解決チームを重視するアジャイル手法は、連携を促進させるのに適している。

一般的には、緊密に連携できる小規模なチームと、プロジェクトの遂行に必要な部門横断型スキルを備えた大規模なチームを編成する。チームには明確な任務と、仕事の進め方を決めるための自律性が与えられる。正しく実践できたときのメリットは大きい。より価値の高い問題に、より効果的に取り組むことが可能になり、結果的に収益と利益が高まることがわかっている(注10)。

デンマークの大手通信会社であるTDCは、アジャイル手法を取り入れてDXを加速させた。

同社は、数年前からデジタルに多額の資金を投じていたが、プロジェクトが予想以上に長引くうえ、市場投入するころには消費者ニーズが変化していたという問題があった（注11）。

その対策としてTDCは、デジタル・カスタマー・ジャーニーを設計し、検証、改善する機能横断型チーム（編成は、プロダクトオーナー、コマーシャル・スペシャリスト、フロントライン・エキスパート、CXデザイナー、デベロッパー）を発足させた。小規模なパイロット版として始まったこの取り組みは、エンドユーザー、B2Bユーザー、テレビ向けサービス、システムインフラを中心に組織された4つの「デジタルチーム」に拡張された。4つのチームは同じ場所に置かれたが、オンライン販売とサービスで魅力的なカスタマー・ジャーニーをつくるために、それぞれが端から端まで（E2E）全面的な責任を負うように配置された。

TDCの場合、同じ場所に配置されたこと、各チームが全面的な責任を負ったことで、サイロを超えた連携が可能となった。さらに、TDCは、このアジャイル手法から大きな利益を得た。顧客がオンラインで問題を解決できるようになったことで、最大のコスト要因のひとつである電話での問い合わせ件数が4割以上減少したのだ。

持続可能な変化を後押しする

デジタル・ディスラプションとDXが、永久的な連続したサイクルで行われるためには（注12）、反復的な変化と迅速な開発サイクルを支援する新しいやり方を編み出す必要がある。変わりゆく顧客ニーズとトレンドに合わせた開発を支援するためによく利用されるのが、アジャイル手法だ。反復に重点を置くアジャイル手法なら、開発サイクルをより効率的にすることができる。

シスコの例を見てみよう。プロジェクトの長期的なリソースと作業計画の予測の難しさに直面していた同社は、製品開発プロセスにアジャイル手法を採用することにした。

アジャイル開発を行う場合、長期的な予測を得るのは困難だが、シスコのある事業部門は、「実行チーム」と「計画チーム」で進める2チーム制を敷いた。これは、数四半期先の予測と計画を立てる能力を維持しながら、常に変化に対応できるようにするためだった(注13)。アジャイル手法を用いて、計画チームは新製品の機能について初期の協力者(顧客)から意見を聞き、その知見を実行チームの開発タスクに反映させた。実行チームがそれにとりかかっているあいだ、計画チームは次の2四半期の具体的なタスクを検討し、新たな顧客ニーズを探し続けた。この並行プロセスにより、新規開発と事業計画の継続的な共生関係が維持され、容易に拡張できるようになった。

自律性の共有を促す

デジタル経済は常に動いている。急速に変化する事業環境についていくためには、アウェアネス(気づき)とスピードが欠かせない。そのため、組織には、迅速なフィードバックと迅速な意思決定、そして迅速な対応に基づいた文化の醸成が必要となる。だが、これは容易なことではない。

アジャイル開発においてチームは自己組織化され、自律的で、意思決定の権限が与えられている。しかし、大規模な組織は複雑なシステムとなり、ひとつのチームの決定が組織内に広範な影響をもたらすことも少なくない。

この問題を克服するため、スウェーデンのネットワーク・通信企業であるエリクソンは、アジャイル手法を用いたコミュニティベースの意思決定モデルを開発し、これを大規模プロジェクトの中心的な意思決定主体とした。コミュニティは400人のチームメンバーとプロダクトオーナーで構成され、細分化された「実践コミュニティ」では、各部門を代表するグループ間で特定のトピックについて議論が交わされる(注14)。

コミュニティは通常、週に1~2回ミーティングを行う。解決策の提案を用意してきたファシリテーターが議事進行を行い、「合意形成型意思決定」がなされる。合意形成型意思決定とは、全員が納得できる許容範囲を探る手法だ。この方法により、従業員のモチベーションが向上し、チームメンバーの知識がより活用されるようになったという効果が報告されている(注15)。また、新たなデジタル開発に着手する際、より適切な意思決定を行い、一本化された方向性にコミットしやすくなったことも重要なポイントだ。

仕組みより価値観を優先する

ここまで述べてきたアジャイルの実践例には、市場投入までの時間を短縮し、生産性を向上させるといった効果が見られたが、専門家は、価値観や原理原則に焦点を当てることも効果的だと口をそろえる(注16)。人々がアジャイルの価値観を理解すれば、より積極的に変化を受け入れるようになる。が、そのためには工夫が必要だ。

ボルボが2017年に「大規模アジャイル・フレームワーク（SAFe）」を導入した際、それに直接関わる従業員と2000人のリーダーを対象に15万時間以上かけてトレーニングを実施した(注17)。プロダクト・クリエーション部門で継続的な改善・変革の責任者を務めるアナ・サンドバーグは、こう指摘する。「仕組みだけでなく、それに伴って起こるマインドシフトについても理解してほしかったのです。その結果をよりよく理解するために、リーダーには新しい行動様式について議論し、実践してもらいました」

ここで重要なのは、独立したアジャイル・プログラムの導入はDXを加速させるために有用だが、不十分であるということだ。アジャイル手法をうまく活用している組織は、ただ仕組みを整えるだけでなく、マインドセットを高めて自律型チームを奨励することや、反復的で迅速なプロセスで作業すること、組織全体でオープンなコミュニケーションを促すことにも注力している。

チームが自分たちの使命と価値観に基づいた判断を下せるような環境をつくることが、カギでした。必要なら現状に挑み、自らを破壊し、起業家精神を持ってイノベーションを主導できるようになることです(注18)。

——ケビン・コステロ（ヘイマーケット・メディア・グループCEO）

ツールボックス

アジャイルの定義、方法論、アプローチを選択する　ただでさえ使うのが難しいアジャイルだが、ツールやブランド、方法論の多さが拍車を掛けている（注19）。最初の実用的なステップとしては、「目的」について合意形成すること。そして、より重要なのは、共通の方法論と言語を持つ方法を選ぶことだ。

「大規模アジャイル・フレームワーク（SAFe）」「大規模スクラム（LeSS）」「ディシプリンド・アジャイル・デリバリー（DAD）」「スクラム@スケール」など、検討すべきアジャイルのフレームワークがいくつかある。これらの違いは、チームの規模、研修と認証、採用する手法と作業、必要な技術的作業、組織形態などだ（注20）。これらの違いに注意して自分の組織に最適な手法を選ぼう。

経営陣のなかからアジャイル・エバンジェリストを誕生させる　大規模なアジャイル導入には、経営陣の支援が欠かせない。このことを示す調査結果もある（注21）。オンライン印刷会社のビスタプリントは、自社でつくった講座の受講を経営陣に義務づけた。また、上級アジャイルコーチを1年間、経営会議に参加させた。その結果、経営陣の何人かがエバンジェリストとなり、他の幹部にアジャイル・マインドセットの採用を勧めた。同様のプログラムが組織全体の主要リーダーを対象に実施されると、アジャイル・エバンジェリストが続々と生まれた（注22）。

コーチングを通じた行動型学習を促進する　アジャイル・マインドセットの正しい実践方法を説明するのは難しい。ほとんどの組織では、コーチングを通じた行動型学習を採用している。コーチが見守り、問題が起きたら介入するやり方だ。ツールの利用だけにとらわれず、価値観や原理原則の理解にも目を向けさせるその効果は、特筆に値する。コーチは、社内で任命しても、社外から呼んでもかまわない。社内コーチはコンタクトをとりやすく、組織の細部にまで精通している。社外コーチは、客観的なアウトサイドインの視点をもたらしてくれる。

チェックリスト

- アジャイルという言葉を聞いて、あなたの組織の人たちはどんな反応を示すか?
- アジャイル・プログラムを経験したことがあるか。必要となる組織的な変化や考え方の転換を理解しているか?
- あなたの組織は、協働的な環境を奨励し、支援しているか?
- 個人ではなくチームとしての取り組みを支援し、評価するように、人事部の方針を変更できるか?

関連する章

- 明確で強力な「変革理念」を打ち立てる（第1章）
- 組織内のデジタルスキルを開発する（第24章）
- サイロを打ち破る（第25章）
- プロジェクトを拡張する（第27章）

第11章 技術インフラを構築する

Building and Managing Technology Infrastructure

流行りのデジタルツールやデジタル技術に目を奪われると、それらを縁の下で支えるインフラを見落としがちだ。ＤＸの場合、インフラは2つの中核的要素で構成される。安定性と柔軟性を備えた「ＩＴインフラ」と、安全性を確保した高品質な「データ資産」だ。

データベースやサーバー、ネットワークインフラ、業務用ソフトウエア・アプリケーションといった技術は特に華やかなものではないが、デジタル・プロジェクトの成功は、これらの技術にかかっている。たとえば、ＡＩ（人工知能）は、自己完結型の技術ではない。正確で互換性のあるデータソースと同様、安全な組織のシステムに組み込まれなければ、何の役にも立たない。優れた技術インフラは、データの取得から保存、分析、結果の発信まで、ＤＸのバリューチェーン全体をすべて（あるいは、ほぼ）リアルタイムでサポートする。

なぜ重要か

リンカーンは言った。「木を切り倒すのに6時間もらえるなら、最初の4時間は斧を研ぐ時間に充てる」。これと同じことが技術インフラにも当てはまる。適切なインフラがないと、経営陣のリソースと注意力はコアプロセスの実行と維持に費やされ、いかにしてデジタルツールで新しい価値の源泉を生み出すのかがおろそかになる。

技術インフラは、統合・共有されたシステムとプロセス、データで構成され、それらが一体となって業務の効率性と透明性を確保する(注1)。経営者にデジタル化の実行を妨げる要因について尋ねると、「既存のITシステムの限界」を挙げることが多い(注2)。

BCGによると、成功した変革の3つに2つが、ユースケースの開発と拡張を支援する最新技術とデータプラットフォームに関連していた(注3)。残念なことに半数以上の企業が、技術インフラの柔軟性の欠如に悩まされているという。

GEは、産業界のデジタル化に対応して利益を得るため、新技術や人材、プロセスに巨費を投じて意欲的な新事業部門、GEデジタルを創設した。しかし、GEデジタルの看板商品である産業用インターネット・プラットフォーム「プレディックス」は、その期待に応えるものではなかった。最大の問題は、技術的にうまく機能しなかったことだ(注4)。DXを実行するには、適切な技術インフラの構築が不可欠だ。

ベストプラクティス

逆説的だが、近年の進歩により、堅牢なデジタル・プラットフォームの構築は難易度が下がると同時に上がるという矛盾した状況になっている(注5)。一方で、クラウドやアジャイル手法、外部コードライブラリ、簡便な開発ツールなどが、新しいデジタル・ソリューションの迅速な開発を可能にした。しかし、こうしたアプローチによって生まれたツールやアプリを無秩序に組み合わせると、DXを強化するどころか、反対に弱体化させてしまう。それゆえ、組織のデジタル理念に適した技術アーキテクチャの選定が第一歩になる。ただし、それで終わりではない。技術インフラには克服すべき課題が少なくないが、そのなかでも重要な4つの課題がある。うち2つはITインフラ関連（安定性、柔軟性）、もう2つはデータ関連（品質、安全性）だ。

デジタルインフラの設計

組織の理念に資する技術アーキテクチャの設計には、効率性と俊敏性を両立させるという難しさがある。そのため、DXを成功させた企業では、技術インフラを階層化している。

第1の階層は、効率的な運用と取引のためのバックボーンだ。産業化や最適化、効率化のための伝統的な領域であり、バックオフィス・システムや記録システム（SoR）などをカバーする。

第2の階層は、アジャイルな顧客エンゲージメント・プラットフォームだ。決済などの主要取引から、カスタマイズされた体験の提供、エコシステム・パートナーとの接続などの領域をカバーする。ユーザー体験や質の高いサービスを提供するための領域だ。

第3の階層は、データおよび分析プラットフォームだ。内部データと接続データを使って分析したり、アルゴリズムを構築してテストしたりする。洞察とイノベーションのための領域だ。

それぞれ目的が異なるため、各階層に特化した専門的な管理体制や組織能力、技術パートナー、メトリクスが必要になる。このように説明すると複雑に聞こえるかもしれない。しかし、事業の目標に合ったアーキテクチャを事前に選んでおけば、将来的な技術投資の指針となり、技術やＩＴの運用の一貫性を保つことができる。

ＩＴインフラの安定性

ＩＴの観点から、安定性は、信頼性や一貫性、可用性と密接に結びついている。信頼性とは、インフラが常に稼働しており、さまざまな衝撃やトラブルに対して耐性があることを意味する。一貫性とは、異なる動作環境（ＯＳやアプリなど）でも標準的な品質のサービスを提供できることを、可用性とは、インフラの使いやすさを指す。つまり、さまざまなユースケースにおいて常に機能しているのが、安定したＩＴインフラだ。

たとえば、ブロックチェーンのアプリケーションでは、ほとんどの場合、それほど大きなインフラ要件を求めていない。速い処理スピードと大容量のストレージぐらいだ。しかし、ＡＩソリューションの多くは、高いコンピューティングとネットワークリソースを必要とし、データソースの互換性も求められる。

ＣＩＯを対象とした研究によれば、ＩＴインフラの安定性の敵は複雑性だ（注６）。一般的にインフラは複雑になるほど安定性が低下する。成長著しいクラウド・ソリューションは一元的に管理され、目的に合わせて利用できるため、オンプレミス型のシステムより安定性が高い傾向にある。それゆえ、多くの組織がＤＸプログラムの基盤としてクラウド型インフラに重点投資している。ただし、レガシーシステムとクラウド・ソリューションの接続は、いまだに難題である。

ＣＩＯの責任は急速に変化しています。進捗管理やビジネスとの関わりで言えば、ＣＩＯは「触媒」でなければなりません。ビジネス・アーキテクチャや戦略、オペレーション、技術を駆使してイノベーションを起こさなければならないのです。そしてＣＩＯは「戦略家」でなければなりません。事業と緊密に連携して戦略の整合性を高め、技術投資の価値を最大化するのです。全産業に視野を広げると、中核インフラのルネサンスが進行中であることがわかります（注7）。

――トレバー・シュルツェ（マイクロン・テクノロジーＣＩＯ）

ＩＴインフラの柔軟性

ＩＴインフラの柔軟性は、一見すると安定性と相いれないように見えるが、この2つは密接に関連している。安定性があっても柔軟性がないインフラは、状況の変化に対応できないため危険だ。残念ながら、多くのレガシーシステム（および一部のクラウド・ソリューション）は柔軟性に欠けるため、組織は環境が変化したときの対応に苦労している。

優れたインフラは、成功と失敗を素早く判定し、分析、対処するフィードバックループを確立する。たとえば、チケットマスターは、一般客より先にチケットを買い占めて高値で売る「転売ヤー」の問題が大きくなったとき、対策として機械学習アルゴリズムを利用した（注8）。できあがったシステムは、チケット販売のリアルタイムデータと購買行動の全体像を検証し、転売ヤーを締め出しつつ、一般客の処理を迅速化するというものだった。転売ヤーは新システムに対応した戦略とツールをすぐに導入したが、チケットマスターのインフラは、フィードバックループを回して価格決定ツールを修正するという柔軟性を備えていたので、移り変わる手口にも同じアルゴリズムで対応し続けることができた。

階層間で柔軟性に差をつけたほうがいい場合もある。たとえば、バックオフィス用の中核となるITインフラと、顧客やエコシステム・パートナー用のウェブサイトやアプリなどの外部向けシステムがそうだ。デジタルツールや技術と統合した外部向けインフラは、ただ見た目のいいフロントエンドではない（注9）。主要取引を実行し、コアプラットフォームに接続して処理を完了する。外部向けインフラは、バックオフィスのシステムよりも柔軟性が必要であり、それに応じた設計をすべきだ。

データの品質

低品質のデータは、実害の原因にもなる。2013年のアメリカ郵便公社では、質の悪いデータのせいで配達できなかった郵便物が68億通（全体の4・3％）にのぼり、15億ドル以上のコスト要因になっていた（注10）。2020年は、2〜3割の電子メールアドレスが毎年変更される時代でもあり（注11）、デジタル・ソリューションの有効性を下げるデータの問題が数多く存在する

（重複や不正確さ、曖昧さ、流通不足、システム間の非互換性など）。『ハーバード・ビジネス・レビュー』誌に発表された研究でも、一般的な品質基準を満たすデータは企業内に３％しかないと推定されている（注12）。

データの品質検査は、多くの組織でやってみる価値がある（注13）。まず、データ品質の基準や規則、期待値の基準値を定め、次に組織全体でチェックを行い、データが必要な基準を満たしているかどうかを測定する。品質検査後には、データの誤記や未入力、重複などの不備を修正するデータクレンジングも行うことが必要だ。

データの安全性

サイバー攻撃が頻発している昨今、データセキュリティの重要性は、いくら強調しても足りない。危険にさらされる恐れを減らすコツを紹介しよう。

まず、ほとんどのサイバー攻撃は既知の脆弱性を悪用したもので、比較的簡単な改修で対処できる。ソフトウエアの脆弱性が発見されると、その脆弱性を利用したいハッカーとソフトウエアベンダーの競争が始まる。パッチが配布されてもベンダーの勝ちとは限らない。速やかにパッチを当てないユーザーも多いからだ。たとえば、２０１７年にマースクがノットペトヤ・ウイルスで甚大な被害を被ったときも、マイクロソフトからすでにパッチが配布されていた。マースクが早くインストールしていれば、社内システムを守れただろう。

次に、定期的なメンテナンスとリアルタイムの監視により、攻撃や脆弱性を特定して、将来の攻撃のリスクを減らすことができる。強力なパスワードポリシーの徹底や管理者権限による制限、定期的なセキュリティ監査を実施するなど、標準的な対策は必須だ。擬似フィッシング攻撃などの侵入テストを無作為に行うことも強く推奨される。成功したハッキングとデータ漏洩の9割以上はフィッシングが原因である。従業員には、セキュリティポリシーのよい例と悪い例を教育し、すべてのユーザーにベストプラクティスを実行してもらう必要がある。

最後に、セキュリティに配慮した行動とインセンティブを一致させる必要がある。マースクの場合、パッチの更新は上級管理職によって承認されていたが、IT管理者のボーナスは、稼働時間をはじめとした目先の業績指標とリンクしていた。パッチを更新するとシステムのパフォーマンスが落ちるため、動機づけにはならなかった。

ツールボックス

ITと事業のデジタル・ロードマップを融合させる　技術インフラはIT部門の管轄であることが多いため、ITとの緊密な連携が重要である。DXの第一波では、IT部門抜きでやろうとして失敗した例が多かった(注14)。いまでは、ITリーダーがDXを推進している企業もあれば、デジタルリーダーとITリーダーが密接に連携している企業もある。ビジネスリーダーが技術に精通し、ITリーダーとそのチームが事業に精通するようになれば、デジタル部門とIT部門がインフラで協力し合うことはそれほど難しい目標ではない。

困難な改修から逃げない　時代遅れで性能も安全性も低いシステムやアプリケーション、データベースが、いまも多くの組織で使われている。なぜか。その改修には大きな困難が予想されるからだ。たとえば、業務に欠かせない重要なシステムをオフラインにすると、予想外の影響が出て余計なコストがかかる恐れがある。残念ながら、レガシーシステムは高級ワインと異なり、年代物になっても価値は上がらない。インフラはできるだけ早くアップデートしよう。

デジタル・プラットフォーム・アーキテクチャを早期に検討する　エンタープライズ・アーキテクトに権限を与えよう。技術インフラの刷新に投資をする際には、適切なターゲット・アーキテクチャを念頭に置く必要がある。この相乗効果は、事業戦略を実行するうえで非常に重要だ。

データ管理の責任を明確にする　顧客インサイトや業務データ、接続情報などのデータはDXの中核をなす。「フォーチュン1000」の57%が、最高データ責任者を任命している(注15)。最高データ責任者がいない場合でも、データ資産のガバナンスや運用、イノベーション、分析、セキュリティに対する明確なデータ管理の責任を明確にしておく必要がある。

上級リーダーを教育する　適切な技術インフラの構築は複雑であり、自分ひとりで行わないほうがいい。アーキテクチャの計画や、実行に伴う影響、技術増強の進捗状況などについて上級リーダーと共有しよう。

チェックリスト

- 技術インフラは、DXの目標達成を支援できるものになっているか。どんな能力が不足しており、どうすればそれを解消できるか。最新のものにする必要があるもの、交換が必要なもの、ゼロから構築する必要があるもの、買収する必要があるものは何か？
- 技術インフラは、DXロードマップのニーズを満たすのに十分な安定性（信頼性、一貫性、可用性）と柔軟性（適応性、拡張性）を持っているか？
- いまあるデータの品質は、デジタル活動を支援するのに十分なレベルか？
- サイバー犯罪を防ぎ、潜在的な攻撃の影響を軽減するために十分なデータセキュリティ対策マニュアルを策定しているか？

関連する章

- 適切なデジタル・ガバナンスモデルを選択する（第8章）
- デジタルとITを連携させる（第9章）
- DXの社会的責任と持続可能性を追求する（第16章）
- 技術の最前線に居続ける（第29章）

Hacking the External Environment:
Working with the Outside World

III

外部環境と協働する

自分の夢を他人に見せるのは、ものすごく勇気がいる。
――エルマ・ボンベック

ＤＸを成功させるには、適切な社内環境を整えることが大前提だが、それだけでは十分ではない。どんなに従業員同士の結びつきが強固で、大きな研究開発部門があったとしても、ＤＸを実行するための答えは組織の外からもたらされるからだ。ＤＸによって組織は、より風通しのよい開かれたものになる。しかし、そのためには、外部環境をより深く理解し、新たな知見を吸収する能力が必要となる。

デジタルの時代に輝かしい成功を収める組織は、山頂にある孤城ではない。賑やかな通りや公園に囲まれ、交通の要所やショッピングモールで街のインフラに接続されているオフィスビルだ。

成功する組織は、外部の出来事に対する「ハイパーアウェアネス（高度な察知力）」を備えている。なぜか。デジタル世界は信じられないほど速く動いており、その動き方は予測困難だからだ。競合や技術、環境、消費動向などの弱いシグナルを早期に察知できる能力を持っていれば、不測の事態に対する最高の保険になる。それゆえ、ハイパーアウェアネスは、デジタルビジネスの俊敏性を高めるための重要な組織的スキルとなっている。

ＤＸに向けた社内組織の整備は独力ではなし得ないと前に述べたが、同じことが外の世界にも言える。パートナーと強固なエコシステムを構築することは、デジタル戦略の中核となるべきものだ。そうすることで、まだ確立していない組織能力や、社内にない技術やソリューションにアクセスすることができる。うまくいけば、変革のリスクを抑え、取り組みを加速することもできる。ただし、パートナーとの関係は積極的に管理する必要がある。また、パートナーとの関係を機能させるためには、リソースを振り向け、マネジメントの一部を手放す必要がある。

外の世界との協働は、貴重なアイデアや新たな成長の源泉を発見することにもつながる。新たな価値創造の機会を求めて絶え間なく努力するなかで、オープン・イノベーション、すなわち外部パートナーとの協働はここ数年、加速している。適切なパートナーを選択する、知的財産を管理する、外部のイノベーションを社内へ持ち帰るなど、課題は山積している。

スタートアップとの提携は、最新の技術やビジネスモデルを取り込むための有効な手段となる。小さくて俊敏なスタートアップが大きな既存企業を破壊することに注目が集まるようになって久しいが、私たちの経験では、実際の「ダビデとゴリアテ」の対立の結果は、競争というよりもむしろ協力の物語である。ただし、既存企業とスタートアップのあいだでイノベーションの相乗効果を生み出すには、適切な体制やインセンティブ、知識共有が必要となる。

最後に、DXで重要なのはイノベーションや競争だけではない。倫理や持続可能性に関わる影響も無視できない。プライバシーやセキュリティ、多様性、環境への配慮は、DXのアジェンダとして前面に出てきた。残念なことに、倫理と持続可能性の実践は、組織内でも極めて断片的な方法で管理されてきた。が、このようなやり方はもはや通用しない。責任感があり先見の明のある企業は、これらの問題をデジタル化の実行に不可欠な部分として位置づけている。今後は、これに追随することが、より強く求められるようになるだろう。

組織を外の世界に開放することは、もはや「あれば助かる」というレベルではなくなった。競合の動向や消費者行動、技術の進歩、イノベーションの機会、環境責任などに対してより敏感になり、組織をインテリジェントにすることができる。

第12章

組織内に「ハイパーアウェアネス」を構築する

Building Hyperawareness into Your Organization

破壊するか、破壊されるか——よく使われるこのフレーズは、デジタル・ディスラプションが全産業で猛威を振るうなか、企業に突きつけられる重要な難問を見事に表している。急速に変化する環境下であっても、業界や消費者が発する微弱なシグナルを検知、監視する組織能力があれば、社内外のファクター（組織の機会とリスク、競争的地位、さらには存続可能性にまで影響する事象）に関する重要情報を得やすくなる。この能力を私たちは「ハイパーアウェアネス（高度な察知力）」と名づけた（ウェイド他著『対デジタル・ディスラプター戦略』『DX実行戦略』を参照。いずれも日本経済新聞出版）。

ハイパーアウェアネスがある企業は、不意を突かれにくい。また、自らの脆弱性に気づき、それに応じてビジネスモデルとプロセスを調整するため、ディスラプションへの耐性が高まる。「行動」と「状況」の2つに対するハイパーアウェアネスを構築することが、成功への重要なカギとなる。

なぜ重要か

絶え間なく変化する競争環境を前に、多くの経営者は、なかなかデジタルの未来を見通せずにいる（注1）。が、早期警報システムを整えなければ、組織の長期的な生存を脅かす可能性のある突然の環境変化に対処できないことは、ほぼ全員が理解している。デルやセイフウェイ、デュポンといった代表的な既存企業が、わずか5年でS&P500社の座をフェイスブックやアンダーアーマー、ガートナーといった企業に奪われた（注2）。多くの経営者は、業界のトップ10企業の3分の1以上がデジタル・ディスラプションによって退場を迫られるだろうと予想している（注3）。とはいえ、不健全な集団思考や的外れな意思決定を避けるために、真のディスラプションと見かけ倒しの誇大広告を区別することを学ばなければならない（注4）。

ベストプラクティス

早期または微弱なうちに変化の兆しを認識すれば、次に来るものへの準備でスタートダッシュを決められる（注5）。ハイパーアウェアネスは、組織の業務全体（従業員や消費者、より広い環境）のなかで何が起きているのかを察知し、その洞察に基づいて根拠ある意思決定をする能力である。成功のためにとりわけ重要なハイパーアウェアネスは2種類。「行動察知力」と「状況察知力」である（注6）。

1　行動察知力を構築する

行動察知力とは、従業員や顧客が何に価値を置き、どのように考え、行動しているかを深く理解する能力を指す。この能力を活用するには、現場から意思決定者への情報の流れを促す、秩序立った（ただし組織として安全な）方法が必要だ。

従業員から情報を集める　従業員から情報を集めることが重要なのは、彼らが顧客や提携相手の最も近くにいるからだ。顧客が何を好み、何に不満を抱いているかを知っている。また、戦略がうまくいっていないことも知っており、本当に重要なプロジェクトには熱意を持って対応してくれる。リーダーにありがちな失敗は、本当のことを教えてくれる人から自分を隔離し、建設的な批判を共有できる率直な文化を構築することの難しさを過小評価してしまうことだ。組織は、従業員から意思決定者への情報の流れを促進するさまざまな仕組みをつくらなければならない。

たとえば、スペインのファッション・ブランドのザラは、顧客が好きなものや嫌いなもの、発売されたら買いたいものなどのフィードバックを引き出すよう、店長や販売員を教育している。また、従業員には、何が売れるか、売れないかについて自分の考えを伝えることが求められている。そうした洞察が世界中の店舗で収集され、本社の商品デザイナーによって検討される（注7）。

上級役員と若手社員がペアになって最新トレンドの新鮮な知見を提供する「リバース・メンタリング」を採用している組織もある。こうしたメンタリング・プログラムはただのおしゃべりではなく、機密保持とコミットメントに配慮した構成になっている（注8）。

最後に一部の企業では、匿名フィードバックを制度化している。これには、忌憚のない意見を集めるだけでなく、どのアイデアや批判が広く支持されるかを測定する目的もある。クラウドソーシングを利用して、ユーザーが投稿した質問やアイデアを評価するサービスだが、もともとはグーグル社内のミーティングで、従業員からの質問を匿名で出せるようにするために開発されたものだ。その質問に対して他の従業員が投票し、最も多くのレスポンスを得たものがリアルタイムでリストの上位に上がってくるという仕組みだ。このサービスは、グーグルが毎週開催している「全員参加型」の会議ですぐに採用され、会議の司会者が社員の抱える最も緊急な問題に取り組むのに役立てられた。

顧客から情報を集める　顧客から情報を収集する方法は、アンケートやフォーカスグループなどの「スナップショット」形式から、スマートフォンやセンサーデータを利用して隠れたパターンを発見する方法へと進化している。参考になるのは、中国の小売業の事例だ。ウォルマートやマークス&スペンサーのような代表的な企業が一部店舗の閉鎖に追い込まれるなど、西側諸国では小売業の衰退が話題となっているが、中国ではいま「ニューリテール」というコンセプトのもと、小売業が復活しつつある。

アリババ傘下のフーマーは、「ニューリテール」を具現化した技術駆動型の生鮮食品スーパーだ。オンラインとオフライン、ロジスティクス、データを、ひとつのバリューチェーン上で統合している。消費者がどのように購入するのか、何を好んで購入するのかを理解するため、分析に重点を置いた小売戦略を推進している。消費者は店頭で商品コードをスキャンして商品情報を確認し、自宅に届くように注文して決済する他（半径3キロまでは30分配送）、生鮮食品（生の魚介類を含む）を注文し、店内で調理してもらって食べることもできる。これらがすべて専用アプリ上で完結する。電話番号や購買履歴、決済、入出金、自宅住所など、顧客のあらゆることをフーマーは把握しており、それに応じてリアルタイムで提供するサービスをカスタマイズする。同社によると、フーマー店舗の単位面積当たり売上は、他のスーパーマーケットの3〜5倍にもなるという(注9)。

2　状況察知力を構築する

状況察知力とは、組織の事業環境や業務環境における変化を明らかにし、どの変化が重要かを判別する能力だ。いまやソーシャルメディア・リスニングは、事業環境に関する洞察を得るための重要なツールとなっている。ゼネラルモーターズ（GM）は2013年、ソーシャルメディア・センター・オブ・エキスパートを創設し、約600人のスタッフを5つの地域に割り振った。彼らはさまざまなデジタル技術を駆使して、GMやサードパーティーが運営する数百のソーシャルサイトや、クルマの所有者らが集まるフォーラムを監視している(注10)。毎月6000件以上の顧客とのやりとりから集めたデータを使って、顧客との関係改善に取り組んでいる。

事業環境を理解するために、定期的な深掘り活動を行っている企業もある。企業会計ソフトウエアを手がけるインテュイットは、3〜4年おきに経営陣が相当な時間をかけて社外の市場変化を検証している。「自分たちで真剣に問いかけるのです。今後、わが社を破壊し得るものは何か、何が劇的に広まり得る破壊的な力なのか。われわれは、アウトサイドインの思考を取り入れています」と元ＣＸＯのアルバート・コーは説明する。

この取り組みには、通常、経営陣および１００人以上のトップリーダーが参加する。数カ月ものあいだ、業務時間の２～５割を、新たなトレンドを特定するために費やす（注11）。２０１２年には、ソーシャル、モバイル、クラウド、データを破壊的トレンドとして特定し、それらに合わせて各事業の方向性を調節した。２０１７年には、社外の戦略思想家や社内のリーダーも参加し、５００件以上の顧客観察と２２５件の他社インタビューを行った。その結果、８つの主要トレンドに対応するために投資を再配分した。「私たちは『屋根は晴れているうちに直せ』の格言を実践しています」とコーは言う。「業務の運営方法と新たな成長機会について、常に改善できるところを探しているのです」

組織が事業環境の変化を予測する必要性に迫られているのに対し、経営陣の時間の大部分は、業務環境（装置や工場、車両、建物、施設といった物理的資産で構成される操業環境）の監視に費やされている（注12）。業務に関する状況察知力を実現するＩｏＴ（モノのインターネット）への期待は高まるばかりだ。生産用の資産の状態を把握することで、業務効率は飛躍的に高めることができる。

カナダの採掘企業であるダンディー・プレシャス・メタルズは、ブルガリアのチェロペック近郊にある金鉱全体をコネクテッド化した。コンベヤアシステムや照明、送風機、発破システムなどの資産の他、作業員までもインターネットと接続したのだ。採掘係や運転係、監督係は、これまで無線や携帯電話の電波が届かず、音声通話が困難だった場所を含め、地上や地下のどこからでも音声でコミュニケーションを取れるようになった。鉱山全体を網羅するネットワークと、コラボレーション・ツールや分析ツール、モバイルデバイスを組み合わせることで、業務をリアルタイムに把握することができる(注13)。

シフトが替わるまで待つのではなく、何が起きているのかを、そのとき、その場で正確に知りたい(注14)。
——マーク・ゲルソミーニ(ダンディー・プレシャス・メタルズ)

デジタルは諸刃の剣であると覚えておいてほしい。さまざまな業界や事業を破壊する大きな要因である一方で、チャンスを察知し、活用するために使える強力なツールでもある。ハイパーアウェアネスによって組織は、移り変わるデジタル環境に素早く対応できるようになる。ハイパーアウェアネスは、あらゆる組織の事業プロセスに組み込まれなければならない。

ツールボックス

先行指標を見つける　リタ・マグレイスの著書『*Seeing Around Corners*』では、まだ起きていない出来事に関する情報、すなわち先行指標を探すことを勧めている(注15)。先行指標は、仮説のかたちをとった定性的なものであることが多い。たとえば、運送会社で貨物量の減少が見られたら、小売業の減速を予測できるかもしれない。目的は、こうした先行指標を早期警報システムに組み込み、組織の備えを促すことにある。

他業種のデジタルの兆しを探す　デジタル技術が事業に与える影響をとらえるため、他の業界や事業にも視野を広げよう。ある業界の新しいデジタル技術を把握することで、他の業界にも警報を発することができる。たとえば、ＡＲ技術は主にゲーム用のツールとして現時点では利用されているが、同技術の適用は、医療や教育などの業界が認識すべき重要なシグナルとなる可能性がある。

エコシステムを活用する　多くの場合、組織は、微弱なシグナルを理解するための専門知識を内部に持ち合わせていない。独力で何とかするよりも、自分たちが知らない分野の専門知識や知見をすでに持っているパートナーと協力したほうが有益だ（注16）。スタートアップとの提携は、新技術のテストに適している。異業種の大企業との提携は、大胆なアイデアを探索するために効率的な方法だ。

関連性のないものを特定する　ハイパーアウェアネスは、重要なことと重要でないことを選別する能力でもある。ディスラプションがほとんど定義されず、測定されないのと同様に、ディスラプション風の見かけ倒しがもたらす影響も測定するのが難しい。真のディスラプションを理解し、予測するために、収益や利益、市場シェアの変化など、実際の業界データに細心の注意を払おう。

チェックリスト

- 事業上の意思決定に、従業員や顧客の多様な視点を活かしているか。ひとつのシナリオに固執し、他のシナリオを犠牲にする傾向はないか?
- 社外の熟慮型リーダーや起業家とどのくらい直に接しているか。いままさに未来が広がろうとしている領域に、どのくらいの頻度で自らと組織をさらしているか?
- (上級管理職が身に付けている)いま市場で起きていることを理解する能力が著しく低下していないか?
- 顧客が何を求め、何を必要としているのか、深く理解しているか。変化する顧客の期待を追跡するためのシステムを備えているか?

関連する章

- 順調なときこそ、危機感を醸成する(第2章)
- スタートアップに投資する(第14章)

- オープン・イノベーションを効果的に実行する（第15章）
- サイロを打ち破る（第25章）
- 技術の最前線に居続ける（第29章）

第13章

パートナーシップ戦略を成功させる

Managing Partnerships and Ecosystems

DXを遂行するにはパートナー（提携先）を探すべきか。この問題について、ビジネスリーダーたちの意見は大きく割れている。一方は、DXは企業戦略の中核だから、実行に関わる業務をアウトソーシングすべきではないと主張する。もう一方は、変革スピードを上げる、重要な組織能力にアクセスできる、有能な変革パートナーによって変革品質が向上するなど、外部組織に協力を仰ぐ利点を強調する。どちらの言い分が正しいのか。私たちの調査によれば、先進的なデジタル企業の多くは「ハイブリッド型のアプローチ」を採用している。社内の組織能力を構築しつつ、信頼できる戦略的パートナーにも頼るのだ。

なぜ重要か

DXに伴う困難には、組織能力の不足（ノウハウ不足）と発揮できる最大能力の不足（リソース不足）の2つがある。市場圧力が高まるなか、組織は自社の製品やサービスを差異化するためにますます専門化するよう強いられており、非中核領域の協力者の必要性は増すばかりだ。

社外パートナーとの提携は、組織が直面するリスクを減らすことでDXジャーニーを推し進めるカギとなるが(注1)、悩ましい問題がある。提携の多くは、ITのアウトソーシング・プロジェクトのように、期限付きの取引関係である(注2)。デジタルリーダーには、パートナーになってくれる企業を見つけてその関係を維持し、真の意味で組織を変革するための、より戦略的なアプローチが必要となる。適切なパートナーやネットワークを特定して、信頼を築き、関係を維持して、継続的に期待をすり合わせることが、デジタル・パートナーシップ戦略を成功させるための土台となる。

提携する理由として、自分たちではできないことをやっている企業だからということもあります。自社だけでは、特定の人材プールや顧客層にアクセスすることができないからです。また、単にペースを上げるために提携することもあります。大企業のなかではデジタルに強いとはいえ、デジタル・ネイティブのパートナーやスタートアップのようなスピード感で事業を展開することはできません。アジャイル開発を使おうと最善を尽くしていますが、彼らのほうが、使い方が断然うまいのです(注3)。

——アンドリュー・リア（ミュニーク・リ・デジタル・パートナーズCEO）

ベストプラクティス

DXのパートナーを探すときは、通常のビジネス関係の外側にも目を向けるとよい。多くの企業が、高度な戦略的パートナーやネットワークなど、さまざまなタイプの相手と組んで利益を得ている。しかし、サプライヤーとの関係を長年続けてきた組織が、これまでのやり方をそのまま続けると罠に陥る。ITアウトソーシングや産業オートメーションのように明確に定義されたタスクに対し、取引的な性格を持つ領域なら、そうしたやり方でも機能する(注4)。サービスレベルの契約や違約金を規定するアウトソーシング契約が当たり前の領域だからだ。しかし、そうしたやり方では、DXジャーニーを成功に導くために必要な創造的自由や革新的な進展を妨げてしまう(注5)。デジタルリーダーには、いわゆる「調達」にとどまらず、サプライヤーや信頼できる戦略的パートナーとエコシステムを構築して、その機会を長期的に活用するとともに、測定可能な短期的利益を提供することをお勧めする(注6)。図表13－1は、その選択肢の内訳を示したものである。

変革の触媒として適切な提携先を見つける

ビジネスにおけるパートナーとの関係は、本質的に不確実性が高く、リスクを孕むものだ(注7)。それゆえ、確実に目的を果たし、変革の触媒となってくれる相手に出会うため、慎重に候補を精査することが非常に重要だ(注8)。しかし、多くの場合、パートナー候補は多数いて、選

図表13-1　デジタル／ITサプライヤーと戦略的変革パートナー

デジタル／ITサプライヤー		戦略的変革パートナー
オフィス自動化 デジタルマーケティング サプライチェーンのデジタル化	目的	デジタル理念 ロードマップ 実行計画の共同開発
一般的な調達／請負サプライヤー	性質	目標の一致と信頼に基づく提携関係
各種プロジェクト用のサプライヤーと請負業者のエコシステム	主体	少数の主要提携先

択するのが難しい。この初めの一歩が、デジタル計画の成否を決める可能性があるからだ。たとえば、ノバルティス傘下のサンドは、薬物依存の治療にスマートフォン用の処方箋アプリを活用する目的で、ペア・セラピューティクスと提携した。一見すると、よさそうな組み合わせだ。ノバルティスの規模や専門的ノウハウとペア・セラピューティクスの技術力が、急成長中のデジタル医療市場で融合されるからだ。しかし、「リーダーの交代」や「コストと資本配分の重視」（注9）などの理由から、両者の関係は悪化し、努力に見合う結果は残せなかった。おそらく、ペア・セラピューティクスにとっては重要な戦略的パートナーだったが、ノバルティスにとっては単なるサプライヤーとしての関係と映ったのだろう。パートナーシップ戦略を成功させるには整合性と透明性が極めて重要だ。

DXにおいて社外の相手と組んで仕事をするのは決して目新しいことではなく、多くの大企業がかなりの経験を積んでいるが、「戦略的パートナー」はまったくの別物だ。戦略的パートナーを正しく選ぶためには、「補完性」「経験値」「熱量」という3つの側面を見る必要がある。

1　補完性　ノウハウと（スタッフなどの）リソースをどれだけ補完してくれる相手か。デジタル・パートナーシップは、互いの技術的、革新的な強みを補完するように、事業目的に応じて行われる必要がある(注10)。パートナー同士が協働することで、新技術がもたらす大きなリスクと不確実性からの影響を軽減するとともに、さまざまな探索や実験を行う能力を維持することができる(注11)。組織は、目的に応じて幅広い選択肢のなかから提携先候補を探すことになる。

アウトサイドイン型のイノベーションを模索している組織にとっては、スタートアップとの提携がよい解決策になるかもしれない。熟練した技術者が不足していて新技術の活用を手助けしてほしいなら、デジタル大手（グーグルやマイクロソフトなど）が適切な価値を提供してくれるかもしれない。技術と専門知識の両方を提供してくれるパートナーを求めているなら、デジタル・コンサルティング企業が選択肢になる。また、ニーズに合うなら複数のパートナー、またはパートナーのネットワークも検討したい。ただし、関係者が増えるほど、提携関係をうまく管理するのが大変になるので注意が必要だ。

2　経験値　相手はすでにDXのパートナーとしての経験を十分積んでいるだろうか。クライアントとベンダー、あるいはサプライヤーの関係ではなく、対等で戦略的パートナーとして協働するのは簡単ではない。複数の（時には対立する）利害を丁寧に調整する必要がある。提携を機能させるには、競争力のある洞察や情報をパートナーと進んで共有するとともに、自社の最善の利益を守る必要がある。

このことは、組織全体とビジネスモデルに大きな影響を与えるＤＸに特に当てはまる。不信感が芽生えたとたん、戦略的パートナーとの関係は、両者にとってほぼ無益な取引関係に早変わりしてしまう可能性がある。パートナーシップ型のネットワークで成功した経験を持つ相手なら、約束を守り、期待に応えてくれるだろうと判断することができる。候補先の実績を参照できれば、過去の提携における働きぶりを評価しやすい(注12)。残念ながら、コンサルティング企業のなかには、業務提携と称して、クライアントの資金でＤＸについて学んでやろうという会社も少数ながらある。

3 熱量

スピードや品質など、期待どおりのものを提供してくれる相手だろうか。時間や労力などのリソースを費やした挙句、パートナーの意見が一致しないことがわかるほど、もどかしいものはない。ＤＸに踏み出すことは、ビジネスモデルやアイデンティティのあらゆる側面を劇的に変えることを意味する。そうしたなかで助けになるデジタル・パートナーを選ぶには、その組織や戦略、理念について徹底的に理解する必要がある。変革の途中で優先順位を下げるような技術パートナーは、デジタルの成功に大きなマイナスとなる。このことを念頭に置き、財政的な基準だけでなく、スピードや品質など、自社の目標にぴったりの企業を探すようにしよう。パートナーは変革の触媒になってくれるはずだ(注13)。

グローバルファッションブランドのバーバリーは、積極的に提携を進めた例として手本となる。元CEOのアンジェラ・アーレンツは、ファッション小売業界に劇的な変化が起きていることを早くから予感し、新しいタイプの消費者向けブランドをオープンするため、さまざまなパートナーと精力的に関わっていった。バーバリーはデジタル・サプライヤーのエコシステムを構築し、セールスフォースと戦略的パートナーシップを締結したことで、このアプローチの先駆者となった。アーレンツはセールスフォースCEOのマーク・ベニオフと緊密に連携して、戦略的パートナーシップを確立したのだ。これが、のちにバーバリーが「ソーシャル・エンタープライズ」に変身する主要な原動力となった。この強固な基盤のうえにネットワークが構築され、アメリカではグーグルやアップル、スナップチャット、アジアではウィーチャットやアリババとの協働が実現した。こうしてバーバリーは「退屈なブランド」から「デジタル・パワーハウス」へと変貌を遂げたのだ(注14)。

共通する目標と期待を軸に、信頼感と一体感を醸成する

デジタル・パートナーシップ、特に戦略的なパートナーシップにおいては、情報とデータの共有がカギを握る。これは、知的財産を徹底的に保護することで成長してきた従来の企業にとっては難しいパラダイムシフトとなる可能性がある。リスクとセキュリティに関する懸念が支配的で、この障壁を克服するには、どのデータを共有し、どのデータを専有するのかを決める必要がある(注15)。さらに、お互いの信頼を築くことも欠かせない。調査によれば、組織間の信頼を築

くには2つの要素が必要であるとされている（注16）。それは、これまでの信頼に値する行動の証拠と、パートナーシップに対する継続的なコミットメントだ。

しかし、家族関係と同様、提携関係も、困難に直面したときに本当の強さが試される。意見の相違や利害対立は避けられない。重要なのは、それを回避するのではなく真正面から透明性を持って対峙することだ。そうすれば、関係を発展させ、継続させることができる。また、デジタル・パートナーシップは俊敏でなければならない（注17）。投資対効果が提携コストを上回っているかどうかを継続的に評価し、目標や期待が変わったら積極的にコミュニケーションをとることが必要だ。パートナーシップの管理は、特に複数のパートナーが関与している場合、複雑で根気のいる作業になる（注18）。それゆえ、専任の経営幹部がパートナーシップの支援や推進に当たり、適切なアプローチをとることが重要だ。

＊　＊　＊

今日、ＤＸを独力で成し遂げることができる力を持っている企業はごくわずかだ。信頼できるパートナーを見つけ、得がたいデジタルの専門技術を受ければ、ＤＸジャーニーを加速することができる。パートナーシップを最大限に活用するには、コツを押さえておく必要がある。ＤＸの提携先を探すときは、本章で述べた3つの基準（補完性、経験値、熱量）に照らし合わせてみよう。

ツールボックス

近くて遠い補完パートナーを探す　国際的な評価を得ている「ブランド名」ではなく、自社の組織能力を補完できるかどうかという観点からデジタル・パートナーを探そう。時には、グローバルなデジタル企業に助けを請うよりも、地元の小さな企業と組んだほうが、はるかに価値あるパートナーシップを築けることもある。まずは、地元のビジネス・ネットワークを活用して、同じような課題を抱える企業の経験や推薦情報について尋ねてみよう。

パートナーと競争しない　提携関係に競争心や不信感が入り込むと、長続きしなくなる。提携を結ぶときには、互いの力関係のバランスと相互信頼を確保し、両者が持ち寄る利点を目立たせよう。期待に応え、信頼を築くには、主要な利害関係者のあいだで透明性を確保することがカギになる。提携関係から独自の力学が生まれ、悪循環や好循環に発展する傾向がある。不平や不信の芽に注意し、オープンに向き合うことで、マイナスの力をプラスの勢いに変えよう。

パートナー選びを計画的に行う　提携を結ぶ前に、次の項目をチェックしよう。

- なぜ、このパートナーが必要なのか（組織能力か、それとも最大能力か）
- 自分は何をしたいのか、このパートナーと何を開発したいのかが明確になっているか（戦術的プロジェクトか、それとも戦略的プロジェクトか）

- 提携先は同じ熱量を持っているか
- 自社のデータや知的財産をどの程度までこのパートナーと共有できるか

チェックリスト

- 目的と熱量について、いまもパートナーと足並みをそろえているか?
- もしパートナーを失ったらどうするか。DXにどのような影響があるか?
- パートナーシップ戦略の成功をどのように測定できるか。また、しているか?
- パートナーシップを最大限に活用するための専門的役割を担う担当者はいるか?

関連する章

- スタートアップに投資する(第14章)
- オープン・イノベーションを効果的に実行する(第15章)
- プラットフォームと競争するか協業するかを決める(第19章)

第14章 スタートアップに投資する

Investing in Startups

多くの組織がスタートアップへの投資に前のめりになっている。新たなトレンドを学習し、スタートアップがより革新的になるように支援し、後に売却または上場したときに利益を共有することが目的だ。しかし、この種の提携は、しばしば残念な結果に終わる。既存企業はスタートアップから多くを学べず、スタートアップも既存企業との協働によって成功確率を高めることができないからだ。私たちの調査によれば、既存企業とスタートアップのシナジーを効果的に活用するためには、適切な体制とインセンティブを設計し、投資の仕組みを強化する、ならびに両者間の知識とアクセスを促進する必要がある(注1)。

なぜ重要か

革新性や競争力を高める取り組みを加速させるため、外部パートナーのネットワークに目を向ける企業が増えている。デジタル・イノベーションのパートナーとして特に注目されているのがスタートアップだ(注2)。スタートアップは、顧客により近いところでイノベーションを起こし、起業家精神あふれる俊敏な仕事ぶりといったイメージで語られることが多い。実際、多くの企業が、スタートアップを対象としたインキュベーターやアクセラレーター、コーポレート・ベンチャーキャピタル（ＣＶＣ）などの部門を設置し、彼らの知識や能力から戦術的・経済的利益を得ている（注3）。

しかし、これまでの研究では、こうした協力関係の欠陥が数多く指摘されており、最近の調査でも、既存企業の45％とスタートアップの55％が、提携関係に「不満」あるいは「やや不満」を感じていることが明らかになっている（注4）。提携が両者にとって大きなチャンスであることは間違いないが、関係を機能させるのは簡単ではない。

ベストプラクティス

スタートアップへの投資から最大の価値を得るために、次の3つのステップを推奨する。

1　VCの実践に基づいた体制を確立する

まず、スタートアップと協働するための組織を立ち上げる。ほとんどの企業が、M&Aチームやイノベーション部門、事業計画コンペのような、新しい投資機会を評価する仕組みをすでに持っている。そこに加えたくなるところだが、スタートアップとの協働は他の提携や投資とは根本的に異なる。

そこで、ベンチャーキャピタル（VC）業界のベストプラクティスに基づいた部門の設立を勧める。VCのエコシステムをうまく利用する方法を理解しているプロフェッショナルを雇うとよい。経験豊かなベンチャーキャピタリストを1人以上雇うこととCVC部門の継続的な成功には相関関係が認められる(注5)。彼らは、投資案件をまとめ、有望案件の情報源となるネットワークを確立するための深い実務知識を持っている。

たとえば、韓国の電子機器メーカーであるサムスンは、ソフトウエアとサービスのイノベーションを担う子会社、サムスンネクストを設立した。ハードウエア・メーカーであるサムスンでは、ソフトウエアとサービスの改善（および統合）が急務だった。VCやM&A、産業をはじめとした各分野の専門家が雇われ、画期的なソフトウエアとサービスの創出と拡張を急いだ。サムスンネクストは、1億5000万ドルのVC投資ファンドを活用して、プレシードからシリーズBラウンドにあるアーリーステージのスタートアップの支援を目指した(注6)。

スタートアップと既存企業では、目的が異なることがほとんどだ。このことを両者が理解、納得しておかなければなりません(注7)。

——ウルリッヒ・シュミッツ（アクセル・シュプリンガーCTO）

既存企業がスタートアップに投資する際、条件として「戦略的権利（共同事業の優先権など）」を要求しないことを勧める。こうした権利は、スタートアップが売却される際に、公正な市場価値に達するのを妨げる可能性がある。また、買収提案に対抗する権利やコール・オプションなどは、潜在的な買収者を敬遠させ、ＣＶＣがスポンサーである企業が買収されるチャンスを失うリスクがある。戦略的権利を要求することで、最も有望なスタートアップをＣＶＣから遠ざけてしまうリスクもある。創業者や既存投資家は、出口価格が下がることを懸念するからだ。

2　スタートアップ企業との協働にインセンティブを与える

スタートアップは、既存企業の知識やリソースにアクセスする、潜在顧客に接触する機会を得るなどの非経済的利益の獲得を期待しているが、現実には、既存企業の従業員にスタートアップと協働する動機づけがほとんどないため、こうしたメリットは誇張される傾向にある。

このミスマッチを解消するために経営陣は、スタートアップ企業との協働を従業員に呼びかけ、自らも協働する姿を見せることで、協働を企業文化の基礎部分に位置づけよう。それにより、コミットメントと関連性を示すことができる。さらに、関連するスキルや知識を備えた従業員とスタートアップのマッチングを支援する制度を導入するとよい。たとえば、投資チームに支払われる報酬スキームへの参加も含まれる。また、既存企業の従業員が一時的に出向することも、互いの理解と協働を促すのに役に立つ。関連部署とスタートアップの仲介役として、社内に橋渡し役や合同チームを設置するのもよい。

ＧＶ（旧グーグル・ベンチャーズ）とドイツのメトロ・グループは、投資先企業の価値創造を目指すＣＶＣの好例だ。ＧＶは、投資先企業がグーグルの技術や人材と接点を持てるようにするための専任チームを設けている。メトロ・グループは、投資先企業が同社の国際的な店舗ネットワークやホスピタリティビジネスの顧客基盤に優先的にアクセスできるようにしている（注８）。

3　知識共有とコミュニケーションを促進する

既存企業とスタートアップの提携が失敗する主要因はコミュニケーション不足にある。そのため、関係者が業界の新しいトレンドや機会、脅威について必要な洞察を得られるように、明確で効果的なコミュニケーション方法を確立しておく必要がある。たとえば、企業戦略の議論やイノベーションの実践、デジタル化の会合などにＣＶＣ部門を参加させれば、スタートアップからの知見を伝えることができる。

知的財産の所有権に関する明確なプロセスをつくることも重要だ。パートナーが自分たちの素晴らしいアイデアを盗むつもりではないかと危惧すれば、十全な協働は望めない。また、既存企業の法務部が関与する複雑なプロセスに、スタートアップが怖じ気づくかもしれない。最善策は、知的財産権に関する簡潔で、関係者にとって明確なルールを確立することだ。

スタートアップにとっては、定期的な情報提供や新技術セミナー、交流会などを開催し、できるだけ多くの既存企業の従業員に自分たちのアイデアや知見を知ってもらうことが有効だ。定期的かつ継続的な接触を通じて、共有と学習という両者にとって有益な文化ができあがる。スタートアップとの協働のなかで得られた洞察をＣＶＣ部門が整理・共有する明確なプロセスと体制を整えよう。

こうしたプロセスは、既存企業の顧客対応部門とスタートアップをつなぐと形成されやすい。メトロ・グループは、自社と顧客が抱える悩みの種（ペインポイント）をリストにまとめ、それを、適切な解決策を提供してくれるスタートアップに渡すプロセスを開発した。また、スタートアップがどのように既存企業や顧客と協力して問題を解決できるかを検討する定例ミーティングも開催している（注9）。

もうひとつは、２０１８年にエアバスがＢＣＧデジタル・ベンチャーズの支援を受けて設立した、ＵＰ42というプラットフォームだ。ＵＰ42は、地理空間ソリューション市場の発展を後押しするために設立されたプラットフォームで、地球観測データや地上データへのアクセスの他、データ処理アルゴリズムや開発者用インフラを提供している。高品質の衛星画像へのアクセスや長年にわたる専門的な経験（エアバスが提供する「不公平な優位性」）をフル活用して、地理空間ソリューションのための包括的な開発環境を提供している（注10）。

＊　＊　＊

理論上、既存企業とスタートアップの提携は双方に利益をもたらす。スタートアップは、資本金やリソース、業界ノウハウ、アドバイス、人脈やセールスリード（おそらくこれが最重要）を得ることができる。既存企業は、ＶＣへの投資で平均を超える金銭的リターンの他、別の方法では得られない新技術や知見にアクセスできる戦略的メリットがある。ただし、これらの恩恵を得るためには、両者がパートナーシップに時間と労力、リソースを積極的に傾けることが必要だ。

ツールボックス

CVCの種類を明確にする　デジタル・スタートアップと協働するCVCを設定するなら、ファイナンス型か戦略型か、あるいは両者の組み合わせかをあらかじめ決めておこう。その答えによって、体制やプロセス、目標がまったく異なるものになる。スコット・オーンとビル・グローニーが『テック・クランチ』の記事で名づけた「観光型CVC」(注11)、明確な目的もなく、ただ試してみたいという動機でCVCを設定するのは避けよう。ファイナンス型CVCは、資本の回収が主目的であり、従来のVCと似た仕組みだ。戦略型CVCは、新しい事業価値の源泉を見つけ、補完的なリソースと技術にアクセスすることに重きを置く。どちらの場合でも、VCの特異性を理解している専門家を雇い、最適なやり方で運用する自律性を認めよう。

スタートアップと協働するためのインセンティブを与える　スタートアップの成功に関わるよう、組織内の主要人物を動機づけるために、インセンティブを与えよう。誰もが忙しいので、明確な理由がなければ、表面的にしか協力しようとしない。従業員が対象であっても、スタートアップのエグジット時の利益分配のような、CVC部門と同等のインセンティブまで踏み込むこともあり得る。

欲張らない　買収提案に対抗する、株式を優先的に買い取る、機微情報を共有するといった権利をがめつく要求すると、最有望なスタートアップに避けられる可能性がある。このため、CVCはVCよりも、二流の相手と組むことが多い（注12）。これらの条項を契約に盛り込むつもりなら、魅力的な代償（重要な知識や技術へのアクセスなど）を用意し、優良なスタートアップを引きつけられるようにしよう。

チェックリスト

- 出資するだけでは、スタートアップから価値を得ることはできない。双方向の学習となるように十分な努力をしているか？
- あなたの組織では、スタートアップと仕事をすることにインセンティブが与えられているか。従業員にとってのメリットは何か？
- 協働によってもたらされるメリットや長期的な競争優位は何か？

関連する章

- パートナーシップ戦略を成功させる（第13章）
- オープン・イノベーションを効果的に実行する（第15章）
- 技術の最前線に居続ける（第29章）

第15章

オープン・イノベーションを効果的に実行する

Implementing Open Innovation Effectively

オープン・イノベーション、すなわち外部パートナーと協力してイノベーションを起こすことは、長年にわたり行われている(注1)。広く普及しているわりに結果が玉石混淆なのは、企業が、必要なプログラムをうまく機能させていないからだ(注2)。知的財産の保護や、適切な社外パートナーの選定、社外パートナーと起こしたイノベーションを社内に還元するために要する時間や資金など、課題は多い。それでも、オープン・イノベーションの実践は過去数年で勢いを増している(注3)。なぜか。デジタル技術のおかげで、社外にあるイノベーションの源泉を活用し、急速に変化する世界で闘うための能力を獲得するのが格段に容易になったからだ。しかし、社内のイノベーションと社外に軸足を置いたオープン・イノベーションを両立させるには、組織や考え方の転換が必要だ。こうした課題を認識し、オープン・イノベーションの実践を積極的に定式化した組織ほどその成果を得る可能性が高いことが、調査で明らかになっている(注4)。

なぜ重要か

今日のイノベーション・プロジェクトは、デジタル技術に依存する部分が圧倒的に大きいが、多くの組織はそのデジタル技術を社内で開発する能力を持っていない（注5）。そこで、イノベーションを加速させるために市場にアクセスするアイデアを、社内だけでなく社外からも集める動きが盛んだ。北米と欧州の大企業の78％がオープン・イノベーションの手法を取り入れている（注6）。これらの組織は、オープン・イノベーションへの資金投入を増やし、より多くのフルタイム人材を割り当てている。しかし、その道のりは平坦ではない。

オープン・イノベーションでは、将来的な組織の戦略を担うデジタル能力を特定し、どこに行けばそうした能力にアクセスできるかを把握する必要がある。さらに、社内外のリソースを管理し、成功した試みを確実に移転、拡大するために、イノベーション・アーキテクチャを再構築する必要がある。うまくいけば、組織能力を獲得し、長期的な競争優位を維持することができるが、最適なバランスをとるためにはどうすればよいか。

ベストプラクティス

調査研究によれば、イノベーションの取り組みに「いかにオープンであるか」を意図的に組み込んでいる組織は、その利点を最大限に活用できる立場にある（注7）。イノベーション・ラボやハッカソン、コーポレート・アクセラレーターなどの活動を比較的容易に立ち上げることができる(注8)。しかし、ごく限られた領域や一度限りのイベントにとどまらず、組織内のプロセスに外部の知識を組み込み、組織能力とするのは、はるかに困難である。本当の意味でイノベーションをオープン化するには、何が必要なのか。

成功する組織は、オープン・イノベーションを設計し、実行するために、自分たちの注意を社外のソース(企業やナレッジ)に向けている。社内外のソースを組み入れられるよう、イノベーション・アーキテクチャを基礎から構築または再構築している。

オープン・イノベーションの考え方を身に付ける

従来型の組織でオープン・イノベーションの考え方を身に付けるのは、極めて困難だ。長年にわたって企業を悩ませてきた「自前主義」症候群からの決別を意味するからだ。革命というより進化であり、その脱却には時間がかかる。

産業界のグローバルリーダーであるシーメンスの運営体制は高度に分散化されている。エネルギー、ヘルスケア、産業、インフラという4つの主要部門が同社の柱だ。2008年にオープン・イノベーションのプログラムを開始したとき、従業員の多くは懐疑的で、戸惑うばかりだった。オープン・イノベーション&スカウティング部門責任者であるトーマス・ラックナーは言う。「シーメンスには企業として、すでに外の世界と数多くの接点がありました。およそ1000の大学と2000以上のコラボレーションをしていたのです。もちろん、目指すべきは、コラボレーションの数ではありません。むしろ、社内外を問わず、お互いを知らなかった専門家たちや、もしかしたら私たちのニーズに合うアイデアや技術をすでに開発した人たちを結びつけたかったのです」（注9）

シーメンスの文化にオープンなコラボレーションとイノベーションを吹き込むため、ラックナーはまず、特定のイノベーションの話題を迅速に共有し、議論することができるオンライン・ディスカッションを使って全社的な「イノベーション・ジャム」を開始した。また、2009年には「テクノウェブ」の開発にも尽力した。これは社内向けのソーシャル・メディア・ツールで、同社内に約1200もある技術志向のコミュニティに属する3万5000人以上の専門家のネットワークづくりに役立った（注10）。イノベーションを軸とした社内コラボレーションを進めたことで、シーメンスは安全地帯の外に踏み出すことができた。

さらに、ラックナー率いるチームは、共同研究を行うために、社外や大学の参加者を募ってアイデア・コンテストを開催した。2016年には、破壊的アイデアに門戸を広げるべく、投資部門兼スタートアップ・アクセラレーターである「ネクスト47」を創設した。シーメンスは外部とのの試みを実施し続けたこの10年で、オープン・イノベーションの考え方を進化させ、外部とのコラボレーションの利点を手に入れることができた。

NASAのオープン・イノベーションに関する研究は、さらなる洞察を与えてくれる。この研究によれば、あるオープン・イノベーションが記録的なスピードで科学的ブレークスルーを起こす一方、それに反対する科学者や技術者たちは、オープンソースの手法を、革新的な問題解決者である自分たちを脅かすものとしてとらえていたことがわかった。対照的に、オープンソースの手法を受け入れた科学者たちは、自らを「英雄的な問題解決者」ではなく「解決策の探求者」としてとらえるようになったという(注11)。

マネジャーは、創造的な方法で解決策を見出そうとする人を評価することで、そうした行為を推奨し、それに報いるべきだ。

必要な組織能力を特定し、獲得する

イノベーションを起こすためのデジタル能力を持っている企業なら、社外に頼る必要はない。むしろ、自社のイノベーションが外部の目に触れることで、知的財産の保護が難しくなるなど、逆効果になる可能性もある。また、社外のパートナーのなかには、競合他社と手を組むところが出てくることも十分考えられる。しかし、IoTや機械学習などの高度なデジタルスキルへの需要がますます高まるなか、ほとんどの企業は、社外からのインプットを求めざるを得なくなるだろう(図表15－1)。

まず、どのようなデジタル技術が自社の変革や差異化に役立つかをくわしく理解することが非常に重要となる。たとえば、小売企業の長期的健全性にはデータサイエンスの専門知識が重要かもしれないが、販売や賃貸の動向を把握すれば十分な不動産管理会社にとってはそうではない。

長期的には、どんなデジタル能力が戦略的で、差異化とイノベーションを可能にするかを

図表15-1　デジタル能力の特定と獲得

評価 → 獲得経路 → 実装

評価	獲得経路	実装
	大学	リスキリング・プログラム
	ベンダー	アライアンス管理
	スタートアップ	買収
	その他	

> 見極めないといけません。そして、いますぐ、その能力を社内で構築するための投資をするのです。戦略的スキルをアウトソーシングしても、差異化の達成には限度があり、似たようなアウトソーシング・パートナーを活用している競合他社と瓜二つになってしまいます(注12)。
>
> ——ファルハン・シッディキ（アホールド・デレーズCDO）

次のステップは、どのようにしてそのデジタル能力を獲得するかを見出すことだ。大学やスタートアップ、技術ベンダーなど、デジタル能力への最適なアクセス方法を選択する。そのための地図を手にすることで、企業は、オープン・イノベーションのための首尾一貫したポートフォリオを開発することができる。続いて、デジタル能力を実装するステップに進む。そのためには、従業員が新しいスキルを習得する（リスキリング）、業務提携を行う、完全買収するといった方法がある。

バイエルに吸収される前のモンサントは、データサイエンスの能力を開発する必要性に直面していた。同社は、外部パートナーとの提携に加えて、従業員のリスキリング・プログラムを開始した。大勢の生物学者や化学者がデータサイエンティストに転身したことで、社内のデータサイエンス・コミュニティは500人規模にまで拡大した（注13）。

フィリップスの照明ブランド、フィリップス・コンシューマー・ライティングは、2010年にオープン・イノベーションに乗り出し、業務提携を行うことで社外の技術との統合を継続的に進めてきた。少数精鋭のチームに所属する専門家が契約交渉し、KPI（重要業績評価指標）についての同意をとりつけ、パートナーシップの進化に対する相手の認識を評価するツールを開発している。このチームは、定例会議やプロジェクト・ワークショップを通じて、効果的な知識移転も支援している（注14）。

企業の完全買収による能力獲得（アクイ・ハイヤー）も、スピードが重要な場合は有効な手段だ。2019年、マクドナルドは、ダイナミック・パーソナライゼーションや自動化、音声認識技術における主要な能力へのアクセスを加速させるために多数のスタートアップを買収した（注15）。

新たなイノベーション・アーキテクチャを確立する

調整不足の状態でオープン・イノベーションを推進しようとしても、ほとんどうまくいかない。手をこまねいていると成果は乏しいということが、複数の研究で確かめられている（注16）。明確かつ首尾一貫したイノベーション・アーキテクチャを通じて経営トップから組織化されていなければならない。重要なポイントは3つ。第1に、オープン・イノベーションの試みが成長戦略やビジネスモデルの進化に関して、どこでどのように貢献するのかについての明確なロジックが必要である。第2に、焦点を当てるべきところと知識の流れを管理して重複しないようにするため、イノベーションに対する投資と取り組みを事業ごとに監督する上級エグゼクティブを置く。そして第3に、オープン・イノベーションの各プロジェクトの時間軸と期待リターンを明確にしておくことである。

モンサントの元CIOであるジェームズ・スワンソンは、2014年から2018年にかけて、種子生産者からソリューション・プロバイダーへの変革を推進するには、明確なイノベーション・アーキテクチャが必要だと気づいた。当時のモンサントは、デジタル技術への投資に力を入れており、農場での意思決定を支えるすべてのデータを収集・検証できるようにした。しかし、社内のデジタルスキルが不足していたため、ビッグデータや分析インフラ、AI、サイバーセキュリティの特定の能力については外部ソースに頼らざるを得なかった。モンサントは、社外のイノベーションの源泉を活用するため、データサイエンス・センター・オブ・エクセレンスを設置した。API（アプリケーション・プログラミング・インターフェース）とマイクロサービスを駆使した集中型データプラットフォームを構築し、サプライチェーンと商業活動の改善のために数百ものAIモデルを運用した(注17)。

スワンソンは言う。「自社の資産を見て、どの領域でパートナーが必要なのかを見極めないといけません。私たちの場合、データそのものと、データの科学的理解が大きな資産です。インフラやネットワークの更新だけでなく、組織内の能力も重要だと認識しています」

イノベーション・アーキテクチャの構築に「模範解答」はないが、明確な目標があれば、必要な外部ソースの種類を見極め、どう社内と接続するかを考えるのに役立つ。たとえば、大学との調査連携のようなオープン・イノベーションは長期的で科学技術が軸になる。スタートアップのアクセラレーターやインキュベーターであれば、発見や支援に焦点を当てる。ベンチャー支援や買収のように、投資が軸になるものもある。

イノベーション・アーキテクチャの管理は複雑だ。それは、社内外のソースを管理し、事業部門内への成功の移植や拡張のバランスをとる作業である。そのためには、専任のイノベーションチームや、適切な移植を行うための組織的措置（スタートアップ向けの検証用サンドボックスなど）、人事部門や法務部門などの社内機能からの理解と積極的な支援が必要になる。

ツールボックス

チームを結成する　オープン・イノベーションの能力を構築するために、カギとなる人材やスカウト、ゲートキーパーを配置しよう。スカウトは科学技術の進歩に目を光らせ、ゲートキーパーは社外の知識や技術を社内へ移植・普及するのを支援する。これらの役割は、さまざまな提携先との外部ネットワークを構築するだけでなく、オープン・イノベーションを組織全体のなかで可視化するのに役立つ。

オープン・イノベーションの成功を測るための指標を確立する　代表的な指標は2つ。オープン・イノベーションのプロジェクトへの投資額と、組織にもたらされた技術的機会の件数である(注18)。これらの指標が適切かどうかについては議論の余地があるが、成功している企業は、こうした指標を適用することで組織的にオープン・イノベーションに取り組んでいる。

経営陣からの支援を確保する　成長戦略やビジネスモデルとの一貫性を保つためにも、経営幹部がオープン・イノベーションの活動を監督するとよい。それがオープン・イノベーションを成功に導く経営陣の役割であることが、複数の研究で指摘されている。とりわけ、組織的なコミットメントと支援を確保するために重要だ。経営幹部に実務的なスキルを期待することはできないが、現場のスキルとニーズは理解する必要がある。

チェックリスト

- 社内におけるイノベーションの責任者は誰か?
- 今後、どのようなデジタル能力を開発する必要があるか、把握しているか?
- 不足している能力を、手遅れにならないように社内で開発できるか。それとも、外部ソースから調達すべきか?
- デジタル能力を社外から獲得する際の、最適な調達戦略（パートナーシップや大学、スタートアップなど）は明確になっているか？

- 社内外にあるイノベーションの源泉を橋渡しするための適切なプロセスと管理体制が構築されているか？
- オープン・イノベーションの試みがどのように業績に貢献するのか、どのような時間軸で貢献するのかが明確になっているか？

関連する章

- 組織内に「ハイパーアウェアネス」を構築する（第12章）
- パートナーシップ戦略を成功させる（第13章）
- スタートアップに投資する（第14章）
- バランスのよいプロジェクト・ポートフォリオを構築する（第20章）
- 組織内のデジタルスキルを開発する（第24章）

第16章 DXの社会的責任と持続可能性を追求する

Managing Digital Transformation Responsibly and Sustainably

倫理と持続可能性の問題は、DXでも今後、重要性が高まるだろう。これまでは、サイバー攻撃や個人情報流出、環境破壊など、倫理と持続可能性を顧みない行為の負の影響に焦点が当てられてきたが、適切に管理された行為は、顧客ロイヤルティの向上や収益の増加、コスト低減などの利益をもたらす。今日、倫理と持続可能性にまつわるデジタルの取り組みは組織間で分断されており、それに対処するために先進的な企業では、デジタル業務の監督・調整を行う企業のデジタル責任（CDR：Corporate Digital Responsibility）対策室を設置している。

なぜ重要か

過去数年間、ビジネス界の重要なグローバルトレンドには「持続可能性」と「デジタル化」の2つがあった。持続可能性は人間と自然界との関係を中心に展開し、デジタル化は仮想世界に焦点を当てている。一見すると共通点がないように思われる2つのトレンドは、別々に形づくられてきた。しかし、それらはひとつに合流しようとしている。デジタルの倫理と持続可能性は、

DXにおける主要なファクターになるだろう。

一部の領域では、すでにそうなっている。不適切な、または非倫理的なデジタル業務が組織にもたらすリスクはエスカレートしており、もはや無視できない。女性差別や人種差別を行うAIチャットボット（マイクロソフトのテイなど）（注1）による被害、セキュリティやプライバシーの侵害（エキファックスなど）（注2）、コンピューター機器の廃棄による環境破壊を想像してみてほしい。

デジタルリーダーにとっては、デジタルの仕組みや技術が社会や環境に与える影響を定量化し、低減することが、これまで以上に求められる。現状は、取り組んでいたとしても断片的だ。リスクばかりが目につくが、持続可能性の実践によって差異化できる大きなチャンスでもある。リスクと同時に見返りも多いのだ。

ベストプラクティス

新型コロナウイルス禍は、デジタル倫理の興味深いテストケースとなった。たとえば、人々の位置や動きを追跡するスマートフォンアプリが世界中で利用された。ウイルスの拡散を減らすという社会的利益のために開発されたものだったが、プライバシーへの影響を懸念する声があがった。どこまでデータを収集し、匿名化するかは国によって大きく異なる。アップルやグーグル、フェイスブック、そして多くの通信会社は、顧客や政府、従業員に対する倫理的責任をどうとるかという難しい選択に迫られた。

これは、倫理性と持続可能性の実践がDXにおいて大きな役割を担うようになった一例にすぎない。コロナ禍は、現在の取り組みが断片的なもので、調整されないままでは危険だということも浮き彫りにした。

こうした問題に対処するため、持続可能性についてのさまざまな取り組みのなかからDXに関連するものを集め、「企業のデジタル責任（CDR）」と総称する企業も出はじめている(注3)。CDRは、すでに多くの組織で定着している「企業の社会的責任（CSR）」のサブセットだが、CDRを効果的に管理できるほどのデジタル知識やスキルを持っているCSR部門は少ない。

CDRは、組織がデータとデジタル技術を社会的、経済的、環境的、技術的に責任あるかたちで利用するための実践と行動を定義する。ゆえに、DXに関連するCDRの領域には「社会的CDR」「経済的CDR」「技術的CDR」「環境的CDR」の4つがある。それぞれの領域には、競合との差異化を図るための重要な機会をもたらす要素が含まれている（図表16－1）。それらに適切に対処しなければ、機会が脅威となる恐れもある。

●**社会的CDR**　社会的CDRは、企業と社会の関わりを中心に展開される。この領域には、顧客や従業員などの利害関係者に対するデータ・プライバシーの保護が含まれる。また、デジタルのダイバーシティ＆インクルージョンも、社会的CDRの領域だ。たとえば、地域や産業、社会階層、年齢を超えたデジタル・デバイド（訳注、デジタルの恩恵を受ける者と受

図表16-1　DXの社会責任　4つのカテゴリー

社会的CDR
- 従業員、顧客、その他関係者のデータプライバシーを保護する
- デジタル・ダイバーシティ＆インクルージョンを促進する
- 社会的に倫理的な慣習を追求する

経済的CDR
- 人間の仕事を責任ある形で代替する
- ギグエコノミーへの業務委託を責任ある形でおこなう
- データ所有権を尊重し、権利侵害を減らす

技術的CDR
- 倫理的なAI意思決定アルゴリズムを利用する
- 従業員、顧客、その他関係者に有害なデジタル技術を生産・使用しない
- 責任あるサイバーセキュリティ慣習を導入する

環境的CDR
- デジタル資産の責任あるリサイクル慣習を実践する
- テクノロジーのライフスパン延長をはじめ、デジタル技術の責任ある処分を実践する
- 責任ある電力消費慣習を実践する

けない者のあいだに生じる格差）の解消などが含まれる（注4）。

> 私たちには、お客様のデータを保護する責任があります。もしそれができないのなら、サービスを提供する資格はありません（注5）。
> ――マーク・ザッカーバーグ（メタCEO）

- **経済的CDR**　経済的CDRは、デジタル技術がもたらす経済的影響の管理に関連する。デジタル技術（ロボットなど）によって人間の仕事が奪われるという議論が盛んに交わされているが、これは経済的CDRに関連する問題である。しかし、経済的CDRには、人々の生活を豊かにし、やりがいと興味をもたらす新しい仕事の創出も含まれている（ギグエコノミーが生み出す仕事の多くは単調で、報酬が少ないというエビデンスが出はじめている）（注6）。また、データの本来の持ち主への公正な金銭的報酬についての議論もある。

- **技術的CDR**　技術的CDRは、技術そのものの責任ある創造と関連する。たとえば、AIの意思決定アルゴリズムに偏見や誤りがあると、多くのレコメンデーションエンジンで指摘されているような不公正または差別的な行為につながる（注7）。社会に有害な影響を及ぼす技術は他にもある。実在する人物の画像に、虚偽または誤解を招く音声をのせる「ディープ・フェイク動画」は、フェイスブックなどが禁止している（注8）。
- **環境的CDR**　環境CDRは、デジタル資産と自然環境のつながりに関連する。古いコンピューター機器の責任あるリサイクルや処分もそのひとつだ。たとえば、陳腐化するサイクルを1年延ばすだけでも、環境に与える影響は非常に大きい。データセンターやビットコイン採掘に使う電力量を減らそうという運動もある。

組織におけるプロセスや実践、プロジェクトは、社会的、経済的、技術的、環境的責任という側面に対処することができる。しかし、残念ながら、それらが調整されたり、最適化されたりすることはほとんどない。サイバーセキュリティはIT部門の責任、業務の自動化は各事業部門の裁量といった具合だ。人事部門や法務部門、エンジニアリング部門、研究開発部門など、各事業分野に分散している機能もある。いまこそすべての要素をまとめて調整し、リスク低減とメリット享受を実現するときだ。

その責任は、CDR対策室が担うとよい。同部署の目的は、新たなガバナンスや官僚主義、ボトルネックを追加することではない。関連するプロジェクトを可視化し、デジタル技術の役割を調整・監督することで、倫理的で持続可能なビジネス慣行を促進することだ。たとえば、イタリアの大手保険会社のウニポルは、取締役会承認の「個人データ保護および価値化方針」を監視、実行するチームを設立し、デジタル責任と倫理のさまざまな側面を融合させた活動を行っている(注9)。

自社のデジタル技術とその実践が、従業員や顧客、社会全体にどのような影響を与えているかを厳しく検証する必要がある。それを怠れば、グーグルやアマゾンなどの企業で近年見られたように、従業員が抵抗したり(注10)、市民社会がより責任ある行動を求めたりすることで収益や利益が落ち込む恐れがある。また、法令に対する違反や不作為に対して厳しい罰則を科す、EUのGDPR(一般データ保護規則)のように、より厳しい規制を促す可能性もある。

ただし、CDRはリスク軽減のためだけではない。かなり大きなプラス面もある。データや技術、デジタルを持続可能な方法で管理できる組織は、顧客ロイヤルティや従業員エンゲージメントの向上、優秀な人材の獲得、利益の増加といったメリットを享受できる。

持続可能性とデジタル化のトレンドが勢いを増すにつれて、デジタル倫理は、リスクを軽減したり新たな優位性の源泉を獲得したりするなど、ますますDXとの関連性が増すことになる。企業は、CDRに対して相乗的かつ協調的なアプローチをとらない限り、顧客や従業員、規制当局とのあいだでトラブルに見舞われるだろう。

ツールボックス

デジタルの倫理性と持続可能性について自社の現状を把握する　図表16－1を参考に、デジタルの倫理性と持続可能性について組織全体で見直しを行おう。ポートフォリオの視点を確立すると、それらが首尾一貫し、相互に補強し合い、重複しないようにするための土台づくりに役立つ。ギャップもより明確になるはずだ。

ガバナンスを追加する　デジタルの倫理性と持続可能性の開発と実行を調整するCDRチームを設置しよう。このチームが実践を指揮したり、法令遵守させたりする必要はない。チームの責任は、組織全体のさまざまな慣行についてアドバイスし、調整や可視化を行うことだ。同チームには少なくともIT担当（サイバーセキュリティ）と法務担当（プライバシーや個人情報保護）、持続可能性担当（環境保全）、人事担当（デジタル・ダイバーシティ&インクルージョン）を含めたい。データの収益化を検討しているなら、事業担当も加えよう。

デジタル・プロジェクトの計画にデジタルの倫理性を盛り込む　デジタルの倫理性と持続可能性がデジタル・プロジェクトの計画段階で考慮されるようにしよう。たとえば、デジタル・プロジェクトのルールに、デジタルのリスクとメリットを考慮するように記載する（注11）。また、倫理性についてのチェックリストを、あらゆるデジタル・プロジェクトに組み込む。一例として、データサイエンス集団のドリブンデータが作成したチェックリストがある（注12）。

チェックリスト

- ＤＸに伴う持続可能性に対処するためのアプローチが断片的になっていないか？
- デジタルの倫理性と持続可能性を実践したときの利益と、それを怠ったときのコストを定量化しているか？

関連する章

- 既存のデジタル・プロジェクトを棚卸しする（第5章）
- オープン・イノベーションを効果的に実行する（第15章）
- デジタル・リーダーシップの基準を見出す（第21章）
- ＤＸで組織のレジリエンスを高める（第30章）

Hacking the Business Model Transition:
Creating Value in New Ways

IV

ビジネスモデルを変革する

想像や夢の飛躍がなければ、可能性の高揚感が失われる。
突き詰めれば、夢見ることは計画することの一形態なのだ。
――グロリア・スタイネム

タクシー業界を破壊したウーバーや、小売業界を破壊したアマゾンのように、DXの話題の中心には、ビジネスモデルの破壊がある。青天井の市場価値を持つ巨大なデジタル企業になれるのはまれだが、どんな組織もディスラプターになれる。デジタル駆動型ビジネスモデルに転換する機会とリスクを探ることは、成長を遂げ、次なる競争力のS字曲線に向けて組織を舵取りするために非常に重要だ（訳注、ある技術の発展に費やす時間と費用と成果との関係は、直線的比例関係ではなくS字の形となる。次の技術への転換は、あるS字から次のS字への移行を意味する）。

新たなビジネスモデルの成功は、顧客に新たな方法で価値をもたらす。これは、ただでさえ難しいことだが、デジタルのツールや技術を創造的に活用することで効果が期待できる。たとえば、ルーターという物理的製品の販売から、ネットワーキング・サービスのようなサブスクリプションの販売へと移行するなど、「製品」から「サービスやソリューション」へのシフトが一般的だ。製品からサービスへの移行は、定期的な収益を獲得し、成熟した製品ビジネスにありがちな「コモディティ化の罠」を避けるための戦略としてよく見られる。しかし、このような変革は簡単ではない。提供する製品やサービスを変えるだけでなく、エンジニアリングや製品開発、営業、マーケティングなど、多くの組織機能の変更も必要になるからだ。デジタル・サービスの利益管理も容易ではない。

製品からサービスやソリューションへシフトする際の主要課題のひとつに、デジタル・サービスへの支払いを顧客に納得してもらえるかということがある。たとえば、産業機器のモニタリング・サービスのように、物理的なモノに付随するデジタル・サービスは歓迎されるが、顧客が喜んで対価を払うとは限らない。サービスを気に入っても、真の価値を定量的に把握しかねる場合もある。また、機器の稼働率などの社内のデータに外部からアクセスされることにも抵抗があるようだ。

製品からソリューションへの移行は、ビジネスモデルの変革のなかでも最も一般的で、複雑な形態ではない。最も複雑なのは「プラットフォーム戦略」だ。過去20年間で、プラットフォーム企業の規模と影響力は大きく上昇した。２０２１年初めの時点で、世界最大の企業には、プラットフォーム企業が名を連ねている。彼らは強力なネットワーク効果を構築しており、これに対抗するのは極めて困難だ。しかし、競合するプラットフォームの構築は可能であり（ニッチな領域ならとりわけ有望だ）、競合するのは無理だと判断したなら、彼らと手を組むという選択肢もある。独自のプラットフォームを構築するにせよ、他のプラットフォーマーと協力するにせよ、プラットフォームの力学を用いて自らを有利にする方法を模索することがデジタル戦略では重要だ。

ＤＸには、目標や時間軸、リスクの度合いが異なる複数のデジタル・プロジェクトが混在している。抜本的な変化やまったく新しいビジネスモデルに焦点を当てているプロジェクトもあれば、そこまで野心的でないものもある。相対的なリスクとリターンを考慮した、バランスのよいデジタル・プロジェクトのポートフォリオを構築することが重要だ。短期的な視点にこだわりすぎると、大きな破壊的トレンドや価値の源泉を見落としてしまう。また、長期的なディスラプションに焦点を当てすぎると、現在の事業をデジタル化したときの価値創造に気づかない。DXは、単一のものではなく、関連するデジタル・プロジェクトを組み入れ、適切に管理されたポートフォリオであるべきなのだ。

第17章 「製品」から「サービス」へ移行する

Moving from Product-Centricity to Services and Solutions

Ｂ２Ｂ企業とＢ２Ｃ企業における製品やサービスという伝統的な区別は、ＤＸによって曖昧になりつつある。現代は、顧客の取引・利用状況から、ネットワークに接続された機器やモノまで、豊富なデータを手がかりにして生み出された付加価値を顧客に届ける機会が無数に開かれている。従来の製品を中心にした組織は、ＤＸによって定期的で利益率の高いサービスを販売する組織への移行を模索している。簡単なことではない。製品からサービスやソリューションへの移行は、計画や管理が不可欠な事業変革の旅路である。

なぜ重要か

製品ライフサイクルの短縮、製品のコモディティ化、新たなデジタル・ビジネスモデルの登場によって利益率が下押しされるなか、多くの企業が新たな定期的サービス収入を求めるようになった。業界調査による推定では、すでに世界の製造業者の65％が、製品ではなくサービスを軸にした販売モデルを使っているとされる（注１）。

ＤＸはこのシフトを加速させ、製品とサービスの境界線を曖昧にしつつある。なぜか。ＤＸによって製品とサービスがともに部分的にデジタル化され、有形性を失いつつあるからだ。加えて、取引やセンサーから得られる大量のデータが利用可能になったことで、事業運営の大幅な改善につながる使用法や最適化の知見がもたらされ、それによって製品提供を補完する機会が多数生まれていることも挙げられる。ＩｏＴの活用によって、物理的なモノ（ＣＡＰＥＸ）からサービス（ＯＰＥＸ）へと比重が移り、このトレンドをさらに加速させている（訳注、ＣＡＰＥＸはcapital expenditure の略で、土地や建物、設備、道具などのストック支出、ＯＰＥＸはoperating expenditure の略で、生産や販売、システム運用などのフロー型支出のこと）。

デジタル経済も、資産保有という競争モデルに再考を促している。資産管理は、航空や輸送などの多くの産業で、成果ベースまたは利用ベースのビジネスモデルを展開している第三者にアウトソーシングされるようになった。製品中心のモデルは根底から覆りつつある。

サービスの追加は大きな利点が見込め、ＤＸとは切っても切れない不可欠な要素となる。しかし、製品からサービスへ移行し、サービスのポートフォリオを拡張して成果ベースのモデルを組み入れるまでの道のりは、平坦ではない。これは真のＤＸであり、優秀な企業であってもつまずくことがある。顧客にとっても、そして財務的に意味のあることだが、それを実現する組織能力があるかどうかは考慮すべきである。

ベストプラクティス

製品からサービスやソリューションへの移行を、収益や利益を拡大するための方法として見ている企業もあれば、より防衛的に、既存顧客のロイヤルティを維持し、参入障壁を高める方法として見ている企業もある。どのような目的であれ、成功するかどうかは、サービス戦略をいかに実行するかにかかっている。このプロセスは、優れた戦略から始まり、顧客に利益を提供することとその対価を得ることによって終了する。

首尾よくサービス機能を拡張し、従来の製品中心の考え方を克服するには時間がかかる。特効薬はないし、一気に終わるものでもない。製品に付随したサービス（保守や修理など）から、成果ベースのソリューション（ジェットエンジンの「飛行時間当たり」モデルなど）への転換には困難とリスクが伴う。それゆえ、成功した企業は、サービスに移行する際のフェーズを分け、段階的に必要な組織能力を取り入れる方法を採用している（図表17－1を参照）。

成功するには、サービスの提供が不可欠であり、顧客関係やサービス・サプライチェーン、サービス・オペレーション、パートナー管理、エンジニアリングなどの中核となるプロセスで新たな能力を開発する必要がある。これらはすべてデジタルを用いた取り組みによって支えられている。多くの場合、少なくとも初期段階では、サービスやソリューションのポートフォリオを適切に拡張するために、それぞれの事業別に組織能力を組み込む（または囲い込む）ことが求められる。

図表17-1　製品からサービスへの変革ジャーニー

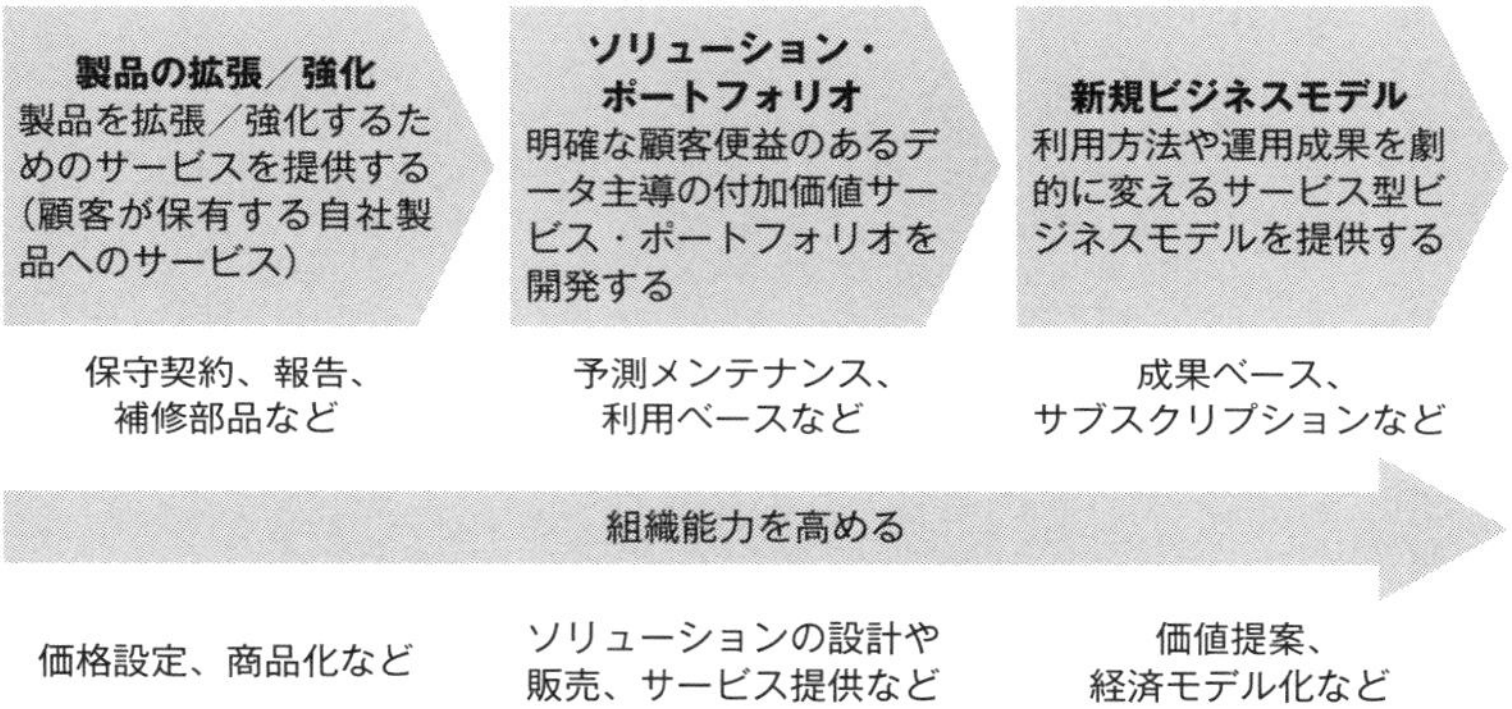

製品の拡張／強化
製品を拡張／強化するためのサービスを提供する（顧客が保有する自社製品へのサービス）
ソリューション・ポートフォリオ
明確な顧客便益のあるデータ主導の付加価値サービス・ポートフォリオを開発する
新規ビジネスモデル
利用方法や運用成果を劇的に変えるサービス型ビジネスモデルを提供する
保守契約、報告、補修部品など
予測メンテナンス、利用ベースなど
成果ベース、サブスクリプションなど
組織能力を高める
価格設定、商品化など
ソリューションの設計や販売、サービス提供など
価値提案、経済モデル化など

また、サービスへの移行にあたっては、考え方の転換も必要となる。原価をベースにした考え方から、価値をベースにした販売へと文化を変えていくのだ。シスコの元CEO、ジョン・チェンバースの有名な言葉がある。「顧客に何を買ってほしいかを考える必要はない。顧客を獲得するには、顧客が必要としているものを売ればよい。顧客の成功にフォーカスすれば、一生ものの関係を構築できる」(注2)

> 製造会社のCDOの役割は、ジェットエンジンや風力タービンのような有形資産を主に販売している伝統的な企業を、より効率的に運用できるデジタル・サービスの業態へ移行させることです。これは極めて重要です。ご存じのように、未来は、有形資産から得られるデータのなかにあるのですから(注3)。
> ――ビル・ルー（元GEデジタルCEO）

さらに、より複雑な成果ベースのソリューションに移行することで、市場投入のアプローチに根本的な変化が起きる。資産の保有者と運用者の両方が関わるため、販売サイクルが長期化し、契約交渉が複雑化する。しかし、うまく移行できれば、DXにとって大きなプラスとなる。

ミシュランの輸送関連事業は、競合他社による価格競争や環境問題によってコモディティ化に直面した。タイヤ製品の品質は優れていたが、価値をうまく引き出せずにいた。どのようにしてタイヤ製品にサービスを結びつけるかがDXの主要課題となった。タイヤにセンサーを埋め込むことで、利用状況や走行距離、補修ニーズについての貴重なデータが得られるため、サービス・ポートフォリオの開発を決断した。これにより、顧客との「取引」関係から「距離当たり課金」の関係（使用量に応じたマネージドサービスモデル）への転換が可能となった。運送会社と3～5年間の契約を結び、保有車両の総合的タイヤ管理ソリューションを提供する「ミシュラン・フリート・ソリューション」は、こうして誕生した。

このサービス群は、運送業の顧客に、よりよいコスト管理や燃費効率、シームレスな車両補修、環境に優しいサービスといった具体的な利益をもたらすように設計された。ビジネスモデルの転換はスムーズな船出ではなかったが、この転換によって貴重な教訓を得て、新たなサービスベースの収益源を確立することができた。顧客との長期的な関係やブランド・ロイヤルティの実現にも役立っている。

多くのB2C企業がDXにおいて同様の戦略を採用しているが、大きな違いがある。B2C市場のサービスとソリューションは、アプリを通じて機能を追加し、情報を提供するというかたちをとることが多い。顧客体験を豊かにし、エンゲージメントを構築し、ロイヤルティを高め、顧客の取引・行動データを収集して上位の製品を勧めたり（アップセル）、関連製品を勧めたり（クロスセル）することを目的としている。収益化は下流工程で顧客エンゲージメントの向上に伴って行われる。

ランナー向けの「ナイキ＋」アプリやスターバックスのモバイルアプリは、サービスベースのデジタル戦略の成功例だ。補完的な製品やサービスを利用したハイブリッド・アプローチを選択しているＢ２Ｃ企業もある。たとえばアップルは、主力製品（ｉＰｈｏｎｅやｉＰａｄなど）と補完的なデジタル・サービス・プラットフォーム（ｉＴｕｎｅｓ）を活用することでリーチを爆発的に広げた。

＊　＊　＊

ＤＸにおいては、一部の事業を製品からサービスやソリューションへ転換させることが必要となる。これにより、事業と顧客に大きな価値を創造する機会がもたらされる。しかし、そのためには企業の能力を大きく変化させる必要がある。多くの落とし穴が潜んでいる複雑な旅路だ。サービスの構築やマーケティング、販売に先進的なアプローチが要求される。また、適切な組み合わせを実現するために、顧客を中心とした実験もしなければならない。これは真の事業変革であり、それ相応の計画と管理が求められる。

ツールボックス

現行のサービスを棚卸しする　まずは、無料のサービスも含めて棚卸しをする。次に、顧客からのデータ、接続された製品や機器から得られるデータのうち、どのデータを収益化できるか、どのデータが顧客にさらなる利益をもたらすか、どのように収益化するかを検討する。

顧客が抱える悩みの種（ペインポイント）を分析する　ジョブ理論やカスタマー・ジャーニーなどの手法を用いて、顧客体験や業務成果をどのように改善させれば、顧客に付加価値を与えることができるかを検討しよう。そうしたニーズを、新しいサービスベースの新商品に落とし込み、実行しやすさと経済的なリターンに応じて優先順位をつけよう。

背伸びはしない　段階的な戦略を立てよう。まず、いま提供している製品を拡張し、次により複雑なサービスを追加し、最後に新しい収益化の方法やビジネスモデル（成果ベースなど）に移行する。「なぜ顧客はこれに対価を払うのか」という問いを繰り返すこと。既存顧客とワークショップを共同開催したり、リードユーザーを巻き込んで実験や検証を行い、反応を確認したりする。たとえばソリューション販売のスキルなど、それぞれの段階で必要となる能力開発（組織開発やスキル開発）に取り組もう。人材採用や人材育成とも足並みをそろえる。

サービスの高度なカスタマイズは避ける　高度なカスタマイズは、コストを押し上げ、利益を圧迫する要因となる。バックオフィスの効率化や自動化を進め、サービスの提供プロセスを標準化しよう。

チェックリスト

- 競争圧力によって主力製品のマージンがコモディティ化していないか？
- 新しいデジタル・サービスやソリューションによって軽減できる、顧客のペインポイント（利用方法やプロセスなど）をくわしく理解しているか？
- 価値のあるデータや情報を提供することで、顧客のエンゲージメントやロイヤルティを高めることができるか？
- サービスのイノベーションや商業化、提供で必要となるデジタル能力を持っているか？
- 新しいデジタル・サービスのマーケティングを成功させるために、考え方も変えなければならないことを理解しているか。また、そのためには新しい組織体制が必要か？
- いまの業界の規範や習慣を疑い、既存のビジネスモデルを根本的に変えることを検討したことがあるか？

関連する章

- 明確で強力な「変革理念」を打ち立てる（第1章）
- 既存のデジタル・プロジェクトを棚卸しする（第5章）
- 技術インフラを構築する（第11章）
- デジタル・サービスの対価に説得力を持たせる（第18章）
- 組織内のデジタルスキルを開発する（第24章）
- プロジェクトを拡張する（第27章）

第18章 デジタル・サービスの対価に説得力を持たせる

Convincing Customers to Pay for Digital Services

DXジャーニーでは、製品からサービスやソリューションに移行したり、製品にサービスを追加したりする。本章ではその次の段階、すなわち、「実際に対価を支払いたくなるほどの説得力をデジタル・サービスに持たせられるか」という特に難しい部分について見る。残念ながら、多くの業界ではそうしたサービスが無償ないしは超低価格で提供されているのが現実だ。

デジタル・サービスの収益化には、社内外でいくつかのステップが必要となる。

第1に、そのサービスが顧客にとってどのようなメリットがあるのかを考え抜くこと。メリットは自然とできあがるなどと思わず、自らの手でつくり上げよう。なお、B2B環境では、一口に顧客といってもさまざまな相手がいる。承認者（社長など）や交渉者（購買部長など）、支払者（予算責任者など）、利用者（運用担当者など）などだ。それぞれの相手ごとに、サービスの価値を具体的かつ明確に伝える必要がある。

第2に、バリューチェーン上の利害関係者（営業担当者や代理店、ディーラーなど）に、サービスを販売するための適切なインセンティブを与えること。

そして、第3に、そのサービスが売れるように適切な価格を設定することだ。

なぜ重要か

人は物理的な製品の代金を払うことには慣れているが、無形の製品やサービス、とりわけ、デジタルで提供される情報ベースのものには支払いをためらうことが多い。たとえば、手紙を送るために誰もが嫌がらず切手を買うが、メールソフトを利用したり、ましてや電子メールを送ったりするたびに料金を払う気にはならない。結果的に多くのデジタル・サービスは、他の収益源が支えたり（広告など）、製品と抱き合わせたり（カメラの画像ストレージなど）、単に無償で提供されたり（ホテルでのインターネット接続など）している。

おかげで、いまでは多くの顧客が「デジタル商品は無料であるべきだ」と思い込んでいる。実際にはそんなことはない。デジタル・サービスの製作や維持には、開発やソフトウエアのライセンス、データ取得、ホスティング、接続など、かなりの費用がかかる。そのため、デジタル・サービスに対価を払うように顧客を説得できるかどうかで、全体の収益性が大きく変わる。

ベストプラクティス

製品をデジタル・サービスで補強することは、一度きりの製品販売から定期的な収益源にシフトする際によく行われる。この傾向は特に産業界で顕著で、ネットワークに接続された製品や装置、機械はいまやリアルタイムの豊富なデータベースとなった。このデータは、さまざまなかたちで収益化できる洞察と利益を生み出す。たとえば、予測・予知メンテナンスを行うことで効率性を高め、ランニングコストを削減したり、使用状況データを活用することで、産業界で大きなコスト要因となっている不良品を減らしたり、製品品質を向上させたりすることができる。

こうした利点があるにもかかわらず、多くの顧客は、製品や装置に接続機能を追加することに乗り気でない。特に懸念されるのは、生成されるデータの所有権と利用責任についてだ。業務データから生まれる価値を認めつつも、それに対価を払う気にならない。「ぜひ私の機械も接続してほしいが、データは独占的にアクセスできるようにしたいし、代金は支払いたくない」といった反応がB2Bでは日常茶飯事だ。

キャタピラーの例を見てみよう。同社は、建設や採掘、運送業界向けに大型機械を販売している。同社とその顧客にとって、コネクティビティがもたらす恩恵は明らかだ。顧客にとっては、ダウンタイムの削減や生産性の向上、燃費の改善、資産管理の改善（機械の紛失は意外に多い）につながる可能性がある。キャタピラーにとっては、機器の使用状況や顧客の行動をより詳細に理解する、製品開発のための知見を得る、補修部品の収益向上を見込めるといったメリットがある。まさにウィンウィンの提案だ。

キャタピラーは2015年の初めまでに基本的な体制を整えていた。経営トップがデジタル化の推進を指示し、デジタル・サービスの開発と活用にあたる専門チーム「CATコネクト」が組織されたのだ。このチームは、自社とディーラー、そして顧客のためになるように設計されたサービス・パッケージを構築した。

しかし、取り組み開始から5年が過ぎても、コネクテッド製品のうち、顧客が支払うデジタル・サービスを含むものは1割未満で、残りの費用は自社で負担せざるを得ない状況だった。2019年には敗北を認め、ほとんどのデジタル・サービス販売施策は中止された。「CATコネクト」は、補修部品の販売促進に重心を移すことになった。キャタピラーは何を間違えたのか。

顧客タイプ別にサービスがもたらす価値を明確に伝える

一見するとミスとは思えない、よくあるミスを犯していた。それは、「顧客の事業に大きな付加価値をもたらすサービスなら、顧客に興味を持ってもらえるはずだ」と考えたことだ。そのため、どんなメリットがあるかを十分に説明できておらず、顧客側からの引き合いはほとんどなかった。顧客は、新たなデジタル・サービスに代金を払う必要性を感じていなかったのだ。それどころか、新サービスに懐疑的な顧客も多かった。収集されたデータがどう使われるのか、知りたかったのだ。自分たちのデータが、キャタピラーの取引先である競合他社の手に渡るのではないかという不安もあった。

また、キャタピラーは、顧客のタイプを区別することにも失敗していた。オペレーター、現場監督、購買責任者、経営者、それぞれの立場で、サービスの価値に対する考え方が異なっていたのだ。たとえば、購買責任者はコストを最小限に抑えることを重視しており、契約後の利用についてはあまり関心がなかった。たいていは「無償提供してくれ」が基本姿勢だった。一方、オペレーターは、自分の働きぶりが上司に監視されることを不安視していた。現場監督は、新サービスから最大の恩恵を受けるが、彼らが購買プロセスに直接参加することはほとんどなかった。

デジタル・サービスに対価を払うようにB2Bの顧客を説得するには、購買ネットワーク上のすべての利害関係者を考慮したうえで、サービスの価値に関して、それぞれに刺さる売り文句を練りあげる必要があるのだ。

顧客にお金を払うように説得することは、B2Cの世界でも課題だ。グーグルやフェイスブック、ティックトックなどのデジタル大手は、中核となるサービスを無料にしたまま、広告から収入を得ることでこの問題を回避している。しかし、これは、ほとんどの組織にとって持続可能なビジネスモデルではない。広告収益だけでは、サービス提供のコストをカバーできないことが多い。オンラインの世界でよく使われているアプローチは、基本的なサービスは無料で提供され、高度な機能は有料となる「フリーミアム」だ。

典型的なフリーミアムは、「機能制限」と「利用制限」の2つを土台にしている。たとえば、スポティファイの無料版では、ほとんどの音楽（アルバム、プレイリスト、ラジオステーション）をストリーミングでシャッフル再生できるが、曲と曲のあいだに広告が流れる他、スキップできる回数に上限がある（機能制限）。多くの場合、機能制限と利用制限の組み合わせが行われる。エバーノートは、オフラインでの使用を許可しておらず、カスタマーサポートも提供していない（機能制限）。また、ファイルサイズやアップロードも制限している（利用制限）。フリーミアムを成功させるカギは、消費者がその価値を認めつつもアップグレードする動機を失わない、ほどよい「味つけ」にすることだ。
ドロップボックスのフリーミアムモデルは成功の部類に入る。2ギガバイトのストレージを無償提供し、機能制限はほとんどしていない。サブスクリプション料金を支払うよりも、ファイルを引っ越す手間のほうが大きいらしく、ストレージ上限に達したユーザーの多くが有料顧客にコンバートするという。

サービス販売の体制が整っているかどうか確認する

言うまでもないことだが、サービスの販売は製品の販売と大きく異なる。先述したように、製品中心の組織の多くは特定の販売プロセスと販売サイクルに最適化されている。たとえば、製品販売は、契約し、手配し、次を探すといったかたちで行われ、連続性がない場合が多い。それに対してサービスは、長期間にわたって販売され、契約や支払いがなされ、利用される。
2015年にシスコが、サービス収益の割合を10%から40%に増やすことを決断したとき、組織内に大きな変化が起きた。製品をサービス内包型に設計し直す（まったく新しいサービスを開発する）だけでなく、「売ったらそれっきり」の文化を変え、営業担当者のインセンティブを刷新し、マーケティングとセールスの組織を再設計する必要があった。

私たちは、機器の販売から、サービスの販売へと移行しようとしています。現在の建物に、明日の技術を融合させた「スマート・ビル」を目指しています。私たちは事業をプラットフォーム・ビジネスに変えているところです。建物のライフタイムを通じて製品やサービスを結合させようとしています（注1）。

――トミオ・ピカラ（コネ社執行統括責任者）

キャタピラーの場合、「CATコネクト」チームは、設計を担当するエンジニアリングチームからも、製造や出荷を担当するオペレーションチームからも、顧客とやりとりするセールス・サービスチームからも切り離されていた。それ自体は悪い選択肢ではない。デジタル部門は伝統的組織に埋もれやすいからだ。しかし、このケースでは、「事業としてのデジタル」というCATコネクトの理念が、社内の他の組織には歓迎されなかった。それゆえ、サービスを製品に組み込むのに難航し、デジタル・サービスの取り組みに対する理解や受容が他部署で進まなかった。

すべての利害関係者がサービス販売のインセンティブを持つようにする

デジタル・サービスが収益と結びつかないのは、顧客がお金を払いたがらないだけでなく、営業担当者がそのサービスを売りたがらないから、という場合も多い。キャタピラーがそうだった。「CATコネクト」を販売する際のインセンティブが大きくなかったため、営業チームは販売に力を入れなかった。30万ドルの建設機械を売るなかで、月額20ドルのサービス契約を追加することに時間を割く価値があるとは思えなかったのだ。その結果、営業チームは、顧客を失いそうになったときだけ、デジタルチームを追加で参加させる場合が多かった。

インセンティブは、社内の営業担当以外にも必要だ。B2B企業の多くがそうであるようにキャタピラーも、エンドユーザーと関わることはほとんどない。販売の大部分が、世界中のディーラーと代理店のネットワークを通じて行われている。それらの業者の目には、キャタピラーとエンドユーザーを直接つなぐ「CATコネクト」が脅威に見えた。自分たちを飛ばして顧客に直接、補修部品を販売するつもりではないかと。ディーラーや代理店に「CATコネクト」のメリットを説明し、この新サービスの販売にインセンティブを与える必要があった。

価格設定を工夫する

サービスは無形のもので、それを提供する際の追加費用が小さいため、価格を低く設定したくなる誘惑がある。しかし、これは誤りだ。サービスの価格は、生産と提供にかかるコストではなく、顧客にもたらされる価値に基づいて決定されるべきだ。この価値の基準になるのは、効率の改善や生産性の向上、時間の節約などのメリットだ。先述のとおり、メリットと価値が明確に言語化されて利害関係者に伝われば、サービスの価格設定を適切に行うことができるようになる。

製品に付随するサービスへの支払い意欲を高めることができる手法がいくつかある。たとえば、既存の保守契約とサブスクリプション・サービスの料金をバンドルすれば、販売や請求のプロセスを個別に行う必要がなくなる。また、事前に合意した便益をそのサービスにかかるコストと紐づける成果ベースの価格設定なら、便益が下がってしまうという説明のほうが、コスト増による値上げよりも正当化しやすく、支払い意欲を高められる。

よく知られているように、デジタル・サービスは売るのが難しい。物理的な製品に付加されるものの場合はなおさらだ。しかし、多くの場合、デジタル・サービスは顧客にとって大きな価値を生み出し、そうした価値は、利害関係者に明確に伝える必要がある。成功するためには、サービスの売り込みと販売が適切に行われるように、組織的なプロセスとインセンティブを調整する必要がある。

＊　＊　＊

ツールボックス

有料化できるサービスを見定める　無料で提供しているサービスも含め、いま、どんなデジタル・サービスをいくらで提供しているのか、把握しよう。デジタル・サービスのポートフォリオを把握しておらず、予想外に多くのサービスがあることに驚く企業も少なくない。ヴォルフガング・ウラガとスティーブン・マイケルは「Bill It, Kill It, or Keep It Free?」という論文で「無料から有料へ移行するための第一歩は、顧客がお金を払ってもいいと思うサービスと、無料で提供されると期待されているサービスを分けることだ」と主張している(注2)。まずは、お金を払ってもいいと思われるサービスを出発点にしよう。

適切な売り文句を考える　有料化したいデジタル・サービスの利点を言語化しよう。顧客が理解できる言葉にしなければならない。たとえば、「機械のダウンタイムを3割削減する」「市場投入までの時間を平均2週間短縮する」などのように。さまざまなタイプの顧客に合わせて、価値を表現したメッセージをつくるとよい。

たとえば、購買責任者は即効性のあるコスト削減を、オペレーターはより効率化することを、管理者は継続的な生産性の改善を重視しているかもしれない。当然ながら顧客は、価値が見えないものには対価を払わない。不必要な複雑さや多すぎるサービスのバリエーションは避けよう。通常、3段階以上のサービスは不要だ。シンプルさが顧客理解のカギとなる。

営業担当者を巻き込む　営業担当者がデジタル・サービスの仕組みを理解して、販売研修に参加、インセンティブを得られるようにしよう。製品の販売からサービスやソリューションの販売へ移行している組織は多いが、営業担当者が両方ともうまく販売できるとは限らない。シスコは、自社のサービスとソリューションを販売できるように営業担当者の大規模な再教育プログラムを開始したが、当初は販売奨励金制度の見直しを怠っていた。しかし、その後、営業担当者が製品だけでなくサービスも販売できるようにインセンティブを変更した。

顧客データの利用方法を明確化する　B2B企業をはじめ、多くの組織は、自社のデータが悪用されるのを恐れている。デジタル・サービスに興味があり、対価を払うつもりがあっても、社内のデータを第三者に所有されることを（または取り扱われることも）望んでいない。

この問題については、データの適切な取り扱いを保証することで対処することができる。たとえば、顧客がいつでもデータにアクセスできるようにする、データを匿名化する、ルールに準拠した場所でデータを安全に保管するなどだ。たとえば、２０２０年初めに多発した「ズーム・ボム（会議室のハッキング）」を受けて、ズームは、セキュリティを強化した（注３）。また、ＥＵのＧＤＰＲなど各国の規則に対応するため、データの保管場所の安全を高めた。

チェックリスト

- 新サービスがもたらす価値を、顧客に30秒で説明できるか？
- 新サービスを販売するための研修やインセンティブを営業担当者に与えているか？
- 新サービスは、現実的で競争力のある価格に設定されているか？
- 顧客のデータがどのように利用されるか、顧客に明確に説明したか？

関連する章

- 技術インフラを構築する（第11章）
- パートナーシップ戦略を成功させる（第13章）
- 「製品」から「サービス」へ移行する（第17章）

第19章 プラットフォームと競争するか協業するかを決める

Competing Against or Working with Digital Platforms

この10年間で最も重要なデジタル・ディスラプションのひとつは、プラットフォーム企業による支配的な市場地位の獲得だ。エアビーアンドビーやウーバーなど特定の産業に絞った企業もあれば、グーグルやアマゾンのように複数の業界を破壊した（または破壊する可能性を秘めた）企業もある。プラットフォーム企業の手が伸びていない産業はますます少なくなってきている。それゆえ、デジタル戦略を描き、DXを推進している企業はプラットフォームの経済モデルを無視できない。

では、あらゆる組織がデジタル・プラットフォームを目指すべきなのか。それは現実的ではないだろう。プラットフォーム戦略の成功は特定の経済・市場環境に対応するものであり、すべての条件をクリアするのは難しい（コストもかかる）。しかし、デジタル・プラットフォームを自社で構築することが組織の手の届かないところにある場合でも、既存のデジタル・プラットフォームやエコシステムに参加し、協力し、活用するための戦略的手段がある。

なぜ重要か

世界で最も価値のある組織10社（時価総額ベース）のうち7社がプラットフォーム企業である。アップル、マイクロソフト、アルファベット、アマゾン、フェイスブック、アリババ、テンセントの市場価値は、2020年初めの時点で6兆3000億ドル以上だ（注1）。

プラットフォーム戦略の魅力は、ネットワーク効果を使った極めて高速な拡張能力にある。プラットフォーム参加者は他の参加者の存在から恩恵を得るため、プラットフォームの価値はユーザー数に比例する。これは、伝統的組織にとっては由々しき事態だ。ウーバーがウーバーイーツを展開したように、プラットフォームの所有者は巨大なユーザー基盤を活用してサービスを広げることができる。あるいは、グーグルマップがナビゲーションで行ったように、異なる経済モデルでまったく新しい市場に参入することも可能だ。プラットフォームでは、競争優位性が供給側（資産や参入障壁）から需要側（規模や参加者間の相互作用）にシフトする。

DX戦略を練るにあたっては、結果そのものよりも、プラットフォーム戦略のレンズを通して事業を考えることのほうが重要だ。なぜか。第1に、プラットフォーム戦略は、既存の組織がとれる最も野心的で破壊的な行動だからだ。プラットフォームは市場を創造するが、うまく機能させるためには、思惑が異なることもある複数の関係者の行動を調整する必要がある。第2に、プラットフォーム思考は、新たな価値の源泉となるものを特定し、戦略的な脆弱性を明らかにする。だが、プラットフォームを構築したり、サードパーティーのプラットフォームに参加したりすることで、その脆弱性を克服できる可能性がある。

ベストプラクティス

最も一般的なプラットフォームは、2種類の参加者間で相互作用を生み出す「ツーサイド型」だ。一方は、価値を創造または所有する生産者（エアビーアンドビーのホストなど）、もう一方は、価値の消費者（エアビーアンドビーの宿泊者など）だ。

プラットフォーム戦略の最初のステップは、両サイドの期待や行動を把握し、買い手と売り手を引き寄せる相互作用の性質を徹底的に理解することだ。第2のステップでは、その相互作用をどのようにして拡張させるか、そのための方法を編み出すことである。これは、しばしば「チキン・アンド・エッグ（ニワトリが先か卵が先か）」問題と表現されるように、プラットフォームを拡張させるためには、どちらか一方に比重が置かれる。エアビーアンドビーの場合、賃貸物件の在庫が十分にそろわないうちに宿泊希望者を呼び込もうとしても意味がない。それゆえ、差異化されたコンテンツや金銭的なインセンティブなどを通じて、一方を積極的に活性化したり、補助したりする必要がある。これらは拡張の近道となるが、金銭的インセンティブは非常にコストがかかるため、うまく管理する必要がある。

ペイパル共同創業者であるピーター・ティールは、サービス開始当初の爆発的な成長が、いかに嬉しいと同時に恐ろしくもあったかを次のように語っている。「新規顧客は登録で10ドルを、既存顧客は紹介で10ドルを得ることができた。指数関数的な成長が実現した裏で、新規顧客1人につき20ドルも払っていたのです。日次成長率7〜10％、ユーザー数1億人というのは、順風満帆なようで前途多難でした。収益ゼロでコストが指数関数的に増えていくのはどうかと思う(注2)。インセンティブは有効だが、段階的に廃止する必要があるのです」

プラットフォームとは、それを利用するすべての人の経済的価値が、それをつくった会社の価値を上回ること。そうなって初めてプラットフォームだ(注3)。

——ビル・ゲイツ

第3のステップは、継続的に収益と利益を生み出せる経済モデルを設計することだ。プラットフォームの両サイドが互いに独立している、あるいはプラットフォームが十分な規模に到達しているなら、両サイドから課金できるので、このモデルは魅力的と言える。たとえば、エアビーアンドビーは、宿泊者に14％ほどの手数料（物件によって異なる）を課しているが、ホスト側からも予約が成立するごとに3％の手数料をとっている。さらに、清掃やツアー企画、送迎、シェフ派遣などの補助的サービス（エコシステムの補完）からも手数料を徴収している(注4)。

最後のステップは、プラットフォームを将来にわたって効果的に機能させるため、すべての参加者のためにルールを定めることだ。プラットフォームの諸要素（APIやソースコード、知的財産権など）をどこまで開放するかを決めなければならず、妥協も必要となる。開放するレベルを下げれば、統一性を高め、価格を制御しやすくなる。開放するレベルを上げれば、サードパーティー開発者に補完的アプリをつくらせてプラットフォームを充実させるなど、外部のイノベーションを加速させることができるが、その一方で断片化（訳注、フラグメンテーション。APIやソースコードなどの公開を高めた結果、それらのバージョンアップでサードパーティーの製品が動くかどうか保証できなくなる現象）を招き、エコシステム・パートナーに権限を委ねすぎる可能性もある。

それゆえ、プラットフォームのガバナンスとキュレーションが重要になる。プラットフォームでの相互作用の品質と整合性を保ち、エコシステムを統制する。適切なバランスを実現するには、乱用することなく、プラットフォームをうまく活用する必要がある。そのためには、誰が参加するのか、どのように価値を創造し分配するのか、どうやって紛争を公正に解決するのかを検討しなければならない。よく管理されたプラットフォームに不可欠な要素は、品質や透明性、公正性だ。アップルは、低品質のアプリやポルノ、ヘイトスピーチを排除し、ウイルスのリスクを最小化するためにプラットフォーム上で「追放権」を行使している。

ネットワーク効果や規模は、市場や産業分野によって異なる。デジタルリーダーにとって重要なのは、ネットワーク上で創造され、獲得されている価値を特定することだ。

4つのBからの選択――プラットフォームとの戦いにどうのぞむか

どのようなプラットフォーム戦略を選択すべきか。その答えは、自社がプラットフォーム競争にどう対応するか（積極的に参加するか、防衛的に参加するか）、その焦点は内部か外部かによって異なる（注5）（図表19－1）。

図表19-1　プラットフォーム戦略マトリクス（4つのB）

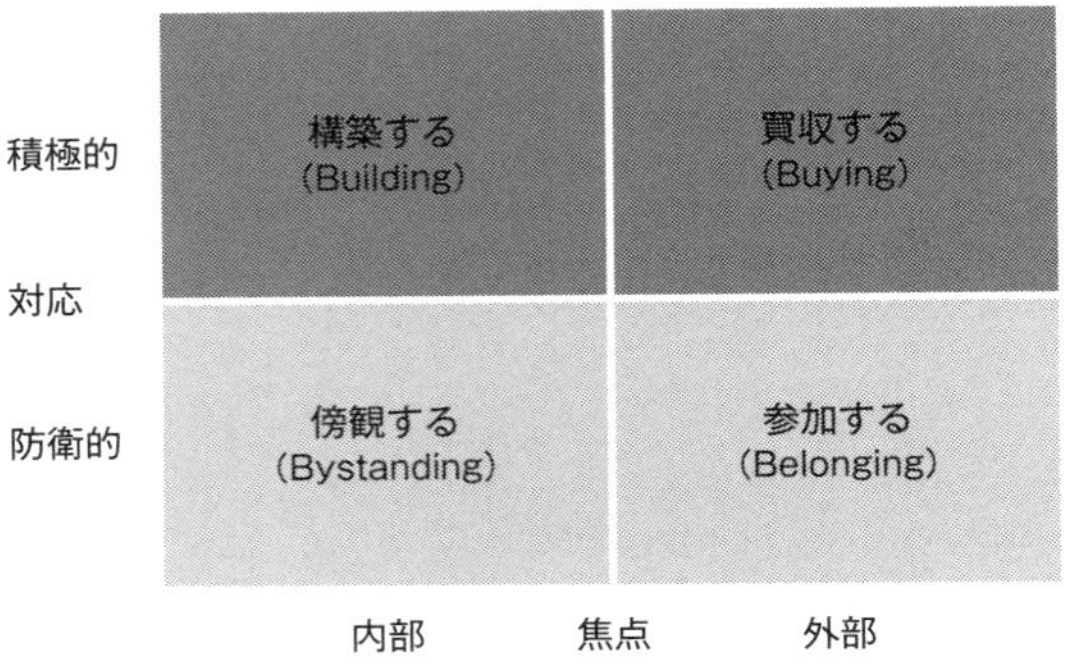

1　構築する（Building）

プラットフォームには共通する経済的特徴があるが、その形態や規模は異なる。メディアで称賛されるような成功した大規模なプラットフォームを構築するのは難しい。数多くの挑戦者がいるなかで、ウーバーやエアビーアンドビーほどの規模で成功するのはほんの一握りだ。一方で、多数の比較的小規模な（あるいは対象を絞った）デジタル・プラットフォームが、B2CやB2Bの市場で強力な競争的地位を築いている。十分な規模と安定した経済モデルを確立するためには、強いリーダーシップとビジョン、持続的な力が必要となる。

2005年に設立されたエッツィは、絵画や宝飾品、特注家具などのハンドメイド作品やビンテージ製品の売り手を集めているマーケットプレイスだ。出品者の多くは独立したアーティストで、職人技が光る商品を販売する場としてプラットフォームの位置づけに貢献している。エッツィ成功の要因には、高いリピート購入率や、売り手と買い手が好みや購買習慣を共有するコミュニティの存在が挙げられる。いまでは、手工芸品を扱う世界最大のプラットフォームとなっている。150カ国以上に展開し、上場後の時価総額は2020年に170億ドルを超えた(注6)。

見過ごされがちだが、産業界にも、プラットフォーム構築の戦略的機会が眠っている。2018年、112年の歴史を持つドイツの鉄鋼・金属卸売企業、クレックナーは、独自のオンライン・プラットフォーム「XOM」を立ち上げた。さらに同社は、競合他社にも参加を呼びかけた。この動きにより、XOMは、鉄鋼や金属などの製品を売買したい企業なら誰でも参加できる、独立したデジタル・マーケットプレイスとなった。競合他社に公正かつ透明なアクセスを保証するため、XOMはクレックナーの中核事業から独立したかたちで運営されており、同社の事業と競合しているほどだ(注7)。

2 買収する (Buying)

費用がかさむことも多いが、ディスラプションに脅かされている企業が成功を目指すなら、買収もひとつの実現可能な選択肢だ。そうした競争圧力に加え、組織能力や既存の顧客基盤、確立された技術インフラの獲得も、プラットフォーム買収の根拠となる。

ウォルマートはアマゾンとの闘いのさなか、2016年に33億ドルでジェット・ドット・コムを買収してマーケットプレイスとしての地位を向上させた。2018年にも、世界で最も魅力的な小売市場のひとつでシェアを獲得するために同様のアプローチを採用し、インド最大のオンライン小売企業であるフリップカートを160億ドルで買収した(注8)。

世界規模のプラットフォームの買収は高額なものとなるが、必ずしもその規模を求める必要はない。たとえば1744年創業のサザビーズ。同社は、美術品や不動産、コレクターズアイテムの世界最大級のブローカーだ。2018年には、アンティーク家具や装飾品のオンライン小売プラットフォームである創業5年のビエットを買収し、オークション以外にも事業を広げた。よりデジタルに精通した若い顧客にもリーチしている(注9)。

プラットフォーム戦略は、隣接する市場や補完的な市場で新たな成長の源泉が見つかるきっかけにもなる。カルティエやモンブラン、IWCなどの高級ブランドを傘下に持つリシュモンは、停滞していた高級腕時計市場での成長を目指し、成長性と収益性が高い隣接市場の中古腕時計に着目した。そのころ、使わなくなった腕時計の売却と購入を仲介するオンライン・マーケットプレイスがいくつも生まれていた。その活況ぶりに業界関係者は驚いた。数千ドルもする腕時計を見たり触ったりせずに買う人はいないと考えていたからだ。しかし、毎年、数十億ドルの中古腕時計がオンラインで取引されていた。独自のオンライン・プラットフォームを構築するか、既存プラットフォームと連携するか、それとも買収か、決断が迫られた。リシュモンは3つ目の選択肢に決め、2018年にイギリスを拠点とする中古腕時計のマーケットプレイス、ウォッチファインダーを買収した(注10)。はるかに大規模で保守的なリシュモン・グループへの編入はスムーズではなかったが、双方が多くのことを学んだ。2020年、ウォッチファインダーは最も成長著しい腕時計マーケットプレイスのひとつとなり、実店舗まで開いた(注11)。

3　参加する（Belonging）

多くの小規模企業やニッチ企業にとって、規模やネットワーク効果を備えたプラットフォームの構築は現実的ではない。そのため、既存のプラットフォームに参加することが唯一の選択肢となる。そのプラットフォームにとって重要な補完的製品・サービスを提供している企業や、プラットフォームの魅力を高めるのに十分なブランド力がある企業なら、価値ある戦略だ。当然、プラットフォームに参加するからには、既存のルールと確立されたガバナンスに従わなければならない。また、依存することで、プラットフォーム側の交渉力が高まる可能性もある。自分たちのデータの管理権を奪われないように注意しよう。プラットフォーム戦略の入り口として、期間とコストを大きく抑えられる可能性がある。

ケンゾーやバーバリー、ヴェルサーチェといった世界的な高級ブランドは、利益が見込める中国の高級品市場に参入するチャネルとして、アリババがTモールに展開する「ラグジュアリー・パビリオン」に参加した。自前のプラットフォームの構築を目指すより、リスクやコストが低く抑えられている（注12）。ラグジュアリー・パビリオンの顧客の8割が35歳以下であり、参加ブランドは若い富裕層をターゲットにしている（注13）。

二面性のある市場の両サイドに対応できないこともある。そのときは、一方のサイドに絞って価値を獲得するべきだ。ヨーロッパの貸し別荘マーケットプレイス「@レジャー」は、ブッキング・ドット・コムやエアビーアンドビー、エクスペディアといった世界的旅行プラットフォームとの激しい競争にさらされていた。同社は、旅行者と別荘所有者の両サイドに取り組むのではなく、質の高い物件の供給にリソースと注意の大半を集中させることにしたが、リスクの高い戦略だった。プラットフォームの需要サイド（旅行者）の支配権を手放したが、別荘所有者向けに質の高いサービスを提供することで、魅力的な別荘のポートフォリオを構築することに成功した。プラットフォームは、両サイドのどちらか一方に絞って注力したほうがよい場合もあるのだ。

4　傍観する（Bystanding）

プラットフォームに参加するほどの明確な機会も投資余力もない組織もある。プラットフォーム戦略は万人向けのものでない。傍観者になることも、ひとつの戦略的な選択だ。それでも、やはり、プラットフォームが自社の業績にどのような影響を与えるか、既存または新興のプラットフォーム企業に自社の中核事業を破壊される可能性はないかを検証、分析しておくとよい。プラットフォームへの対抗策として規制当局に働きかける組織もあるが、これはただ運命を先延ばしするだけで、結局は防げないことが多い。プラットフォーム企業から課されるコストを回避し、自社事業のコントロールを維持するには、顧客と直接取引するための代替的なデジタル・チャネルを構築するのも一案だ。

もうひとつの防衛的な戦略として、他社と連合を組む方法もある。２０１７年に設立された「ＡＤＡＭＯＳ」は、ドイツの機械工学分野のメーカー間の中立的なＩｏＴソフトウエア・プラットフォームだ。12社からなるコンソーシアムで、共通のプラットフォーム上でアプリケーションを開発するために緊密に連携している（注14）。

＊　＊　＊

プラットフォームのエコシステムを成功させるには、特定の経済条件や、多額の投資、そして、利益が出る規模にまで到達するための強運が必要だ。すべての企業が業界のプラットフォーム・リーダーを目指せるわけではない。しかし、自前のプラットフォームを構築できない企業でも、プラットフォームを利用してビジネスモデルを部分的に変革したり、他社が運営するプラットフォームで有意義な役割を見つけたりすることができる。企業がプラットフォームに参加するかどうかにかかわらず、プラットフォーム思考は有用な戦略的プロセスであり、組織が新しい価値の源泉を見出し、DX戦略を強化するのに役立つ(注15)。

ツールボックス

プラットフォームをデジタル戦略に組み込む　取引の摩擦を大幅に減らし、あらゆる立場の参加者の利益バランスをとる機会を検討しよう。

シナリオを書く　ビジネスモデルやオペレーションモデルの観点から、プラットフォーム戦略が実行可能な領域を見極めよう。

プラットフォームに着火する方法を決める　どのサイドから始めるのが最適か、どうやって参加者の増加に火を点けるか、どうやって「チキン・アンド・エッグ」問題を経済的に実現可能な方法で解決するかについて考えよう。

プラットフォームのキュレーション原則を定める　エコシステムを効果的かつ公正に運営するためのルールを制定しよう。

どこで、どのように勝つかを考える　既存のプラットフォームに参加するか、それとも、中核となる市場やその隣接市場にある既存のプラットフォーム企業を買収するか。プラットフォーム戦略の選択肢を、実現可能性とコストの観点から分析しよう。いずれのプラットフォーム戦略も見込みが薄い場合は、代替策として、事業を再編し、変革につながる防衛的戦略（パートナーシップなど）を検討しよう。

チェックリスト

- 経営陣は、業界におけるプラットフォーム競争の経済メカニズムを理解しているか？
- ＤＸ戦略を策定するにあたり、プラットフォーム競争による潜在的な機会と脅威をすべて検証したか？

- プラットフォーム戦略を実行するための明確な道筋と専用のリソースを持っているか？
- 外部環境が変化したときのために、業界におけるプラットフォーム競争の性質を定期的に見直すプロセスを持っているか？

関連する章

- 明確で強力な「変革理念」を打ち立てる（第1章）
- 取締役会を巻き込む（第7章）
- 組織内に「ハイパーアウェアネス」を構築する（第12章）
- パートナーシップ戦略を成功させる（第13章）
- バランスのよいプロジェクト・ポートフォリオを構築する（第20章）

第20章 バランスのよいプロジェクト・ポートフォリオを構築する

Building a Balanced Portfolio of Digital Initiatives

ＤＸを進める際には、戦略的リスクと実行スピードのバランスに苦労する。優先すべきは短期的な改善か、より大きな戦略的シフトか。どうすればデジタル投資のＲＯＩを明示できるか。どれほどのペースで業界は破壊されるか。どれだけのリスクを革新的ビジネスモデルのために許容できるか。これらの難問に同時に答えなければならない。

問題の一端は、デジタル・ロードマップにおいてそれぞれのプロジェクトがどれも同じインパクトと時間軸、リスクレベルであるかのように設計されていることにある。いうまでもなく、それは現実を反映していない。デジタルリーダーは、ＤＸを戦略的ポートフォリオとして長期的に管理し、短期的な改善の必要性と長期的な戦略やビジネスモデルの進化のバランスをとっている。そこでは、リーダーと主要な利害関係者がともに納得するように調整が行われなければならない。ポートフォリオ管理は、デジタルの戦略とその実行をつなぐものなのだ。

なぜ重要か

デジタル化が、業界や組織、競争力にどのような影響を及ぼすかを明確に把握するのは複雑な作業だ。それは、デジタル技術がもたらす機会という「攻め」の部分と、事業が直面する潜在的な脆弱性という「守り」の部分の両方を理解し、管理することだ。

攻めとは、DXが価値創造にどう貢献するかを理解することでもある。デジタル化によって顧客体験を強化することができるか。事業運営と製品を結びつけることで、業績を飛躍的に改善することができるか。自社のデジタル能力を使って、業界や隣接市場を破壊することができるか。

守りとは、組織のどこに脆弱性があるかを把握し、主なリスク源を特定することだ。デジタル化は、バリューチェーンや既存のビジネスモデルにどのような影響を与えるのか。製品やサービス、価格、流通はどのように変化するか。中止すべきデジタル・プロジェクトや、見限るべき技術はあるか。新興企業や隣接市場の企業によって自社の既存の収益源が破壊されそうな領域はあるか。それに対応するための組織能力は整っているか。その変化が起きそうなのはいつか。

デジタル戦略では、これらの問いに答えることが必要だ。しかし、それは始まりにすぎない。カデジタルの状況を適切に把握したら、リーダーはDXプログラムを策定しなければならない。カギはバランスだ。既存の事業運営や短期的な利益に重点を置きすぎると、デジタル・ディスラプションにさらされるリスクが高まる。反対に改革に注力しすぎると、試してばかりでインパクトを得られなかったり、いま利益が出ている事業をなおざりにしたりすることになりかねない。正解はどこにあるのか。

ベストプラクティス

成功するDXは、「Ｗｈａｔ」と「Ｈｏｗ」に焦点を当てている(注1)。「Ｗｈａｔ」とは、デジタル・プロジェクトの範囲をバランスよく調整することだ。現在の事業運営に潜む価値の源泉を解き放ち、サービスやビジネスモデルを進化させて新たな価値創造の機会を見出す。「Ｈｏｗ」とは、デジタル戦略を構成する各要素を実践するスピードを理解し、適切なテンポでＤＸを実行することだ。また、現状の組織能力による実行可能性と、外部リソース活用の必要性を比較検討することでもある。

What

戦略をＤＸに落とし込む際には、現行の事業運営に与えるインパクトに応じてデジタル・プロジェクトの枠組みを決めることが重要だ。そこでは2つの評価軸が欠かせない。ひとつは、「バリューチェーンやデリバリーシステムをどの範囲まで再構成するか」だ。最近では、デジタル技術を使ってほぼすべての中核となるプロセスや機能を効率的に再構成することができる。たとえば、人事部門や財務部門の中核となるプロセスを自動化したり、データを活用して顧客サービスをパーソナライズ化したりすることができる。

図表20-1　デジタル・プロジェクト・マッピング（What）

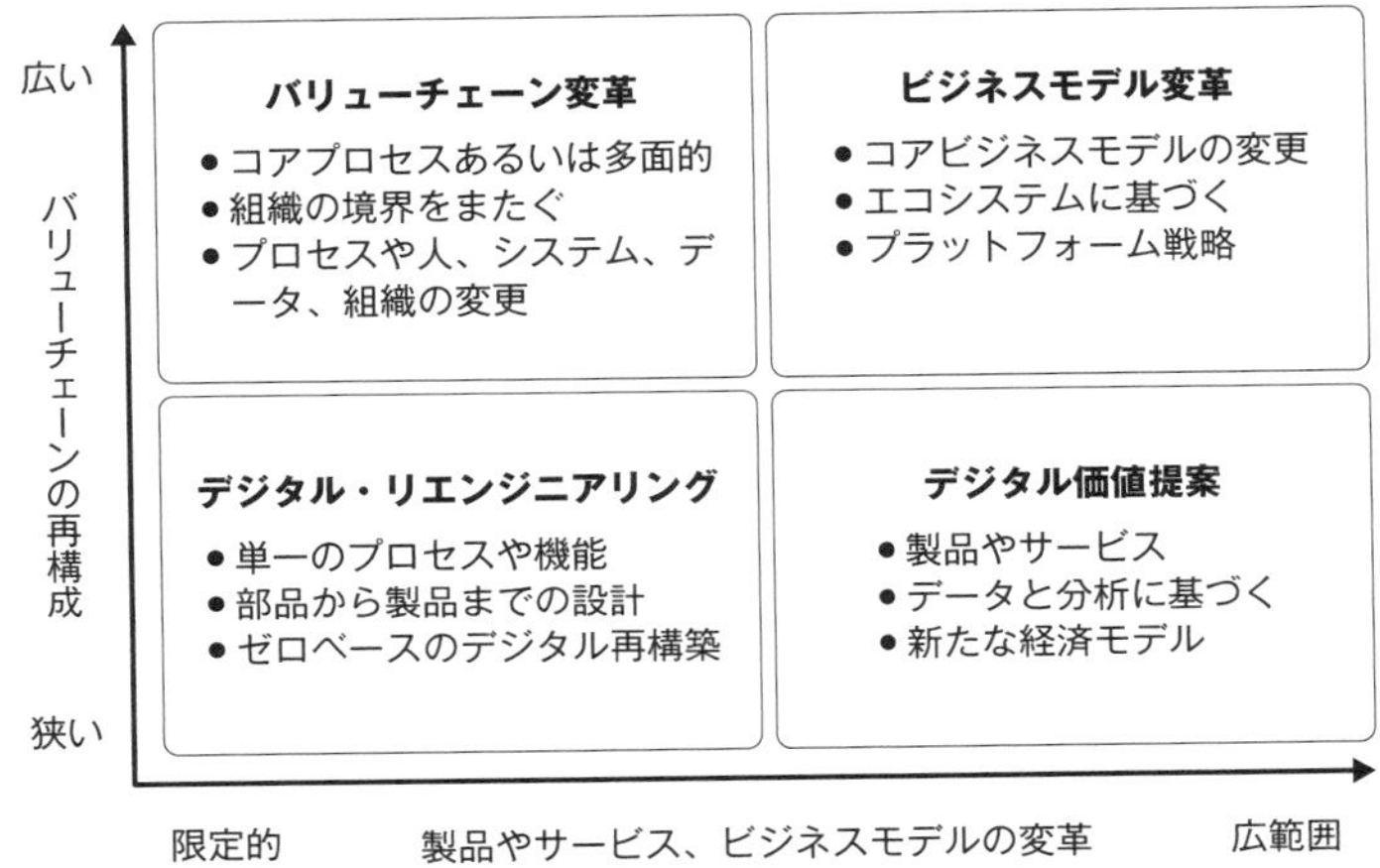

もうひとつは、「製品やサービス、ビジネスモデルをどの程度まで変革するか」だ。中核となる製品やビジネスモデルにおいてどの程度の変革が必要かを判断する必要がある。そのためには、ビジョンと創造的スキルが不可欠だ。また、変革を支援するイノベーティブなパートナーに組織を開放することも必要となる。

ビジネスモデルの変革は、たとえばプラットフォームに移行するなど、「すべてを賭けた」戦略的な動きとなることがある。GEが目指した「インダストリアル・インターネット」は、そうした改革の一例だ（注2）。ただし、こうした動きは、必ずしも「成功」あるいは「失敗」を意味するものではない。サービス提供やビジネスモデルの強化は、現在の事業運営にリスクを生じさせることなく実行でき、大きな事業上の利益を生み出すことができる（注３）。図表20－1は、これら2つの評価軸によるデジタル・プロジェクトのマッピングを示している。

- **デジタル・リエンジニアリング**　バリューチェーン内の狭い範囲、たとえば、単一の機能やプロセスなどを対象としたプロジェクト。リエンジニアリングには悪評もあるが、デジタル技術により既存の事業運営を再構成および最新化する機会を提供することは見過ごされるべきではない。既存プロセスのゼロベース化と再構成は比較的短期間でＲＯＩを達成できるため、初期の成功を示すのに重要な要素となる。
- **バリューチェーン変革**　機能や地域など、企業の伝統的な境界をまたぐプロジェクト。より高度な調整とチェンジ・マネジメントの支援が必要となるため、実行の難易度は高い。小売業がチャネルをまたいでシームレスな顧客体験を設計しようとするのは、バリューチェーン変革の好例だ。この取り組みは複雑で、既存のプロセスやシステム、データ、人、組織構造に影響を及ぼす。
- **デジタル価値提案**　製品・サービスやビジネスモデルの変革は、破壊的である必要はない。製品やサービスを革新的な方法で組み合わせたり、手に入るデータをより有効に活用したりするといった形態もある。たとえば、損害保険会社の東京海上は携帯電話会社のＮＴＴドコモと提携し、１回限りのワンタイム保険を提供することで従来のサービスを改良した。これは、友人の車を借りて週末にスキーへ行くなど暮らしのイベントのための、ごく限られた期間（1日や半日など）の保険だ（注4）。このような革新的な価値提案は、合理的な期間で開発でき、既存のバリューチェーンを根本的に変える必要はない。通常は、実験と実証によってリスクを取り除く。

●ビジネスモデル変革　ビジネスモデル変革は、DXのなかでも群を抜いて難しい。戦略上の大きな脅威か、もしくは価値を創造し、既存の業界慣行を破壊する大きな機会が原動力となる。外部パートナーとのエコシステムや、大幅なスキルの再教育と習得が必ず必要となる。既存の組織構造にメスを入れることも多い。GEのプラットフォーム施策「プレディックス」は、抜本的なビジネスモデル革新の好例だ（注5）。

すべてのデジタル・プロジェクトが同じようにつくられるわけではない。デジタル戦略を首尾よく実行するためには、さまざまな種類のプロジェクトをよく理解し、リスクとリターンを適切に管理できるバランスのとれたポートフォリオを組成することが不可欠だ。

ポートフォリオのバランスをとるための汎用的なベストプラクティスがあるかといえば、残念ながら答えは「ノー」だ。ポートフォリオの組成は競争状況に大きく左右される。DXの開始段階では、迅速な成果を示して追加投資を正当化するためにデジタル・リエンジニアリングの割合を高める（5～6割）のがいいだろう。あとの3～4割は中核的なプロセスの再構成とデジタル化に、1～2割は新しい価値提案やビジネスモデルの探索に充てるとよい。本格的にDXの実施段階に入っているなら、バリューチェーン変革のプロジェクトを増やし（7～8割）、既存の顧客体験を変革するとともに事業運営をそれに結びつける。残りのデジタル投資は、新しい価値提案やビジネスモデルの探索と実験に充てよう。

私たちは、インターネット企業の組織的DNAとアジリティにより、デジタルモバイル通信モデルを構築しています。戦略の中心は、価格ではありません。隅々までデジタル化した最高の顧客体験を設計し、それを開始することです(注6)。

――シュブラ・ダス（STC傘下ジョーウィCEO）

すでに破壊による深手を負い、防御態勢に入っている組織にとって、既存事業のデジタル化は、タイタニック号のデッキチェアをきちんと並べ直すようなものだ。投資の2～3割は中核となるシステム基盤の更新やデータの統合に充てる。しかし、大きく破壊された環境では、事業リスクがより高くなる。これに対応して、デジタル・ポートフォリオの大部分（7～8割）を、次のS字曲線への移行に振り向けるとよい。

How

新しいデジタルの未来に立ち向かうために、どのプロジェクトが必要かを見極めることは重要だが、変革を実行するための適切なテンポと方法を見つけることはさらに重要だ。なぜか。スピードやリスク、能力開発、財務能力のバランスをとることは複雑だが、実行に欠かせない要素だ

図表20-2　実行ルート・マッピング（How）

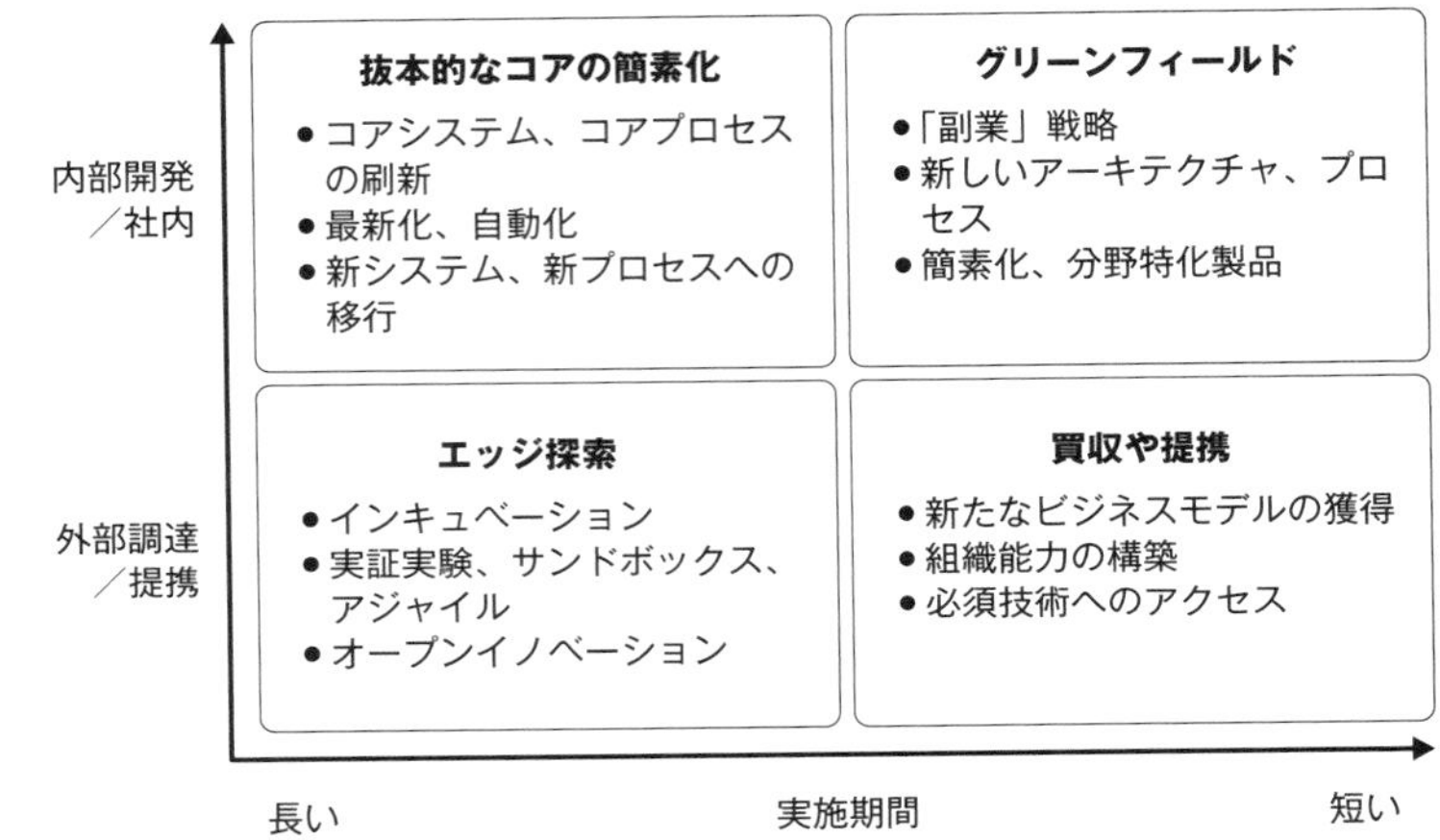

からだ。リーダーの行く手には、能力が不足している、技術を習得できていない、または持っていない、働き方が合わない、新しいビジネスモデルが検証できていないなどの克服すべき文化的障壁が立ちはだかる。まさにいばらの道だ。

どのように実行するかについても、2つの評価軸で見ることが重要だ。ひとつは「実施する期間」、もうひとつは「主要能力へのアクセス形態（社内で開発するか、買収や提携か）」である。実行スピードは、技術変化のスピードや競争の激しさなどの外的要因に左右されるが、現在のデジタル能力やこれから必要となるデジタル能力、コア技術の習熟度、既存の組織モデルに必要な変革などの内的要因にも強く影響される。実行には、主要能力へのアクセスが不可欠だ。これら2つの評価軸による実行ルート・マッピングを図表

20−2に示す。

●**エッジ探索**　まだ実証されておらず、効果が不明な技術なら、探索ルートが適している。イノベーションやイノベーションのサンドボックスを構築すれば、変革をもたらす可能性を秘めたアプリケーションを、制御された環境で検証できる。そのためには、スタートアップやインキュベーター、技術ベンダー、大学といった外部者に組織を開く必要がある。「エッジ探索」は、リスクを軽減しながら、潜在的な価値の源泉を活用するための優れた方法だ。ただし、成功への近道とはならない。大企業では有望なアプリケーションを特定するのに時間がかかる。成功したパイロット版を拡張することは複雑な組織的取り組みになるからだ。

●**抜本的なコアの簡素化**　何を変更すべきか明らかだが、そのためには、中核となるプロセスと基盤システムの抜本的な改修が必要となる場合がある。こうした事業の大規模な改修は、コストが吸収しきれないほど上昇したときや、より軽快かつ高速で、維持しやすい技術基盤が登場したときに行われる。ロイズ・バンキング・グループは、銀行サービスのコアプロセスを4年がかりで自動化および基盤更新し、事業プロセスを700から23にまで削減することに成功した(注7)。

この点で、デジタル・ポートフォリオの管理には足し算だけでなく引き算も重要であり、ときにはシステムを撤廃したり、デジタル・プロジェクトを中止したりする必要もある。それには不平不満が伴い、反感や反発を招きやすいが、だからこそ、デジタル・プロジェクトの合理化に関わる政治的配慮は慎重に行う必要がある。場合によっては、経営陣の介入が必要になることもある。

こうした「簡素化」を成功させるには、経営陣がそれを最大限に注視し、強力なプログラム管理を行い、完遂するまで財政的支援を行うことが必要だ。新しいデータ管理システムや自動化プロセスなど、簡素化された基盤への移行は、短期的な取り組みではない。

● **買収や提携**　競争圧力が激しく、有機的な自社開発に時間がかかりすぎて企業が危険にさらされる場合は、買収や提携が実現性ある実行オプションになる。社外に目を向ける理由はいくつもある。能力不足が大きすぎる、必要なスキルが貴重で高額である、技術プラットフォームが競争上の差異化要因になる、新たなビジネスモデルを構築するよりも買ったほうが単純でコストも抑えられる、などだ。スペインを拠点とする銀行のBBVAは、デジタル・オンリーのビジネスモデルを開発するため、2014年にシンプル（実店舗を持たないアメリカの銀行）を買収した(注8)。

もちろん、提携には「インターフェース管理コスト」が発生する。デジタル関連の買収も、その他の買収と同じくらいリスクが高く、費用もかかる。それでも、有機的な自社開発よりも実行の近道になることが多い。

● **グリーンフィールド**　中核事業の簡素化が難しい、または長期にわたる場合や、買収に費用がかかりすぎる場合、迅速な成功のためのデジタル文化が必要な場合、組織には、グリーンフィールド（訳注、ゼロからつくること）を追求するという選択肢がある。これは中核事業の合間に、簡素化された新しいオペレーションを構築するもので、ブランドを分けるときもある。

グリーンフィールドの魅力は、真っ白なキャンバスから始められることだ。大幅に簡素化された製品やサービス、運営、新しいデジタル人材を備えた、最初からデジタルな部門をつくれる。大企業のなかにスタートアップを創設するようなものだ。

ミシュランは、B2B顧客向けに先読み型の車両管理サービスを提供する新規デジタル事業を担う「ミシュラン・ソリューションズ」を設置した（注9）。グリーンフィールドで事業をうまく伸長させるには、強力なトップダウンのリーダーシップが必要だ。既存の事業分野とのカニバリゼーションが避けられない場合は特に、親会社から横槍が入って新モデルが頓挫することが少なくない。

もちろん、これらの実行ルートは、いずれも他を併用することができる。複数のポートフォリオ・オプションを追求すれば、リスクをヘッジできる。重要なのは、デジタル戦略を策定する際に実行ルートを考え抜き、機会の出現や競争環境の変化に際して常にそれを反復することだ。

例として、180カ国以上に事業展開している独立系ビールメーカー、ハイネケンの事例を見てみよう。

市場化ルートをデジタル化するために、ハイネケンは、抜本的なコアの簡素化プロジェクトを開始した。中央集権的な変革ロードマップを作成し、選定した市場でパイロット版を実施し、ローカルチームの権限を与えて、顧客ニーズの特定に取り組んだ。初期のパイロット版は、ローカルなMVP（必要最小限の機能を持った製品）ソリューションが検証されて初めて、他の市場にも拡張された。並行してハイネケンは、デジタル・ソリューションをグローバルに展開するために一元化した機能を構築した。このアプローチは、ホテルやレストランが参加するB2B型ECプラットフォーム立ち上げに寄与した。

しかし、ハイネケンは、クラフトビールのD2C型ECプラットフォーム「ビアウルフ」では、まったく異なるアプローチを採用した。ビアウルフの執行責任者であるハンス・ベームは言う。「新しいD2Cのビジネスモデルを設計するには、根本的に異なるアプローチが必要でした。重視したのは、消費者からフィードバックを集めて私たちの提案を洗練させること、そして検証と学習に取り組み、失敗も辞さずに成功事例を汲み取ることです。通常の大企業的なビジネスでは、できないことでした（注10）」

そこで、ハイネケンは、グリーンフィールドであるビアウルフを、通常の事業構造から分離した「スタートアップ」とすることにした。これによりビアウルフは、指揮命令と資源配分の束縛から解放された。通常の事業の枠内にあるデジタル・プロジェクトのひとつとして扱われていたら、身動きがとりづらかっただろう。結果的に、ビアウルフは独立した（ただし互換性ある）ITアーキテクチャを整備することもできた。これが、必要な柔軟性とスピードを実現するためのカギだった。

プロジェクト・ポートフォリオを考える

戦略的および競争上のリスクと実行スピードのバランスがとれていない、静的なDXロードマップが多すぎる。戦略と実行を適切にリンクさせるためには、経営陣と事業部門リーダーを交えてデジタル・ポートフォリオを定期的（四半期ごと）に見直す必要がある。この見直し作業では、不足しているデジタルリソースや未開発の組織能力だけでなく、重複や余剰、陳腐化が起きていて合理化すべき技術、あるいは撤廃すべき技術にも着目するとよい。

DXを成功させるには、理念と戦略をかみ砕き、短期と長期の結果を取り混ぜたバランスのよいプロジェクト・ポートフォリオに落とし込むことが欠かせない。また、リーダーと主要な利害関係者が納得するリスクプロファイルを保ちつつ、デジタル化の圧力と規模に対処するため、あらゆる実行ルートを駆使する必要がある。

ツールボックス

プロジェクトのロードマップに「ポートフォリオ型アプローチ」を採用する　技術的なリスク、市場のリスク、期限、必須能力、変革の複雑さを評価しよう。既存の事業運営をデジタル化し、新たな成長の源泉を見つけることが、戦略的な目標と一致しているか、確認しよう。

ポートフォリオを実現するために最適な実行ルートを計画する　実行のタイミングと複雑さに

応じて、複数の実行ルートを組み合わせよう。

経営陣の足並みをそろえる　デジタル戦略の実行に関して「What」と「How」に経営陣（必要なら取締役会も）が納得し、足並みをそろえている必要がある。投資額と利益率の見込みを前面に出そう。

コミュニケーションに「ポートフォリオ型アプローチ」を用いる　タイミングや組織の複雑さをはじめとするデジタル戦略の概要を、関係者にもよくわかるように説明しよう。

プロジェクト・ポートフォリオを定期的に見直す　経営陣を交えてDXの「What」と「How」を確認し、競争状況と実施時期を判断しよう。少なくとも四半期ごとにプロジェクト・ポートフォリオを見直す必要がある。

チェックリスト

- バランスのとれたDXのプロジェクト・ポートフォリオについてダイナミックに考えているか。ポートフォリオ・マッピングは、デジタル戦略の一部になっているか。もしそうでないなら軌道修正しよう。

- 理念や競争、リスクプロファイルの観点からポートフォリオを四半期ごとに見直すプロセスができているか?
- 競争環境で必要なタイミングにあわせて、実行ルートのポートフォリオを定期的に見直ししているか?
- デジタルリーダーや、企業戦略、人事、財務などのすべての利害関係者を巻き込み、デジタル・ポートフォリオの実行が事業においてどのような意味を持つのか、全員の認識を一致させることができているか?

関連する章

- 変革の成功に向けて、経営陣を一致団結させる（第3章）
- 既存のデジタル・プロジェクトを棚卸しする（第5章）
- パートナーシップ戦略を成功させる（第13章）
- DXを測定する（第28章）

Hacking Digital Transformation Leadership:
Leading People and Organizations

V

人と組織を導く

すでにある道の先を目指してはいけない。
道のないところを行き、跡を残すのだ。
――ミュリエル・ストロード

これまでの章では、DXを成功に導くために理解しておくべき、さまざまな活動について見てきた。非常に困難なタスクであり、ただ命令しただけではひとつも実現しない。DXには、それを主導する人間が必要だ。第V部では、個人レベルに焦点を切り替え、デジタルの人的側面を探る。

DXでは、構造上、組織的あるいは経営的な「綱引き」が起こる。実験か完成か、自律か統制か、データか直感か、スピードか正確性か、などだ。それらは管理する必要があり、状況によって大きく変わる。時には、リーダーシップ（厳格な業務管理など）が実行に不可欠な場合もある。一方で、デジタル実験からのデータを退けて直感を信じるといった場合は逆だ。生まれながらのデジタルリーダーはいない。真のデジタルリーダーは、綱引きのバランスをとり、状況的な必要性に応じてシームレスにやり方を変える。

リーダーとしての信頼は、手に入れるのが難しく、失うのは簡単だ。DXにおいてはなおさらだ。多くの組織で、機能横断型、能力複合型、そしてグローバルなデジタルリーダー向けの役職をつくっているが、職務内容は曖昧で、直属の部下は少ないものの、膨大な責任範囲を負っている。たとえばＣＤＯは、ここ数年で非常によく見られるようになった役職だ。しかし、達成目標と権限レベルが明確でないと、その在職期間は短いものに終わる。

では、どうすればデジタルリーダーは最後までやり遂げることができるのか。リーダーとしての信頼を維持するには、高いデジタル能力と、文化的・政治的に組織でうまく生きるために必要な対人スキルのバランスに神経を使う必要がある。その両方を１人で兼ねそなえるのは不可能な場合は、チーム編成がカギになる。

デジタルリーダーには、組織全体のスキルを高めることも求められる。変革を進めるうちに、スキルギャップが表面化する。従業員は均一な集団ではない。スキルと先見の明があり、デジタルプログラムをすぐに受け入れる者もいれば、説得と研修が必要な者、自分の学習曲線に自信が持てず不安がる者もいる。これらすべての従業員がＤＸの推進力になるように計画を立て、支援する能力がリーダーシップだ。長期的には、生涯学習の文化を構築することを目指す。

最後に、デジタルの成功を阻む要因として大きいのが、組織の文化と制度だ。組織再編が解決策になることはめったにない。デジタル・プロジェクトは、事業や機能、地域で分けられた従来のサイロを横断する。連携することとアジャイルな働き方がカギだ。インセンティブを設定し、デジタルの優先事項に対するリソースを柔軟に割り当てることを通じてサイロ横断型の連携を促すには、強いリーダーシップが必要となる。

こうしたリーダーの仕事は、一度で終わるものでも、簡単なものでもない。しかし、ＤＸによって生じる相反を乗り越えて積極的に人と組織を先導すれば、成功する可能性が大幅に高まる。

第21章 デジタル・リーダーシップの基準を見出す

The Characteristics of Agile Digital Leadership

イメージと違うかもしれないが、デジタルリーダーは、伝統的なリーダーシップの通説が当てはまらない「新時代的の」経営のカリスマではない。最も有能なデジタルリーダーは、リーダーシップの伝統型アプローチと新興型アプローチのあいだで「綱引き」を行い、バランスをとる能力を持っている。この綱引きには、「専門家vs学習者」「一貫性vs適応性」「戦術家vsビジョナリー」「語り手vs聞き手」「権力掌握vs権限委譲」「経験的直感力vsデータ分析力」「完璧主義者vsアクセラレーター」の7つがある(注1)。

これらの綱引きをバランスよく管理するため、デジタルリーダーは3つの異なる能力に秀でていなければならない。第1に、7つの綱引きにおける自分の傾向を理解する能力(自己認識)。たとえば、自分があまり聞き上手ではないことに気づくかもしれない。第2に、見つかった弱みを補う能力(学習、適応、実践)。たとえば、話すのをやめて、代わりに耳を傾けるようにする。そして第3に、いまは綱引きのどちら側に寄るべきかを判断する能力だ(状況認識)。たとえば、聞くにせよ話すにせよ、ふさわしい時と場合がある。

なぜ重要か

近年、経営関連の記事や評論では、古いタイプの命令・統率型リーダーシップは「退場」し、新しいリーダーシップの方法が「登場」したとされている(注2)。具体的には、リーダーは指示を出さずに質問をする、計画を死守しようとせず新情報に応じて目標を調整する、勘で動かずデータに基づいて意思決定する、などだ。このアドバイスはとりわけデジタルリーダーに向けられている(注3)。

旧式のリーダー像を「伝統型」、新たなリーダー像を「新興型」と呼ぶことにしよう。問題は、デジタル・ディスラプションが著しい現在の環境では、伝統型と新興型を両方とも使いこなす必要があることだ。地位的な権威だけに頼るリーダーはうまくいかない。ビジネスや技術、人材に関する期待が目まぐるしく変化しているため、持続可能な方法ではない。その一方で、完璧を求めず、聞いてばかりで話さず、権力を共有するが掌握しないようなリーダーも苦労することになる。

DXを成功に導くカギは、効果的に綱引きのバランスをとることにある。

ベストプラクティス

初めに指摘したいのは、DXを先導する唯一のベストアプローチなどないということだ。デジタルリーダーは、まず、伝統型アプローチと新興型アプローチのあいだにある綱引きを理解する必要がある。そのうえで、綱引きに対処するための方法を確立するのだ。

綱引き1　専門家vs学習者

従来、リーダーは、ビジネスのある特定領域で深い専門性を身に付けることでキャリアを築いてきた。そこには、リーダーは、手に入れた知識によって組織の課題に対する優れた洞察をもたらすという前提があった。新興型アプローチのリーダーは、特化した専門性には限界がある（ものによっては時代遅れである）ことを認め、他者から学習することをいとわない。これはデジタル知識について特に当てはまる。DXの先導役に任命されたリーダーが、関連するデジタルのトレンドと技術を知り尽くしていることを期待するのは現実的に不可能だ。必要な知見をもたらしてくれる専門家のネットワークを活用しなければならない。

> 長い目で見れば、知り尽くすよりも、学び続けるほうが必ず勝つ（注4）。
>
> ——サティア・ナデラ（マイクロソフトCEO）

ストリーミング・ラジオ・プラットフォームのパンドラを共同創業したティム・ウェスターグレンは、この2つをうまく融合した。パンドラを創業するまでは、伝統的な音楽業界で働く専門家だった。しかし、会社がフリーミアムのビジネスモデルを採用したことから未知の領域に放り込まれ、従業員や経営パートナーの洞察や知見に頼らざるを得なくなった。そして、自らの深い業界知識と組み合わせるかたちで、最新トレンドや技術を他者から学習するオープンさを発揮することが成功のカギだという結論に至った(注5)。

綱引き2　一貫性vs適応性

伝統型アプローチでは、意思決定の揺るぎなさと一貫性が重視される。意見を曲げないのがいいリーダーだ。対照的に新興型アプローチでは、急速に変化する環境下において意思決定を覆したり、適応させたりしなければならないことが多く、新しい情報に応じて進路を変えることは弱さではなく強さだとされる。

オープンソース・ソフトウエア会社、レッドハットのCEO、ジム・ホワイトハーストは、キャリアの初期に、完全なオープンソースではない製品を出す決断をした。これは会社の方針に反しており、当然のように失敗に終わった。しかし、潔く自分の非を認めると、従業員や同僚はその失敗を水に流し、引き続きホワイトハーストを信頼できる人物と見なし続けた(注6)。

綱引き3　戦術家vsビジョナリー

伝統型アプローチは、業務の透明性と計画の綿密さを求める。新興型アプローチは、どこへ行きたいかについて明確なビジョンを持っている必要があるが、そこにたどり着く方法についての具体的なロードマップは必ずしも求めない。リーダーがこの綱引きをうまく管理しないと、チームメンバーに「北極星」となる変革理念を示せなくなるリスクがある。が、現実に基づいて考えなければ、ゴールが遠大すぎたり、実現性や具体性を欠いたりしてしまう可能性がある。

ノバルティスのＣＥＯのヴァサント・ナラシンハンは、予測分析とＡＩが医療業界に革命をもたらすと考えている。そこで、ＡＩに多額の投資を行い、組織のさまざまな部署に、ＡＩを活用する独自のやり方を見つけるよう指示した(注7)。このプロジェクトはおおむね歓迎されたが、多くの部署でＡＩと日常業務をなかなかリンクさせられなかった。その状況を見たナラシンハンは、この「より大きく、より大胆な動き」が会社全体に成果をもたらすことを可能にする、日々のプロセスにも細心の注意を払うことにした。

綱引き4　語り手vs聞き手

伝統型アプローチでは、何をどうするかをリーダーが指示する。新興型アプローチでは、決断する前に周囲の声に耳を傾けることを重視する。この綱引きをうまく管理しないと、チームが持っている重要な情報を見過ごすリスクがある。しかし、リーダーが自分の見方を発信しなければ、ＤＸの知識を活用する機会を逸してしまう。

バーバリーの元ＣＥＯ、アンジェラ・アーレンツは、デジタルの専門家ではなかった。しかし、バーバリーが発展するためにはミレニアル世代の消費者にアピールする必要があるという明確な視点を持っていた(注8)。ミレニアル世代は、何をするにもオンラインだ。彼女はそれがわかっていたが、業務上の個別の意思決定については幅広い人たちからアイデアや意見を募った。

そのかいあってDXは成功し、彼女の在職中にバーバリーの営業利益は2倍近く伸びた。

綱引き5　権力掌握vs権限委譲

伝統型アプローチのリーダーは、上から先導し、決断を下し、独自に行動する。対照的に新興型アプローチでは、目標を達成するために権限を委譲することを重視する。この綱引きをうまく管理しないと、有望な才能を遠ざけてしまうリスクがある。ただし、権力を広く共有しすぎると、自らの権威を弱体化させてしまう恐れがある。

グッチのCEO、マルコ・ビッザーリは、事業の財政面を管理することで執行権を行使する一方、クリエイティブ・ディレクターのアレッサンドロ・ミケーレには、彼が最も得意とするデザインに集中する余地を与えている。ミレニアル世代の従業員からなる「影の取締役会」をつくり、経営陣への助言を仰ぐのも、権力共有のひとつのやり方だ(注9)。

綱引き6　経験的直感力vsデータ分析力

伝統型アプローチでは、直感的な意思決定を行うために「専門家の勘」を養う。新興型アプローチでは、主にデータに基づいて判断する。この綱引きを適切に管理しないと、前時代的な偏った方法で意思決定するリスクがある。一方、内なる羅針盤を無視すれば、豊富な経験から得た貴重な洞察を見逃す危険がある。

イケアのCDO、バーバラ・コッポラは、データ駆動型の意思決定とグローバルなデータの標準化を支持する一方で、それぞれの地域の地元市場に適したイノベーションを起こす自由を与えている(注10)。データと指標が全地域で標準化されているため、ベンチマークするのは簡単だ。ベンチマークの標準化戦略では、浮かび上がった全体像をもとに、どの地域のイノベーションを実験的に拡張したり、グローバルに活用したりすることができるかについて直感的な勘を働かせることができる。

綱引き7　完璧主義者vsアクセラレーター

伝統型アプローチでは、時間をかけて完璧に仕上がった製品を提供することが求められる。新興型アプローチでは、完璧を目指すよりも、すばやく実行して、すぐに失敗することが重視される。不完全さへの恐怖心があると、主要なプロジェクトや指令を先延ばしにするリスクを冒す。逆に、十分な検討やテストをせずにプロジェクトを進めると、結果的に頭を抱えることになる。

赤十字国際委員会の元DX・データ担当責任者、シャーロット・リンゼイ＝カーテは、難民の身元を保護するため、「プライバシー・バイ・デザイン」のアプローチ(訳注、設計段階からプライバシー保護の施策を組み込んでおくこと)を維持するよう努めていた。しかし、家族との再会にはスピードが重要だ。このため、生体認証などの新技術を活用する道も探っている(注11)。

より有能なデジタルリーダーになるために

DXでは、伝統型アプローチよりも新興型アプローチが好ましい場面が多い。直感よりもデータを重視する、話すよりも聞くことを優先する、権力を掌握するよりも権限を委譲するというように。しかし、それがいつも当てはまるわけではない。

新興型アプローチが非生産的で、遅く、不適切なときもある。たとえば、コロナ禍では、①信頼できる洞察を構築するための歴史が浅く、②入手可能なデータの多くが混乱または矛盾していたため、③状況が頻繁に変わった。データに頼るのは難しく、直感の重要性が高まった。同様に、パンデミックの影響を受けた企業では、短期的な生き残りに役立つ戦術的思考のほうが、ビジョンよりも重要だった。

デジタルリーダーは状況に応じ、伝統型アプローチと新興型アプローチのあいだを行き来する必要がある。そのためには、次の3つの能力が必要になる。

●**自己認識**　自分の自然な傾向を理解することが、最初のステップだ。コンフォートゾーンはどこか。デフォルトの立場はどうか。誰もが自分のリーダーシップ・スタイルを持っており、それは7つの「綱引き」によって異なる。すべての綱引きで伝統型か新興型のどちらかに振り切っているリーダーはほとんどいない。自分のスタイルを見出す方法はいくつもある。診断テストを受ける、同僚の意見を聞く、コーチをつける、などだ。デジタル時代らしく、リアルタイムのフィードバックアプリを使ったり、オンラインフォーラムでコメントや評価をもらったりして自分についての知見を得ることもできる。

●**学習・適応・実践**　自分の自然な傾向がわかったら、うまく管理できていない綱引きに対処するための小さな行動を考え出そう。たとえば、完璧さを犠牲にしても、聞く力を向上させたり、より速く作業する方法を学習したりするといった具合だ。このプロセスは、正式なコーチングによって強化できる。7つの綱引きすべてについて、自然なスタイルと逆の能力を身に付ける方法を見つけなければならない。

- **状況認識** 有能なデジタルリーダーになるには、現在のリーダーシップ・アプローチを拡張して新しい行動を取り入れるだけでなく、綱引きのどちらかに重心をかけるべきタイミングを把握しなければならない。そのためには、状況認識とＥＱ（心の知能指数）が必要だ。職場内の多様性を活かしたリバース・メンタリングなどのプログラムを通じて、一方のアプローチを優先すべきタイミングについてのアドバイスが得られる。

＊　＊　＊

権限委譲型のリーダーや謙虚なリーダー、伝統的なリーダーなど、どれかひとつのタイプにとらわれていては、俊敏さは望めない。成功するデジタルリーダーとは、必要に応じてさまざまなリーダーシップを使い分けている。そのためには、伝統型アプローチと新興型アプローチの綱引きについて、バランスをとる必要がある。デジタルリーダーには3つの能力（自己認識、学習・適応・実践、状況認識）が求められる。

ツールボックス

リーダーシップにおける自分の基準を見つける　特にデジタル・ディスラプションに関して、自分のリーダーシップの傾向を自覚するのは難しい。自然なスタイルを確かめるため、リーダーシップ診断を受けてみよう。ホーガン社の「アジャイル・リーダー診断(注12)」がお薦めだが、他にも多くの選択肢がある。どれを受けても、リーダーとしての行動についての深い知見が得られるはずだ。自分の傾向がわかれば、状況の変化に適応しやすくなる。

独りでやらず、助けを求める　伝統型アプローチと新興型アプローチの綱引きを管理するため、コーチをつけて自己認識を高め、対処法を身に付けよう。具体的な目標やゴールを設定するとよい。たとえば、聞き手よりも話し手になる傾向があるなら、聞くことに費やす時間の割合を目標にする。あるいは、直感に頼りがちなら、誰かに聞かなくても自分でデータにアクセスできるように分析ツールに慣れよう。目標の達成状況は、コーチと一緒に評価する。コーチの代わりに（あるいはコーチに加えて）自分と大きく異なるリーダーシップ・スタイルを持つ、信頼できる同僚と一緒に仕事をする方法もある。その同僚の実践から学ぼう。

試して学ぶ　自然なスタイルに逆らうのは難しい。すべてを一度に成し遂げようとするのではなく、新しいリーダーシップの実践を試してみる小さなプロジェクトを設定しよう。そのプロジェクトで綱引きに対処する能力を試し、その結果に応じてアプローチを調整する。可能なら、同僚やコーチにサポートを頼もう。

チェックリスト

- 7つの綱引きについて、自分の自然な傾向を把握しているか。特にストレスを抱えているとき、どちらかに偏りがちになっていないか?
- それぞれの綱引きで弱いほうの能力を向上させるにはどうすればよいか?
- リーダーとして行動を起こす前に、状況について考える十分な時間をとっているか?
- 自分以外のリーダーたちについても、リーダーシップの傾向を自覚する機会が用意されているか?

関連する章

- 変革の成功に向けて、経営陣を一致団結させる(第3章)
- デジタルリーダーとしての信頼を確立する(第22章)
- CDOの成功を導く(第23章)

第22章

デジタルリーダーとしての信頼を確立する

How Digital Leaders Can Establish and Maintain Credibility

ＤＸに対する意識が高まるにつれ、新たに任命されるデジタルリーダーが増えている。一般的にリーダーが信用を築くのは難しく、失うのは簡単だが、デジタルリーダーの場合はさらに厳しい。デジタルの役割が、機能横断的で、能力複合的だからだ。社内での任命なら組織文化や仕事の進め方もわかっているが、社外からの招聘となると、こうしたこともハードルとして追加される。デジタル能力が重要であることは言うまでもないが、組織に溶け込み、信用を獲得するための対人スキルも欠かせない。それゆえ、事前に責任範囲を明確化しておくことが重要だ。デジタルリーダーは、ＤＸを円滑に進めるためにさまざまなアクションを起こせる。

なぜ重要か

過去10年間で、ＤＸの担当者やＣＤＯ、ＣＸＯなど、デジタルを担う役職が増えつづけている。たとえば、２０１９年には、グローバル企業の21％にＣＤＯが置かれていた（注1）。そのなかには、新しいスキルを学び、自社の戦略方針にインパクトを与えた者もいる。一方で、サイロをまたいで闘い、デジタル・プロジェクトの価値を事業責任者に納得させ、自身の存在意義を正当化し続けることを強いられている者もいる。そして多くの場合、デジタル担当の「賞味期限」は短い。私たちの調査によれば、CDOの平均在職期間は2・5年だ(注2)。

なぜか。デジタル・プロジェクトを実行する際には調整や連携が求められるが、大企業ではそうした能力が十分に発達していないからだ。また、DXについての誤ったイメージもある。「経営陣が踊らされる、いつもの流行のひとつだ」「IT部門にしかわからない複雑な技術が関わっている」「実際の事業運営から注意をそらすものだ」などと思われている。それゆえ、デジタルに取り組む組織では、変化に対する昔ながらの抵抗が増幅しがちだ。

私たちの調査によれば、事態をさらに難しくしているのは、デジタルリーダーの7割が社外から雇われているからだ(注3)。外部招聘は魅力的に映る。デジタル・ネイティブ企業の人材や大企業のDX経験者といった、新しい血を入れれば、DXに弾みをつけることができる。しかし、企業の「抗体」はそのままなので、「拒絶反応」が起こるリスクも無視できない。

> DXを成功させるには、スピードと同じぐらいスタミナが大事だ。進めていると、さまざまなハードルが出現するからです(注4)。
>
> ――ラフール・ウェルデ(ユニリーバDX担当執行統括責任者)

信頼性は、リーダーが職務を遂行するために必要な知識とスキルを持っていると信じているかどうか（認識された能力）、リーダーの価値観や頼れるところを認めているかどうか（信認）だ（注5）。また、同じことが任期にも当てはまる。スタミナも重要だ。

ベストプラクティス

誰もが絶対確実な成功法を欲しがるが、残念ながら、そのようなものはない。成功の大部分を占めるのは、あらかじめ適切な問いかけをすること。そして、具体的な行動を起こし、企業全体の変革メカニズムを設定すること。これらは効果が証明されている。

あらかじめ適切な問いかけをする

事前に2つの質問をする必要がある。

1　どのくらい不明瞭な役職か　一部のデジタルリーダーには、データ統合の改善やオンライン・マーケティングの促進といった、非常に明確な役割と任務が与えられる。そして、リーダーの技術的スキルを活用したものなら、より職掌が明確になる。しかし、多くの場合、デジタルリーダーは、デジタル戦略の策定や全社的なＤＸの実行など、非常に曖昧な目的を持った役割を与えられている。そこでは、能力と信用の適切なバランスが必要となる。

このような場合、デジタルリーダーは、発見と設計のフェーズに時間を割くべきだ。そうすることで、既存のプロジェクトを棚卸しするとともに、自社のデジタル理念や優先事項、時間軸を理解することができる。そして最後に、事業上のさまざまな利害関係者を動員し、デジタル・ロードマップ上で調整する必要がある。

デジタルリーダーは、曖昧さを放置してはならない。役割の範囲を定義し、「理想像」を十分に把握しておく必要がある。インドステイト銀行の元CDO、ムルティウンジェイ・マハパトラは言う。「まず（明確にすべきこと）は上級リーダー層からの承認です。DXプロジェクトは、ITプロジェクトではなく、事業としての承認がいります。トップのリーダーシップは、プログラムの開始直後から必要となります」（注6）

2 どの程度の決定権を持った役職か

目標が曖昧なときは、それを達成するための手段もはっきりと決められていない場合が多い。デジタルリーダーは、意思決定のための明確な指示系統を把握することに加えて、どれほどの人材と資金を割り当てられ、どの程度の決定権を持つのかを確かめる必要がある。また、経営陣からの支援態勢も確保しておきたい。妨害されるのを避けるのに必要な社内的信用を得るのに役立つ。

信頼と成功を支える具体的な行動

特定の行動は、リーダーの能力と信頼、ひいては信頼性を評価する方法に影響を与える可能性がある。能力を示すには、将来の結果を強調する、行動を起こす、効果的なコミュニケーションをとるといった行動が必要だ。信頼を高めるには、一貫した行動をとる、人とオープンにコミュニケーションする、従業員や利害関係者に手を差し伸べるなどの行動が求められる（注7）。成功しているデジタルリーダーは、さまざまなアプローチを採用している。

1　ノイズを発生させる　リーダーは、コミュニケーション部門の手を借りて、DXの戦略と目標を発信すべきだ。必要なら、変革プログラムのブランディングも行う。定期的なタウンホール・ミーティングやバーチャル・カンファレンスを開催して、組織の全部門を巻き込むのも一案だ。いずれの場合もリーダーは、広く、透明性を持って進捗や達成状況を伝える必要がある。

2　強いシグナルを送る　リーダーは、組織内の従来の働き方から外れた行動を、目に見えるかたちでするべきだ。それにより、人々の興味がかき立てられるとともに、リーダーが従来のやり方を変える権限と意欲を持っていることを示すことができる。世界的な海運会社であるマースクの元CDO、イブラヒム・ゴクセンは、初めから信頼されていたわけではなかったと言う。「いくつかの目に見える象徴的な行動をしなければなりません。ビッグバンのようなものではなく、大きな影響を与える小さな動きです。私は小部屋をつくりました。『イノベーションルーム』とか『ビジタールーム』とか呼ばれましたが、自分では『デザインセンター』と呼んでいました。『これは何ですか。部屋ですか』と言われましたね。物理的なスペースが私たちの働き方にどのように影響するかを示すために、珍しい備品を入れて配置することにしました。デザイン思考と顧客体験の考え方を示すのが目的です。ビデオとタッチスクリーンを備えた部屋をつくるためにお金を使いました。それを見た人は思ったことでしょう。『何か新しいことが起きている』『何かが変わろうとしている』と」(注8)

現実的で物理的な変化を起こすことで、ゴクセンは、変革のための支援を経営陣から受けているという強いシグナルを送ることができた。

3 早期の成功をあげる

目標が遠大でロードマップが複雑でも、早期の成功(クイック・ウィン)が重要だ。理想としては、比較的速くやり遂げられるプロジェクトか、デジタルリーダーの手で加速させられる既存の全社的プロジェクトがあるとよい。それが無理でも、小さな成功を立て続けに達成すれば、信頼を勝ち取れる可能性がある。

テルストラ・デジタルの元取締役、ゲルト・シェンケルは、ソーシャルチャネルを通じて顧客にサービスを提供し、顧客同士で助け合うフォーラム「クラウドサポート」を紹介するために、初期にあったいくつかの成功を披露した。有意義な投資を必要とする活動に加えて、目に見える矢継ぎ早の勝利を数多く示したことは、社内外の期待を管理するのに役立ったとシェンケルは言う。「大きなことは少しずつしか取り組めません。ひとつでも失敗すると、財政的に頓挫してしまいます。早期の成功がないのは、まったく前進していないということなのです」(注9)

4 支援の輪を構築する

社内政治と変化への抵抗は、変革の取り組みにありがちな障害だ。

「ここではこうやるものだ」という、明文化されていない不文律や、潜在的な構造に埋め込まれているルールが往々にして存在する。デジタルリーダーが成功を収めるには、事業リーダーからの支援が必要になる。この協力関係は公式のものでなくてもよいが、醸成を怠ってはならない。社内から任命されたデジタルリーダーであれば、人を動かすキーマンがわかっているので、支援態勢を確保するのも比較的簡単だ。それでも、デジタルプログラムが、部門リーダーにとって事業的にも個人的にもメリットがあるようにするための努力が必要だ。大手タバコメーカー、JTIの元CDO、ディエゴ・デ・コーエンは、こう表現する。「非常にパワフルな部長に対して、やり方を指定することはできません。成功を収めているうちは、彼らのお金と彼らのやり方で物事を進めますから」(注10)

リーダーが外部から招聘された場合、彼らは急いで社内事情を学ぶことになる。そういう場合でも、影響力のある関係者らの協力をとりつけ、事業リーダーを巻き込むことで障害を取り除くのに成功した多数の事例がある。

＊　＊　＊

デジタルリーダーにとってデジタル能力は必要条件だが、対人スキルも同様だ。デジタルプログラムの見通しと、そこでの役割を明確にする必要がある。まずは、目に見える行動をいくつも起こし、次に、社内の支援の輪を使って組織に溶け込み、信用を築き、最後までやり遂げよう。

ツールボックス

象徴的な行動を探す　広く知られており、頻繁に発生するが、簡単に手早く効果を生み出せる小さな問題について、象徴となる実現可能な行動を見つけよう。デジタル化を進めるよりも、変化を起こす能力を示すのが狙いであることに留意する。

利害関係者をマッピングする　協力をとりつけるべき事業リーダーの利害関係者を詳細にマッピングしよう。彼らが重要な知識にアクセスできるようにすることで、そのネットワークを促進する。可能なら、リーダーの責任の一部をネットワーク内の協力者に割り当てよう。

戦略的意図を発信する　ＤＸの目標を設定するのと同様、一緒に働く人たちが戦略的意図を理解していることが重要だ。戦略的意図とは、ビジョンや戦略を定義したものではなく、方向性や進み方を調整するためのものだ(注11)。リーダーが何を達成したいかを発信すると同時に、戦略的意図が伝われば、目標を達成するための方法を共に探そうという機運が生まれる。信頼を築くいい機会だ。

チーム全体の見栄えをよくする　早期の成功（クイック・ウィン）を選ぶ際には、新たに編成したチーム全体の見栄えがよくなる成果に焦点を当てよう。チームは、事業の成功に対して、実質的で直接的な貢献をしていなければならない。新しいチームの少なくとも1人、尊敬されるメンバーと協力して早期の成功について話し合おう。チームとしての早期の成功に焦点を当てることは、リーダーとしての信頼を築くことにもなる。

チェックリスト

- 自身や組織の利害関係者にとって、デジタルリーダーの役割は明確になっているか？
- 目標を達成するための組織的なリソースと手段はあるか？
- どのような行動が、自分やチームの能力と信頼性を示すのに役立つか？
- 評判を高めるために、どのような目に見えるシグナルや早期の成功を発信できるか？
- DXの「見た目のよさ」について、一貫した見解を持っているか？

関連する章

- 順調なときこそ、危機感を醸成する（第2章）
- 既存のデジタル・プロジェクトを棚卸しする（第5章）
- DXを行うために資金を調達する（第6章）
- 適切なデジタル・ガバナンスモデルを選択する（第8章）
- デジタル・リーダーシップの基準を見出す（第21章）

第23章 CDOの成功を導く

Making the CDO Role a Success

最高デジタル責任者（CDO）の役割は幅広い業界で注目されているが、調査によると、長続きしないことがほとんどだ。CDOの多くは、失敗するようにできている。コストをかけて失敗するのを避けるために、企業は、「組織的な位置づけ」「資金調達」「権限」「決定権」という4つの要素についてCDOの役割を念入りに設計する必要がある。

なぜ重要か

調査によれば、CDOには、漠然とした職務内容と成功指標が与えられている(注1)。平均的な任期は2年半で、5年超のCEOとは比較にならない(注2)。CDOの任務は「DXを管理すること」とされるが、具体的な職務内容も明確な目標もないことが多い(注3)。このように不安定で曖昧な状態では、CIOやCMOなどの確立された経営陣との縄張り争いが起こり、企業全体の業績に悪影響が出かねない(注4)。さらには、どこからどう着手するのかといった綿密な計画もないまま、新たに雇ったCDOに企業全体を直ちに変革するよう迫るケースもある(注5)。

ベストプラクティス

成功するためのCDOの役割を設定するのは簡単ではない（注6）。多くの組織がデジタル担当を配置する必要性を感じてCDOを採用しているが、準備ができておらず、役割を正確に把握していない組織が無数にあるのが現実だ。期待や責任、権限についての明確な考えがないと、失敗は目に見えている。これは、CDOと組織の双方に不満が募り、コストもかかる状態だ。私たちは調査や経験を通じて、CDO職を設置する際に念入りに検討する必要がある4つの要素を特定した。次に挙げる「組織的な位置づけ」「資金調達」「権限」「決定権」だ。

組織的な位置づけ

CDOを組織内の階層のなかに位置づけ、指揮命令系統を定めることは、①デジタル・アジェンダと②成功確率に直接の影響を及ぼす。本当の意味で全社的なDXを実施するには、CDOを経営陣のなかに含め、できればCEO直属にする必要がある。

世界有数の石油・ガス会社でDXを担当する役員は、次のように説明する。「DXジャーニーを軌道に乗せるために必要な支援と行動の自由を手に入れるには、CEOと直接つながっていることが重要だ。さもなければ、CDOは、経営陣への支援要請にかかりきりになってしまう」

もうひとつ、ありがちなのは、デジタル経験に乏しい上級役員が、CDOの役割のなかのIT的要素を過大視し、CDOの役割をIT部門のなかに固定してしまうことだ。CDOはCIOの直属となる。その結果、DXの取り組みは、いつものITプロジェクトのひとつになってしまう恐れがある。

資金調達

私たちの調査によると、適切な予算を持たないCDOが成功する可能性は限られている。直接的な資金調達手段を持たないCDOは、プロジェクトを実施するたびに事業部門の責任者やマネジャーに説明しなければならない。しかし、事業部門のリーダーとしては当然、ペイしないかもしれないプロジェクトや他部門の利益にもなり得るプロジェクトに自分たちの予算を割きたくない。

それゆえ、どの部門からも同意を得やすくするために、CDOにはデジタルの「軍資金」を与えることが重要になる。SGSの元CDO、フレッド・ヘレンによれば、「(DXにおいて人々のモチベーションを高めるには)ニンジンかムチかといった選択肢はありません。デジタルでは、ムチが機能しません。必要なのはニンジン、ニンジン、ニンジンなのです」

乗り込んでいって、「これをやってください。ただし、予算はそちら持ちで」では、まず同意は得られません。(中略)自分の軍資金を持って各所をまわり、「このプロジェクトはいいね。資金を出させてください」と言うほうがずっといい。喜んで話に乗ってくれて、楽に進められます(注7)。

——フレッド・ヘレン(SGS元CDO)

権限

ほとんどの組織にとって、CDOは比較的新しい役職だ。いわば「新入り」であり、既存の体制内で確立された役職（CMOやCTO、COO、CIOなど）に追加するかたちで配置する必要がある。しかし、社内政治が激しい組織では、権力争いや機能不全の原因となる恐れがあり、本質的に難しいことが研究で明らかになっている。

しかし、DXはその性質上、組織のあらゆる機能の人々が関わる機能横断的な取り組みである。リーダーシップと権限の観点から、CDOは経営幹部として位置づけられるべきであり、それが対立を呼ぶかもしれない。この対立を避けるためにCDOの権限を狭めたり取り上げたりすれば、CDOを失敗に追い込むことになる。

CDOには、自前の軍資金と同様、他の権限や管理がおよばない「縄張り」も必要だ。CEOによって支持され、経営陣全員の同意がある明確な権限を定めることが、CDOの成功のカギとなる。

決定権

明確化した権限を持つことと深く関係しているが、CDOには職務を遂行するための決定権も必要だ。成功しているCDOは、最初は限定されていたとしても、特定の領域ですべての責任を負い、プロジェクトを開始から実行まで導くとともに結果を出している。全社的な変革を成し遂げるためには、事業部門の責任者やマネジャーも巻き込む必要がある。そのためには、対人スキルも重要だが、デジタル・プロジェクトによる本物の成果と早期の成功を示すのがよい。成果があがり、信頼が得られれば、CDOの担当範囲を広げやすくなる。

ドイツのERGO保険グループのCDO、マルク・クラインは、「CDOが成功できるのは、変化をもたらし、結果を出せる機会を与えられた場合のみで、他のすべての人に許可を求める必要はない」と言う。「デジタル化は嫌だと同僚に言われても、私の領分で徹底的に実行することができます。そうして効果があることを示し、同僚のところに持っていくのです」（注8）

ツールボックス

CDO職の責任と目標を明確にする　CDOを設置する前に、経営陣が明確な期待と目標を練り上げよう。目標を達成するために必要な詳細事項（責任や職権）を考えるのは、それからだ。目とっかかりとして、自社と共通点のある企業や業界で成功しているCDOに着目するとよい。目標を達成するために何が役立ったか、役職はどのように定義されたかなどを見てみよう。DXジャーニーが組織によって千差万別とはいえ、他社の成功や失敗から学んで損はない。CDOの役割を適切に定義することができたら、その役割の責任と候補者をマッチングして適任者を雇おう。自社のニーズに合ったデジタル能力と変革スキルを備えた候補者を見つけるには、エグゼクティブ人材の紹介会社を使う手もある。

経営陣のコンセンサスをとる　ＣＤＯの成功（および失敗）を明確に定義しよう。ＤＸに俊敏さや目標変更が必要な場合でも、必ず全員の期待について話し合い、共通点を見つけること。責任を移転させるときには、率直さと透明性を確保しよう。既存の役職から権限を取り上げる場合には、とりわけ重要だ。共通の目標と協働プロセスを定義して、ＣＤＯが、情報の流れや機能に組み込まれるようにしよう。

強い権限は、より具体的な結果をもたらす　組織にとってＤＸが重要であるほど、ＣＤＯの役割は管理階層内でより高い序列とするべきだ。デジタル・マーケティングなど、明確に定義されたタスクを担当するＣＤＯの場合は、機能的な権限と位置づけだけで十分だ。しかし、機能や階層を超えて組織全体を変革するために雇われたＣＤＯなら、強い権限が不可欠である。権限や資金調達、決定権について、経営陣の期待とすり合わせるようにしよう。

チェックリスト

- 成功への期待という観点から、ＣＤＯの役割を明確に定義しているか？
- ＣＤＯは、実際に成果をあげることよりも、自分を売り込むことに忙しくなっていないか？
- ＣＤＯは、成功するための能力と信用を備えているか？
- ＤＸを推進し、ＣＤＯに必要なリソースと権限を与える準備が、組織内で整っているか？

関連する章

- 変革の成功に向けて、経営陣を一致団結させる（第3章）
- 取締役会を巻き込む（第7章）
- デジタルとITを連携させる（第9章）
- デジタルリーダーとしての信頼を確立する（第22章）

第24章 組織内のデジタルスキルを開発する

How Best to Develop Digital Skills within Your Organization

新しいデジタルツールや技術、ビジネスモデルを学ぶことは、短期的な課題と長期的な課題の両方をもたらす。短期的な課題は、事業にいますぐ影響を及ぼすデジタル開発に関して、従業員のスキルを向上させること。社内研修や外部教育、外部人材の採用を通じて、迅速に強化する必要がある。

既存人材のスキルアップは、ひとりひとりの学習スタイルに合ったやり方で学べるように、さまざまなアプローチを採用するとよい。デジタルリーダーは、研修前にギャップを特定するだけでなく、研修後には従業員をテストして、新しい知識を習得できたかどうかを確かめる。また、新しいスキルが定着するまで、研修を強化する必要がある。

長期的な課題は、自主的に学習する文化をつくることだ。デジタルリーダーは、単に新しい学習コンテンツを押しつけるだけでなく、生涯学習の文化、つまり、従業員たちが自ら継続的に学ぶ方法をつくり出していく必要がある。

なぜ重要か

ディスラプション（デジタル・ディスラプションの他、新型コロナウイルスのような非デジタルのものも含む）は、かつてないほど頻繁に起きている。その結果、「平常運転」にとらわれている組織は、「新しい衝撃波」の連続に対処しきれなくなりつつある。ゆえに、従業員が持っている知識の質を高め、可能な限り最新の状態にしておくことが、ますます重要となってきている。ガートナーの研究によれば、ビジネスリーダーの67％が、「２０２０年までに従業員がデジタルに関するスキルを大幅に向上させなければ、企業の競争力が失われる」という考えに同意している（注1）。

しかし、「デジタルに関するスキルを大幅に向上させる」とは、正確にはどのようなことなのか。

デジタルに関するスキルは、「技術」「データ」「プロセス」「変革管理」の４つに分類される（注2）。技術には、ＩｏＴやＡＩ、拡張現実、ブロックチェーンなどの新しいデジタルツールが含まれる。データとは、さまざまな種類のデータを理解して操作し、そこから重要な洞察を抽出する能力を指す。プロセスには、利害関係者（顧客や従業員など）のデジタル・ジャーニーを理解し、それらを新型または拡張型のプロセス（デジタル・マーケティングやサイバーセキュリティなど）に変換することが含まれる。そして、変革管理には、デジタル化とＤＸの違いを理解し、変革アジェンダを着実に遂行していく能力が必要となる。

当然のことだが、スキル獲得の旅のスタート地点は、従業員によって異なる。デジタル能力に関していえば、「デジタル・ネイティブ」「デジタル移民」「デジタル忌避層」の3種類の従業員がいる。デジタル・ネイティブは、デジタル技術に囲まれて育ち、それらを快適に使用している。新しいツールが導入されても、苦もなく使いこなす。ただし、DXの課題に精通しているとは限らない。デジタル移民は、子どものころはまだデジタル技術に囲まれていなかった。完全になれているわけではないが、進んで学習し、適応している(注3)。そして、デジタル忌避層は、デジタル技術になじみがなく、抵抗や恐怖まで感じる。機械を生理的に受けつけないか、新技術に苦い思い出があるのかもしれない。

ほとんどの企業にとって、3種類の従業員グループはどれもが重要だ。デジタル忌避層は新技術についてあまり知らないかもしれないが、事業の重要事項についてはくわしく知っている。また、より長く雇われるために新しいスキルを習得したり、再研修を受けたりすることを厭わない人が多い一方で、そのための時間や機会が与えられていないのが現実だ(注4)。

ベストプラクティス

組織は、それぞれの従業員グループが直面する特性と学習スタイル、制約に合わせてデジタルの知識と能力を伸ばし、短期的解決策と長期的解決策の両方を講じなければならない。

短期的解決策――デジタルスキルとデジタル知識を高める

従業員のデジタルスキルを向上させるカギは、複数の戦略を同時に使うことだ。繰り返しになるが、学習スタイルがひとりひとり異なることを認識しなければならない(注5)。文章を読んで学ぶ人もいれば、動画で学ぶのが最適な人もいる。講義形式を好む人もいれば、自分のペースで進めたい人など、さまざまだ。全員がひとつの研修形式に従うことを期待すると、学習そのものが大きく損なわれる。

また、学習が欠けているところも異なるため、同じように対象を絞るべきではない。たとえば、デジタル・ネイティブは、コア技術を学ぶ必要はそれほどないが、新しいデジタル・ビジネス・スキルの獲得にはメリットがある。デジタル移民の場合は、ビジネスに影響を与えるデジタルツールとデジタル技術についての知識を高める必要がある。デジタル忌避層は、デジタル技術についての知識を高めるというより、デジタル技術を抵抗なく使えるようになるための支援が必要だろう。

コロナ禍で日常業務の一部として定着したライブウェビナーを例に考えてみよう。デジタル・ネイティブは、この技術の先進的機能について教わる必要はないが、プレゼンテーションスキルを適用するための手助けがいるだろう。デジタル移民は、技術そのものと新しいプレゼンテーション方法に慣れる必要がある。デジタル忌避層は、プレゼンテーションツールとして積極的に使わなくても、ライブウェビナーへの参加方法を知っておくとよいだろう。

ドイツの大手メディア企業、アクセル・シュプリンガーが従来の紙媒体企業からデジタル・プラットフォーム企業へと転身したときは、従業員を変革する必要があった。それは主に、人材採用と人員削減、企業分割・売却と買収を通じて実現された。しかし、上級管理職を含む大勢の従業員がデジタルの世界へ移行する必要があった。

アクセル・シュプリンガー元人事責任者、アレクサンダー・シュミット＝ロスベルクは言う。「アクセスしやすい、活気ある場所を用意する必要がありました。従業員に注意喚起し、自分の能力への投資を促すためです。そうすれば、積極的に自らを高めるようになります」(注6)

この課題に対処するため、同社は、さまざまなチャネルを通じた学習プロジェクトを開始した。取締役会や経営幹部を含む上級管理職は、新しいやり方を学び、さらには発想を転換するためにシリコンバレーを訪問した。中間管理職と現場の従業員向けには、さまざまな研修プログラムを導入した。講義やオンライン研修の他、早起き向けの朝食イベントやランチ・ミートアップ、ピザ・コネクション（さまざまな技術的トピックを扱う）、スピード・ネットワーキング、ベストプラクティス・クラブ、メンタリング、カクテル・イベント（夕方から開始する）、イノベーション・スプリントなどだ(注7)。デジタル教育にはたくさんの創造的な方法がある。カギは、学習スタイルに多様性を持たせることだ。

アメリカの通信会社、AT&Tは、再研修において異なるアプローチをとった。25万人いる従業員の約半数が、会社が競争力を維持するために必要とするスキルを持っていなかったのだ。社内の人材パイプラインを構築するために、10億ドルのリスキリング・プログラムに着手した。「コンスタントに社外人材を採用するよりも、従業員を引きつけて再研修することが重要です」

と、人事担当上級副社長のビル・ブレイズは指摘する（注8）。

2013年から始まったこの取り組みでは、オンライン講座やジョブ・シミュレーション・ツール、将来的に会社が必要とする仕事を特定して訓練できるキャリアセンターなどが提供された。5年後には、従業員の半数が270万のオンライン講座を修了し、新しいプログラムの企画から実現までにかかる期間が半分に短縮された（注9）。

長期的解決策——「学習する文化」の構築

かつてないほど変化のスピードが早まり、予測しづらくなっている世の中で成功するには、従業員に最新のデジタルスキルとデジタル知識の習得を促すだけでは十分でない。「追いつくこと」に終始してしまうからだ。従業員には、自らに学習と成長の機会（および無限の可能性）があると信じ、生涯にわたって積極的に学び続けることが求められる。そのためには組織が、適切なリスクテイキングを奨励し、研修の受講や自己啓発に対して報酬を与えるなどの支援をすべきだ。組織の壁を越えた連携をサポートし、誰もが気軽に学習できるようにすることが重要となる。こうした取り組みに向けて従業員と組織が互いに支え合ったとき、「学習する文化」が構築される（注10）。

長期的には、幅広い知識とスキルを持ち、より多くを学ぶことに関心を持った人材を採用することが、解決策のひとつになる。そのような「T型人材」は、知識の深さと広さの両方を兼ね備えている。Tの字の縦棒が知識の深さを、横棒が広さを表す。

しかし、多くの企業で「Ｉ型人材」が大勢を占めている。Ｉ型人材は、ある分野では深い専門知識を持っているが、それ以外の分野ではほとんど知識も関心もない。一般的に、Ｉ型人材よりＴ型人材のほうが新しいスキルと知識を身に付けやすい(注11)。さらに、主に学校で知識を得る傾向があるＴ型人材が、いずれ「Ｍ型人材」になる。Ｍ型人材は、幅広い知識やスキルを持つうえに、複数の分野で能力を開発してきた人材だ(注12)。たとえば、製造業でしばらく働いたメカニカルエンジニアが、技術関連のＭＢＡを取得してハイテク営業に転職する。その後、パイソンのプログラミングコースを履修してデータ分析を行うようになれば、Ｍ型人材だ。

もちろん、積極的に学ぶにはシステムとプロセスが必要だ。このことはＴ型人材にもＭ型人材にも当てはまる。それゆえ、多くの企業は、個々の従業員の学習の好みに応えようと、さまざまなメディアとイノベーションを採用している。

シンガポールのＤＢＳ銀行は、何が従業員の学習意欲と好奇心を刺激するのかを確かめるために多数のプログラムを導入した。なかでも「ＧＡＮＤＡＬＦ」と名づけられたプログラムは注目に値する。従業員は、研修を受けると１０００ドルの助成金がもらえる。研修内容は、業務に関連していればどのようなトピックでも構わない。ただし、従業員は、学習した内容を必ず10人以上の同僚に教えることに同意しなければならない。２０１９年初めの時点で、１２０人の従業員が助成金を受け取り、１万３５００人の同僚に学んだ内容を伝えた(注13)。プログラム利用者からは、学んだときよりも、教えたときのほうが高い満足感を得られたという声が多いという。

穀物メジャーのカーギルでは、従業員が5分程度の短時間で学んだ概念や教訓を（マイクロラーニング）すぐに業務に活用するようにしている。その後、その結果や、結果を通じて学んだこと、抱いた疑問をフィールドレポートにまとめる。その際には活用サンプルも提出しなければならない（注14）。

また、従業員が情報過多にならないよう、「コンテンツの管理」から「コンテンツの選別」にシフトする企業もある。アクセンチュアでは、コンサルタントが常に最新の情報を入手できるように新技術に関する最新の洞察を提供することで、コンテンツの選別に重点を置いている。有用な外部コンテンツを見つけたら、社内の専門家と相談して作成した内部コンテンツと組み合わせて展開する。2019年初めの時点で、2500以上のトピックが作成され、オンデマンド学習の教材として提供されている。

ツールボックス

オールラウンダーの採用を増やす　不安定で予測不可能な世界では、あるひとつの分野での深いスキルよりも、応用が利く幅広いスキルのほうが、価値がある。I型よりもM型のデジタル人材（複数の種類のデジタル技術を持ち、業務環境に対応できるオールラウンダー）を雇うようにしよう。M型人材は、これまでスキルや知識を身に付けてきたときと同じく、強い学習意欲を持ち続けていることが多い。

多種多様な形式のデジタル学習を提供する　学習方法は十人十色なので、さまざまな学習オプションを用意しよう。講義形式やオンライン学習、ピア・ラーニング、ビデオ学習などがある。学習者のタイプと好みを詳細に把握して、学習アジェンダを充実させよう。新しいツールや技術への抵抗をなくすには、デジタルをわかりやすく説明することが重要だ。

学習者から教わる　組織全体からさまざまなレベルの学習者を集め、諮問グループを編成しよう。事業に影響しそうな最新技術について、組織とリーダー層に継続的に情報を提供するのが、彼らの任務だ。その洞察を共有できるように、リーダーシップの議題に時間をかけよう。

学習を奨励する　学習効果を最大化し、学んだことを組織内で共有するために、報酬を用意しよう。仕事中に学習できる時間を与えるといったかたちの報酬もある。一連の体験を覚えておくエピソード学習の効果が長続きすることは少ない。学習は継続してこそ意味がある。新型コロナウイルスのパンデミック以来、デジタル学習の選択肢と、それを支える技術は大きな発展を遂げている。

チェックリスト

- 従業員に多様な形式のデジタル学習を提供しているか？

- デジタル・ネイティブ、デジタル移民、デジタル忌避層の割合を把握しているか？
- デジタル知識を共有するよう、従業員に奨励しているか？
- 十分な数のT型人材が組織内にいるか？
- 従業員は、どのようなスキルを積極的に身に付けたいと考えているか？
- 仕事中でも、ひとりひとりが学びやすい組織になっているか？

関連する章

- 組織内に「ハイパーアウェアネス」を構築する（第12章）
- オープン・イノベーションを効果的に実行する（第15章）
- デジタルリーダーとしての信頼を確立する（第22章）

第25章 サイロを打ち破る

Working Across Silos

DXの実行にあたり、伝統的な大企業は自社の組織構造に足元をすくわれることがある。主な障害物のひとつが、部署同士の連携を妨げるサイロ化された構造だ（注1）。ほとんどの場合、デジタル・プロジェクトの成功には高度な機能横断型の連携とリソースの流動性が必要なため、ビジネスの一体性を優先事項とし、すべての事業部門と階層をまたいだ連携を促さなければならない。

なぜ重要か

サイロ内で働くことは、デジタル化の成功を阻む最も一般的な障害のひとつだ（注2、注3）。実際、「DXは技術よりも人のほうが問題だ」と身をもって学んだ組織は多い（注4）。研究によれば、デジタルに成熟した組織でリーダーが機能横断型チームを効果的に支援している割合は、DXの初期段階にある組織の割合の2倍以上ある。デジタルに成熟した組織は階層構造が比較的緩い傾向にあり、組織全体で意思決定を下部の階層に押し下げている（注5）。対照的に、連携がうまくとれていない組織では、経営陣の一体性がなく、支援するという文化もない(注6)。サイロを打ち破るのに苦労している組織は、「変革には、組織が変化するための体系的なアプローチが必要である」という事実を見落としている。それは、組織の変化を促進する(または阻害する)可能性がある相互に関連する要素を考慮したアプローチだ(注7)。

ベストプラクティス

私たちの調査では、連携を促進または抑制する2つの要因が明らかになっている。「組織構造」と「組織文化」だ(注8)。多くの組織が、機能横断型の委員会を設置したり、コアプロセスをマトリクス化したりして組織構造を変え、サイロを打ち破ろうとしている。

> 組織にとっての決定的瞬間は、「DXが技術的な問題ではなく、組織文化の変革である」と悟ったときだ(注9)。
>
> ——イアン・ロジャーズ(LVMH元CDO)

しかし、組織再編では解決策にならない。情報を共有し、「同じ目標に向かって団結する」という文化を育むことが、成功への確かな地ならしとなる(注10)。では、一体感や野心を共有した真に連携した組織になるにはどうすればいいのか。私たちの調査と経験によれば、「連携にインセンティブを与える」「リソースを共有する」「アジャイルな実践を支援する」といった3つの要素がその可能性を高めてくれる。

連携にインセンティブを与える

連携の障害としてよく指摘されるのは、インセンティブ制度の不在や不備だ。グイドー・ジャレットは、産業界の巨人、ＡＢＢのＣＤＯに就任し、世界規模の分散型組織にデジタル・ガバナンス制度を整えるという難事業に挑んだ。実行するのに十分な資金を与えられたが、ＤＸ成功のカギは、さまざまな事業部門を同じ方向に向けてまとめることだった。しかし、ＡＢＢのインセンティブ制度は、連携を促すどころか、その反対で、連携を妨げる設計になっていた。「最も多く販売したのはどの部門か」「最も優れた業績をあげたのはどの地域か」というふうに。

ジャレットは、連携がＤＸの成功に不可欠であることを知っていた。興味深いプロジェクトの多くは、ひとつの事業部門だけでは実現できない。境界を越えた複数の事業部門が関与する必要があった。彼は自ら動いた。「事業部門間で『連携』しているプロジェクトに優先的に資金を出します。１＋１を４にします。一方の事業部門が1ドルを、もう一方の事業部門が1ドルを出し、そこに私が2ドルを追加するからです。単独でやると1ドルしか使えませんが、連携すると4ドルに増えるのです(注11)」。デジタルリーダーは、既存のインセンティブ制度が目標に沿ったものになっているかどうかを確認し、必要なら見直すべきだ。連携を増やすには、ムチよりもニンジンのほうが効果的だ(注12)。

リソースを共有する

多くの組織が頭を悩ますのは、どのようにデジタルチームを編成するかだ。独立型のデジタルチームをつくり、専任の専門家たちが計画を進める体制にすると、チーム外との接触を失うリスクがある。そのため、ラボバンクのデジタルリーダーは、「デジタル・ハブ」を編成する際にリスク軽減策を講じた。まずは、物理的な場所だ。分離ではなく統合を示すために、丸みのある本社オフィスビルの中央部に置いた。全方位に向けた透明性と開放性を示すためだ。次に、特定のカスタマー・ジャーニーを改善した。これには、実際の業務に携わっている従業員を、組織全体から地域をまたぐかたちで巻き込む必要があった。彼らは元の職場から一時的に配置転換され、デジタル・ハブとなる多機能チームを結成した。さまざまな部門から人材を借りて一時的に中央のチームに組み込むことには、デジタル・ビジョンと当事者意識を共有する効果があった。従業員はそれを元の職場に持ち帰り、組織全体に広めていった(注13)。

アジャイルな実践を支援する

多くの組織が、階層やレポートラインを尊重しつつ、顧客中心の多機能チームへの機動的なアプローチを可能にする新しい組織づくりの方法を探し求めている。アジャイルに業務を遂行するには、無数のやり方があり、どれが最善かを見極めるのは難しい。そのため、初めから最適解を求めるのではなく、選択したやり方を具体的なニーズに合わせてアレンジするべきだ(注14)。

DXの先駆者であるオランダＩＮＧ銀行は、いわゆる「スポティファイ・モデル(注15)」を採用した。組織構造を（一時的ではなく）体系的にデザインし直し、DXジャーニーを完全なかたちで取り込むためだった。この大胆な変革は、範を示すために本社で開始されたあと、他の事業部門にも展開された。スポティファイ・モデルは大成功を収めた。顧客中心主義をねらいどおり達成し、市場投入までの時間を短縮するのに役立っただけでなく、従業員の生産性やエンゲージメントの向上など、プラスの波及効果を生み出した（注16）。

＊　＊　＊

サイロを打ち破り、組織間を越えた連携を促進することは、DXジャーニーに乗り出す多くの組織にとって重要な課題だ。成功するデジタルリーダーは、「連携にインセンティブを与える」「リソースを共有する」「アジャイルな実践を支援する」といった3要素を通じて、誰もが同じ方向に向かおうとする一体感を生み出す。

ツールボックス

当事者意識を共有する　企業の一体性を実現するカギは、全員が同じ方向を向くようにすることだ。連携の取り組みを机上の空論で終わらせず、サイロを打ち破ることにどれほど真剣に取り組んでいるかを示す具体的な行動で主導しよう。出発点としては、部門やそのサブユニットの目標を再検討するとよい。全体最適ではなく部分最適になっていないか。組織が目指す、戦略的な顧客対応の成果と適合するか。従業員ひとりひとりが、ＫＰＩ達成や計画厳守のためでなく、全社共通の目的を実現するために取り組んでいることを確認しよう。

インセンティブを適正なものにする　サイロを打ち破るには、組織のインセンティブ制度を見直し、それが逆効果になっていないかを確認する必要がある。連携を妨げ、部門間や機能間で競合するような目標を生み出すインセンティブは廃止しよう。たとえば、物流部門は製品を入手できるかどうかで、財務部門はキャッシュフローで評価されるような場合だ。こうした意図せざる副作用は、ほとんどのインセンティブ制度に見られ、対処する必要がある。インセンティブは、連携が促進される仕組みにしよう。複数の事業部門が合同で企画すると、審査を優遇されたり、追加予算を与えられたりする方法（プロジェクト融資スキーム）もある。部門別ではなく制度全体としてデザインするのがカギだ。

アジャイルな手法を確立する　アジリティの中核となる要素のひとつは、サイロと部門間（機能間）の対立を克服する能力だ。手本にしたくなるアジャイル手法は数多くあるが、どれを選ぶにせよ、自社の状況に適応させることを忘れないようにしよう。正解はひとつではない。スポティファイ・モデルやスクラムなどの、人気があり実例の多い手法から始めるとよい。どのような要素が自社の現状に適しており、アジャイルな方法を実装するためにはどのような変革が必要かを検討しよう。

チェックリスト

- 従業員は部門をまたいで連携しているか？
- 組織全体に適用されているインセンティブ制度は、連携を促進するものになっているか。妨げになっていないか？
- サイロや機能間の対立の温床となる役職やプロセス、組織構造はないか？
- 従業員は、共通の目標に向かって結集しているか。組織の将来について同じビジョンを共有できているか？

関連する章

- ＤＸを行うために資金を調達する（第６章）
- 適切なデジタル・ガバナンスモデルを選択する（第８章）
- デジタルとＩＴを連携させる（第９章）
- アジャイル手法でＤＸを加速させる（第10章）
- プロジェクトを拡張する（第27章）

Hacking Digital Momentum:
Anchoring and Sustaining Performance

VI

推進力を持続する

目を凝らしてよく見れば、「突然の成功」に実は長い時間がかかったことがわかるものだ。

――スティーブ・ジョブズ

第I部では、DXの強固な基礎づくりに焦点を当てた。第II部から第V部では、DXの実行とその課題について見てきた。建築にたとえると、各フロアの構造的な統一性と機能性、美観がテーマだった。本書の最後のセクションである第VI部では、DXによって生み出されたポジティブな勢いをいかに維持するかを検討する。つまり、もはやDXを特別なプログラムとして扱う必要のない組織のつくり方だ。実際、将来のある時点で、組織はDXについて語らなくなるだろう。デジタル技術が組織に組み込まれ、あらゆる業務のファブリック（基本構造）となるからだ。

隠さずに言っておこう。DXを進めるには骨が折れる。それを組織に組み込むのはさらに難しい。そして、長期にわたって業績を保ち続けるのは、おそらく最も困難な作業だ。小さな勝利が重なるのはよい兆候だが、小さな勝利を大きな勝利に変え、それを維持するのは簡単ではない。

まずは、DXプログラムが終わったあとも枯れることのない、デジタル・プロジェクトのパイプラインを構築することが重要だ。パイロット版から完全版のプロジェクトへ、さらには「新常態」のやり方へと効果的に拡張することを目指さなければならない。しかし、私たちの経験によれば、パイロット版とMVP（必要最小限の機能を持った製品）を生み出してばかりで、拡張と普及に苦労している組織が多い。「スタートアップからスケールアップへ」という問題には正面から取り組む必要がある。DXの価値はそこに隠れている。

「得られるのは、あなたが測れるものである」という言いまわしがあるが、DXはそれほど単純な話ではない。DXプログラムの大部分が、利益を得るのに苦労している。私たちの調査によると、87%が期待外れに終わっている(注1)。ただし、ほとんどの組織が測定そのものに苦労していることもわかっている。と、ここで疑問が浮かぶ。変革を適切に測定できないのに、失敗したことをどのようにして知るのか。デジタル投資の範囲やリスクプロファイルは多種多様なので、それ相応の測定と管理をする必要がある。DXも他の投資と同様、長期的な業績を確保するための明確で効果的な指標とKPIが必要だ。

業績を維持するためには、次に何が起こるかを察知し、デジタルツールやデジタル技術に関する新しいトレンドに常に乗り続けることが重要だ。トレンドは、隣接する業界やまったく異なる業界から起こることも多い。近くで起きていることだけでなく、他の産業や他の地域で起きたこともキャッチするためには、広角のレンズが必要だ。

最後に、変化に対応し、適応できなければならない。DXを開始したときに描いた未来予想図は、定期的に見直す必要がある。新型コロナウイルスのパンデミックのように、大規模で大きな影響を及ぼす出来事を予想するのはほぼ不可能だ。世界的な不況や自然災害などは比較的予想しやすいが、対応の難しさは変わらない。機会や脅威を特定できれば素晴らしいが、そうした機会をつかんだり、脅威を回避したりすることができればさらに素晴らしい。今日の不安定な世界では、俊敏さだけでは不十分だ。避けられない衝撃を吸収するのに十分な強靭さと、競合他社よりも早く立ち直れる対応力も求められる。デジタルツールとデジタル技術は、組織のレジリエンスを構築するのにも役立つ。

第26章 プロジェクトのパイプラインを整備する
Setting Up a Pipeline of Digital Initiatives

デジタル・プロジェクトの選択と実行の方法、および意思決定機関の設計によって企業のＤＸジャーニーの道のりが決まる。社内外を問わず、すべての利害関係者の創造性を活用するためには「体系的なアプローチ」をとる必要がある。アイデアの創出は分散化したほうがよいが、評価と優先順位づけは一元的に行う必要がある。

なぜ重要か

ＤＸを行う際、多くの企業は、デジタル起業家や社内ベンチャーに支えられたイノベーションの企業文化を育もうとする。デジタル・プロジェクトのアイデアは社内からも社外からも湧いてくるため、広く網を張ることが重要だ。あらゆる利害関係者にアイデア創出を呼びかけ、潜在的なデジタルの脅威と機会を組織的に察知する力（ハイパーアウェアネス）を構築したい。社内外からの十分な量のアイデアは、組織がデジタル開発の脈動を維持するのにも役立つ。ラボバンクのＣＤＯ兼ＣＸＯであるバート・ルアーズは、次のように述べている。「事業にとって有望な

MVP（必要最小限の機能を持った製品）を毎年30件だけでも実現したいなら、アイデア創出の段階で数千件のアイデアを評価する必要がある（注1）」。多くのリーダーが指摘していることだが、最も有望なアイデアを大きく育てるためには、新しいアイデアを戦略的な優先順位に照らして評価する中央集権的な意思決定機関が欠かせない。

ベストプラクティス

企業は、デジタル・プロジェクトのパイプラインを構築、維持するために、「アイデアを創出する」「評価と優先順位づけを行う」といった2つの段階を管理する必要がある。これら2つの段階が一緒になって、継続的なイノベーションを後押しする絞り込みが行われる。

アイデアを創出する

構想段階において企業は、さまざまなツールやシステムを用いて利害関係者（従業員や顧客、仕入先など）間で創造性を刺激し、活用する。この段階での主な目標は、できるだけ幅広く多種多様な、全員が声をあげられるアイデア創出のネットワークを構築することだ（注2）。組織内では、組織全体が見えるツールを使ってアイデアのクラウドソーシングを促進することもできる。

たとえば、食品大手のネスレは、世界で30万人を超える従業員の創造性を活用するために、2014年、「インジーニアス」プログラムを開始した。従業員がソフトウエア・プラットフォームにアイデアを投稿すると、他の従業員からフィードバックが寄せられ、投票が行われる。同プログラムからは、過去5年間に48のアイデアが商品化された。倉庫内でのドローンの使用や、小規模農家の節水と収入増を支援するオープンソースのハードウエアとソフトウエアの提供など、その内容はさまざまだ（注3）。

オランダの金融サービス会社、ラボバンクが採用したアプローチは、よりねらいを絞ったものだった。事前に決められたテーマに沿ってアイデアを出すイノベーション・リーダーを、事業分野ごとに任命した。「大企業のように自由にアイデアを出させて、出てきたアイデアを選り分けられるほど、私たちの処理能力は高くありません。イノベーションのテーマに基づいて、あらかじめアイデアを方向づけています」とバート・ルアーズは言う（注4）。

アイデアの数や関連性を高めるため、特定のトピックやテーマに集中したキャンペーンを行っている組織もある。検査・認証サービスの世界最大手、ＳＧＳは、一般的なプラットフォームを創設するのではなく、四半期ごとのイノベーション・キャンペーンを実施した。元ＣＤＯのフレッド・ヘレンは次のように述べている。「献身的なアイデア推進者がいます。彼らの役割は、地域や事業でキャンペーンを促進すること、そしてすべての提案を余すことなく集めることです」と（注5）。

イノベーション・プラットフォームを使って、サプライヤーやパートナー、顧客のネットワークからアイデアを集めることもできる。多くの大企業がその恩恵を受けている（注6）。デンマークの玩具メーカー、レゴは、２０１４年、エンゲージメントが高い顧客の創造性に体系的にアクセスするために「レゴ・アイデア」を開始した。このウェブベースのプラットフォームを使うと、顧客は自分のアイデアを他の顧客と共有したり、新製品のデザインを直接レゴに提案したりすることができる。既存パッケージをもとにした新モデルや電動機能の追加など、「微調整」のアイデアは多岐にわたる（注7）。

イノベーションは、研究開発費の額と関係ない。アップルがマックを開発したころ、ＩＢＭはその１００倍以上の研究開発費を使っていた。資金の額の問題ではないのだ。働いている社員の問題、つまり、彼らをどう導くか、どれだけイノベーションを起こせるかの問題だ（注8）。

――スティーブ・ジョブズ

このアプローチは、レゴにとって抜本的な戦略的転換だった。それまで脅威と見なしていたクリエイティブな顧客（知的財産権で保護された製品を「ハッキング」しているユーザー）に対し、新製品やデザインを提案するよう積極的に奨励するようになったのだ（注9）。

評価と優先順位づけを行う

この段階では、アイデアを効率的に評価し、優先順位をつける。リーダーは、専用の意思決定機関（デジタル・イノベーション委員会など）を「フィルター」として用い、ＤＸの優先事項に照らして新しいアイデアを評価する。意思決定機関は、ＣＤＯなどの上級管理職が主導し、さまざまな事業部門からメンバーが参加する。

メディア・コングロマリットのトムソン・ロイターでは、ビジネスやデジタル、製品、マーケティングの利害関係者からなる運営委員会が、プロジェクトの優先順位づけをしている。CDOのジョー・ミランダは、このプロセスには透明性が必要だと強調する。「私たちは、どこに焦点を当てているのか、なぜそこに焦点を当てているのか、そこから何を得るのか、そして、それは複数年にわたるプログラムにおいてどう見えるのかについて完全な透明性があることを心がけています」(注10)

イノベーションのアイデアを選別する必要性を理解していても、優先順位づけにどのような尺度を用いればよいのか、考えあぐねている組織は多い。プロジェクトは「価値の可能性」と「実現可能性」の2軸で評価する必要がある。それに加えて、デジタル・イノベーションの統治主体がプロジェクトのポートフォリオを構築しなければならない。ポートフォリオは、早期の成功(クイック・ウィン)や、全社的な変革プロジェクト、ビジネスモデル転換のバランスがとれている必要がある(注11)。プロジェクトは、価値の可能性と実現可能性を評価した後も、事業への影響を測るKPIに基づいて継続的に再評価される。

アイデアの評価と優先順位づけを行う際には、明確な評価プロセスと透明性の高い尺度を用いることで、戦略の整合性と賛同を得ることが重要だ。一部の組織では、アイデアの考案者に引き続き責任を負わせることが(アイデアを実行に進めるために)有用であると証明されている。ネスレのCIOオフィスの元責任者であるエベラール・ロイスは、こう説明する。「『インジーニアス』のコンセプトは、（アイデアを考案した）あなたが自分のアイデアのＣＥＯになるというものでした。必要最小限のプロトタイプまで練りあげたら、ＣＥＯとＣＩＯの前で製品を売り込むことが許されます。とても効果的ですよ」（注12）。発案者に責任を持たせることで、明確なアカウンタビリティと強い当事者意識が生まれる。それが、アイデア実現に必要な勢いと粘りを生み出す。

ＳＧＳのフレッド・ヘレンも、アイデアの創出者を顕彰することの重要性を認めている。「プロジェクトが成功したら、明確なかたちで宣伝し、従業員にも伝わるようにしています。提案者を表彰すると、他の従業員もアイデアを出す気になるものです。これは、勢いと牽引力を得るのに非常に役立っています」（注13）

＊　＊　＊

ＤＸの期待値が、原動力であるアイデアを超えることはない。創造性は強制できないが、幅広い鉱脈からアイデアを収集して開発できるようにする体系的なアプローチを実装する必要がある。先駆的デジタル組織では、初期コンセプトから、選別後のさらなる開発と継続的な評価で絞り込んでいくプロセスを制度化している。そうすることで効率性と投資収益率（ＲＯＩ）を担保しつつ、ゲームチェンジャーとなるアイデアのとりこぼしを防ぐことができる。

ツールボックス

広く網を打つ　思いも寄らないところから素晴らしいアイデアが出てくることもある。社内外のすべての利害関係者からアイデアを得るために、明確なプロセスと仕組みを導入しよう。デジタル・イノベーションは多種多様な人々のネットワークからもたらされることが多いことが、調査で明らかになっている(注14)。たとえば、社内ハッカソンやアイデア・コンテストを開催するなど、さまざまな機能や部門の従業員同士で定期的に意見交換や議論が行われるようにするとよい。

透明性とスピードを持って評価する　アイデア創出やイノベーションを促進するカギは、透明性とスピードだ。評価プロセスを文書で残し、誰でも見られるようにすれば、公正さを確保するとともに考案者を関与させ続けることができる。素早くふるい分けることができれば、最も有望なアイデアをさらに進展させることにリソースを集中させることができる。まずは、新しいアイデアに適用する基準と評価手順を明確に示したプロセス（アイデア創出からイノベーションまで）を策定することから始めよう。多くの場合、クラウドソーシングの初期評価（従業員からの「いいね」の数など）を経て、専門家委員会やデジタルリーダー会議の評価に進むという二段構えになっている。

勢いを保つ　イノベーションとアイデア創出の文化を促進・育成することは、明確で、広く受け入れられたプロセスを整備するのと同じくらい重要だ。ありがたいことに、この2つは連動している。イノベーションのプロセスにおいて勢いを保ち続けるための確実な方法は、発案者を、主要な利害関係者や貢献者として、または開発をリードする人物として関与させることだ。そうすれば、成功や失敗の当事者となり、開発の進展について直接的なアカウンタビリティを負うことになる。また、成功事例は社内外に広めて、次のアイデア創出を後押しするようにしよう。

チェックリスト

- 組織内のすべての利害関係者の創造性を引き出しているか？
- 社内外を問わず、出てきたアイデアを見落とさないようにしているか？
- アイデアの評価と優先順位づけのための明確で透明性のあるプロセスがあるか？
- 成功事例を社内外に紹介することで、プラスに働く力を活用しているか？

関連する章

- 既存のデジタル・プロジェクトを棚卸しする（第5章）
- 技術インフラを構築する（第11章）
- 組織内に「ハイパーアウェアネス」を構築する（第12章）

- スタートアップに投資する（第14章）
- オープン・イノベーションを効果的に実行する（第15章）
- 「製品」から「サービス」へ移行する（第17章）
- プロジェクトを拡張する（第27章）
- DXを測定する（第28章）

第27章 プロジェクトを拡張する

Scaling Digital Initiatives

有望なデジタル・イノベーションやデジタル技術の構築と検証に力を入れている組織の多くが、パイロット版や実証実験で成功しているが、大規模なデジタル・プロジェクトとしての真の価値創造となると非常に苦労している。この「スタートアップからスケールアップへ」の挑戦は、DXにおける最も難しい要素のひとつだ。対策は初めに打つべきである。成功するプロジェクトは、拡張を念頭に置いて設計および開発される傾向にある。ただし、プロジェクトに降りかかる困難を切り抜けるためには、拡張のプランづくりだけでは不十分だ。本章で紹介するアプローチと戦略を使って、段階的な成長を慎重かつ意図的に導く必要がある。価値創造は、デジタル・プロジェクトが大規模に展開された後に起こる。そのためには、正しいやり方が重要になる。

なぜ重要か

デジタル・プロジェクトは有望な実験として始まる。潤沢な資金があり、経営陣からも強力に支援されており、有能で士気の高い人材がそろっていることで大きな可能性が示される。しかし、規模を拡張して成果を再現しようとしたところで難航し、最終的には失敗するプロジェクトがほとんどだ(注1)。生き残ったプロジェクトは、規模縮小と妥協を経て、あまり原形をとどめていないことが多い。

デジタル・プロジェクトの拡張とは、パイロット段階を超えて、持続可能な成長を生み出せるソリューションを事業化することである(注2)。ガートナーによる2018年の調査によれば、83％の企業がＤＸの計画、設計または試行段階にあり、デジタル・プロジェクトを拡張できた企業はわずか17％だった(注3)。アクセンチュアによる別の調査では、ＤＸが失敗する最大の原因は、有望なデジタル・プロジェクトを効果的に拡張できないことであることがわかった(注4)。

ベストプラクティス

デジタル・プロジェクトの拡張は、困難だらけのタスクだ。万能のアプローチなどない。多くの要素を考慮する必要がある。

規模を意欲と一致させる

意識や活動のレベルは、そのプロジェクトがどれほど野心的かに比例している。小規模で単発、期間限定のデジタル・プロジェクトは、多くの場合、拡張する必要がない。このようなプロジェクト（小規模市場向けカスタムアプリの開発など）では、ユーザビリティや機能性、コンプライアンスに焦点を当てることができる。

ただし、野心的なプロジェクトでは、最初から拡張の問題を意識すべきだ。一般的なＩＴの情勢に合わせる必要もあるが、そこで終わりではない。プロジェクトの拡張が失敗する原因の多くは、ＩＴではなく、組織的または文化的な抵抗にあるからだ。

拡張の計画を立てる

「拡張しない期間が長くなるほど、拡張するのが難しくなる」という事実がある。ゆえに、デジタル・プロジェクトでは最初から拡張性を考慮すべきだ。プロジェクトを計画したときに、次の問いについて考えておく必要がある。

- このプロジェクトを既存のプロセスや体制と統合するのはどのくらい難しいか
- このプロジェクトに対する抵抗の原因は何か
- このプロジェクトは既存のルールや規範と適合しているか
- このプロジェクトの成長に限界はあるか

ＪＴＩの元ＣＤＯ、ディエゴ・デ・コーエンは、デジタル・プロジェクトの拡張について定期的にレビューすることの重要性を強調する。「あるアイデアから価値を創出できそうだとわかったら、その瞬間からＩＴプロセスをスタートさせます。初めから並行作業をするわけです。別のチームがサイバーセキュリティについて検証し、また別のチームが、そのソリューションを特定の市場に出すことが法的に可能かどうかなどを調べます」(注5)

このような拡張についてのレビューをすることで、リーダーは、クリティカルパス（プロジェクトの進行スケジュールを左右する作業経路）で発生しそうな課題やボトルネックを予測して、回避することができる。より大胆なデジタル・プロジェクトは、予想される将来の利益に対する「リアリティ・チェック」をする必要がある(注6)。

チームには常々こう言っています。「うまい仕組みや優れた機能を開発するのは、とても簡単だ。だが、2万3000の銀行をつなぐネットワークで使えるまで拡張することがとても難しい。だから、2万3000の銀行に導入する計画でないと、私の興味は引けないよ」(注7)

——ジョーン・ランバート（マスターカード・デジタルソリューション担当執行統括責任者）

組織が拡張を図るためのもうひとつの方法は、パイロット版から正式版への移行時に存在するスキルギャップを事前に予測することだ。グローバル企業では、国単位や地域単位のパイロット版を現地の開発チームに担当させることが多い。いざ拡張となっても、すべての能力（および予算）は現地にある。それゆえ、適切なスキルを持った人材にパイロット版を全社展開させることが非常に難しい。①パイロット版の代表者を世話役に任命し、広く展開するあいだはプロジェクトを取り仕切らせる、②他部署の人間をパイロット版に参加させ、彼らの経験と新たに獲得した知識でこの問題を軽減させる、といった解決策が役立つ。

カット&ペーストの罠を避ける

拡張でありがちなミスは、ある状況でうまくいったデジタル・プロジェクトが、別の状況でもうまくいくと考えることだ。この想定は、ほぼ間違いなく外れる。どれほど成功したパイロット版でも、大規模に機能させるには適応させる必要がある。また、アプリから、ECサイト、アジャイル・ワーキングに至るまで例外なく、各部署のニーズに合わせた調整も欠かせない。

「カット&ペースト（切って、貼る）」ではなく、「切って、合わせて、貼って、調整する」にしよう。第1段階の「切って」は、成功したデジタル・プロジェクトの選定だ。グリーンフィールドでゼロから開発する場合もあれば、ある部署でうまく機能していると特定する場合もある。第2段階の「合わせて（適応）」は、他部署へ移植できるようにプロジェクトを修正し、適応させることだ。機能の標準化やIT互換性の検証、ブランドの一貫性、法令遵守などが課題となる。この段階が完了すると、第3段階の「貼って」だ。プロジェクトを貼り付ける準備が整う。

しかし、標準化され、法令を遵守しているプロジェクトでも、すべての状況で効果的に機能するとは限らない。そこで、最終段階の「調整する」が必要になる。ここでは、プロジェクトをそれぞれのローカルな条件に最適化させるための細かな調整を行う。重要なローカル向け機能の追加や、ユーザー体験の微調整、文化や言語の調整などがある。

ECサイトは「切って、合わせて、貼って、調整する」の好例だ。大手グローバル小売企業の場合、国や製品ラインごとにECサイトをつくり分けることはほとんど意味がない。ゆえに、たいていは、標準化されたアプローチを開発する。しかし、現地の言語やコンプライアンス規則、文化的規範、現地のアプリとの互換性など、主要な違いを考慮しなければならない。つまり、取引処理や製品情報・画像、顧客データベースなどの世界標準を開発し、そこからルック&フィール（訳注、色や形状、レイアウトなど、インターフェースが利用者に与える印象）やブランディング、言語などを調整するのだ。

「プッシュ」から「プル」にシフトする

経営陣や社内ユーザー、顧客といった主要な利害関係者から支持が得られないことも、拡張が失敗する原因のひとつだ。拡張に関して経営陣から承認と資金を得ていても（プッシュ要因）、利害関係者からの需要がなければ（プル要因）、デジタル・プロジェクトは失敗する。拡張を成功させるには、プロジェクトを「プッシュ」から「プル」の段階に移行させることが重要だ。

多くの場合、ユーザーが新しいプロジェクトを試すきっかけとして「プッシュ」が必要となるが、その「プッシュ」を「プル」に変換させられないと、ほぼ確実に失敗する。「プロジェクトを『プッシュ』することで拡張する場合、常に『プッシュ』し続ける必要があり、プロジェクト自体が自然に成長することはありません」とスイス・UBS銀行のチェータン・トリアは言う（注8）。

ドイツの広域電力企業、EnBWのスヴェン・マイヤーは、プル効果を生み出すために、少数の事業部門と緊密に連携して最初の成果を示し、プロジェクトの価値を実証したという。「実のある成果が生まれました。すぐに噂が広まり、他部署からの引き合い（プル）に応えるのが大変なほどでした」（注9）

最も影響を受けることになる事業部門の人材をデジタル・プロジェクトに配属することで、「プル」効果を生み出すのに成功した企業もある。この手法では、事業部門のニーズが早くから組み込まれ、元の職場への再配属に伴って能力の移転がしやすくなるため、拡張が促進される。「プル」を発生させる要素がひとつではないことが、調査で明らかになっている。結果に基づいた理性的な要素もあれば、感情的な要素もある（注10）。「プル」を生み出し、デジタル・プロジェクトの拡張を促進するために部門を設置した企業もある。

ランスタッド・ノース・アメリカのＣＤＯ、アラン・ストゥカルスキーは、デジタル工場を設立したという。「アメリカやメキシコ、日本など、ひとつの地域だけで使われている優れたアイデアやコンセプト、製品（技術やプロセスの改善など）を集めます。それを『移動』させてパッケージ化し、他の国でも、ゼロから開発することなく簡単に実装できるようにします」（注11）

大規模なプロジェクトでは転換点を見つける

プロジェクトの規模が大きい場合、「段階的な拡張」から「大規模な導入」に移行すべき転換点が存在することが多い。これは、強いネットワーク効果がある場合に発生することがある。

たとえば、新型コロナウイルスが大流行した初期には、多くの組織で突如として大規模なリモートワークの導入を余儀なくされた。それまでは臨時の導入が主で、さまざまな異なるアプリケーションがその場しのぎで使われていたが、在宅勤務をする従業員の割合が大幅に増えたことから、技術の一本化が必要となった。

IMDビジネススクールでも、シスコ・ウェブエックスやアドビ・コネクト、スカイプ、フェイスタイム、ワッツアップなどのコラボレーション・ツールが使われていた。感染が拡大し、9割以上の職員が自宅で働きはじめ、講義がバーチャル・プラットフォーム上で行われるようになると、ズームを導入することが決まった。それを機に、他のツールは使われなくなった。

拡張の取り組みが文化的な障害に阻まれたときも転機になり得る。オランダのラボバンクは、カスタマー・ジャーニーのための革新的なデジタル・ソリューション（ローンアプリや紛失・盗難カード管理技術など）を開発するためのデジタル・ハブを本社に設置した。開発プロセスとしては、アジャイル手法を新たに導入した。デジタル・ラボは大きな成功を収めたが、成果を他部署に拡張しようとしたところで困難に直面した。新たに導入したアジャイル手法と他部署の伝統的なプロセスや文化、インセンティブとのあいだで対立が生じたのだ。2つの異なるシステムを同時に維持することは難しくなった。アジャイル手法をデジタル・イノベーションへと拡張する試みは文化的な障壁に突き当たった。

ラボバンクの経営陣は、アジャイル手法の利点と拡張の文化的課題について検討し、組織全体を一気にアジャイル手法にシフトさせることを決断した。デジタル・ハブで開発されたアジャイル手法は、全社に展開するために改良され、半年後にはあらゆる製品・サービスの開発と改善活動の主要な手法となった。

共通の課題や機会を活用する

一般的に、何か得るものがあれば、人はより積極的に協力する。それは拡張にも当てはまる。たとえば、競合他社に対抗するためのアプローチを開発するなど、共通の問題や課題に対応するときだ。他にも、CRMソリューションに組み込まれた顧客獲得ツールを使用するなど、機会をとらえる新しい方法を探るときにも協力が生まれやすい。

私たちは、全社的な戦略やプラットフォーム・プロジェクトを中心にした拡張が非常に役立つことを発見した。組織の戦略やプラットフォームに合わせて調整する必要があるとわかっていれば、どの事業部門も、デジタル・ソリューション拡張のオプション探索に協力的になる。

創業100年を超えるスイスの重工業大手ABBは、4つの主要事業部門が高い自律性を保ってきたが、その自律性が、事業部門をまたいだデジタル・プロジェクトの拡張を非常に難しくしていた。状況を打破するきっかけは、「ABBアビリティ」という全社的デジタル・プラットフォームの創設だった。ABBアビリティは、ネットワークに接続された製品やサービスのポートフォリオ全体で機能するように設計された、互換性あるプロトコルと技術で構成されていた。

元CDOのグイド・ジャレットは、ABBアビリティの仕組みを次のように説明する。「これは、わが社の事業部門が、コネクテッド・ロボットやコネクテッド・モーターの開発をより迅速に行ったり、顧客に新しいデジタル・サービスを提供したりするためのソフトウエアです。私のチームの主な仕事は、技術情勢の偵察隊として、有望な企業や技術を探すこと。それを見つけたら調達してきて、事業部門で使えるようにします」(注12)

ABBアビリティの使用を事業部門に義務づけて以来、互換性あるデジタル・プロジェクトの構築と拡張がとても容易になったという。

＊　＊　＊

「スタートアップからスケールアップへ」の挑戦は、DXにおいて高い確率で失敗する大きな原因のひとつだ。拡張という課題については、デジタル・プロジェクトの最初から検討する必要がある。IT互換性やコンプライアンスなどに関連した技術的な障害も大きいが、組織的・文化的な障壁はそれよりもさらに重要だ。

ツールボックス

最初から拡張を計画する　DXを支えるシステム（アプリケーションやプログラミングリソース、システムハードウエアなど）は、拡張に必要な成長に対応できるだろうか。拡張できないシステムなら、再設計するか、放棄する必要がある。プロジェクト開発の初期に、阻害要因となりそうな要素（ITやサイバーセキュリティ、法務、人事、コンプライアンスなど）をできるだけ多く関与させよう。潜在的な拡張の課題を事前に予測することができる。

「プッシュ」から「プル」への移行を全力で加速させる　多くの場合、新しいデジタル・プロジェクトは人々から抵抗を受ける。例外のひとつは、コロナ禍に伴う在宅勤務への移行だ。選択の余地がないという単純な理由で、抵抗は起きなかった。外部からの「プッシュ」である。他のデジタル・プロジェクトでも、これと同じようなプレッシャーをかけられれば、効果的だ。それが無理なら、受容すべき独自の理由（プッシュ）を用意する必要がある。上級管理職からの指示が一般的だ。一方「プル」はたいてい、プロジェクトのメリットが知れわたることで発生する。それゆえ、デジタル・プロジェクトの成功を測定、宣伝する機会が多いほど、「プッシュ」から「プル」へ移行する可能性は高まる。

拡張はカット&ペーストではない　デジタル・プロジェクトごとに、中核となる要素と変更可能な要素を明確に区別しよう。中核となる要素は、そのまま受容されなければならず、妥協の余地はない(注13)。たとえば、サイバーセキュリティやプライバシーポリシー、既存データフォーマットとの互換性、広く使われているシステムやプロセス（クラウドソリューションなど）との接続性、コーポレートブランディングなどが該当する。一方、地域の条件に適応できる、あるいは適応すべき要素もある。現地語への対応や文化的な適合、全般的なルック&フィール、APIなどのツールによる現地アプリケーションとの連携などが該当する。デジタル・プロジェクトごとに、中核となる要素と変更可能な要素のバランスをうまくとることが重要だ。

チェックリスト

- このプロジェクトはいずれ拡張する必要があるか。もしそうなら、拡張における潜在的な課題や障壁について考えるために十分な時間を費やしているか？
- このプロジェクトを拡張することで悪影響を受ける可能性が高いのは誰か（似たようなプロジェクトの担当者や、ＩＴをはじめとする実行パートナーが含まれる可能性もある）？
- コンプライアンス主導の「プッシュ」から、利益主導の「プル」への移行を加速するために、プロジェクトを社内で広めるための準備はできているか？
- プロジェクトと関連した共通のビジョンや目的、プラットフォームはあるか？

関連する章

- 組織的機運とエンゲージメントを醸成する（第4章）
- 適切なデジタル・ガバナンスモデルを選択する（第8章）
- 技術インフラを構築する（第11章）
- プロジェクトのパイプラインを整備する（第26章）
- ＤＸで組織のレジリエンスを高める（第30章）

第28章

DXを測定する

Measuring the Performance of Digital Initiatives

「測定しないものは管理できない」というピーター・ドラッカーの言葉は、DXにも当てはまる。しかし、DXではさらに多くの課題が発生する。たとえば、デジタル・マーケティングなどの領域には大量の指標がある。そこでの課題は、適切な指標を選ぶことだ。しかし、他のほとんどの領域では、効果的な指標についてさまざまな提案が続いている状態だ。そのため、経営陣の多くは、DXがどれだけうまくいっているかについて漠然とした感覚しか持っていない。

変革を効果的に測定するには、まず、明確な目標を設定することが重要だ。さもないと、何を測定すればよいのかわからなくなる。ほとんどの目標を網羅する4つの包括的領域がある。「業務効率」「顧客エンゲージメント」「従業員エンゲージメント」「価値創造」だ。それぞれに適した指標がある。とはいえ、業績という「森」は、たいてい「木」よりも測定しにくいので、デジタル・スコアカード（ダッシュボードを活用する）を使ってDXの進捗を視覚化するとよい。

なぜ重要か

財務や営業、マーケティングなどの領域と異なり、デジタル・プロジェクトにおいて広く普及した業績評価指標はほとんどない。私たちが取材したマネジャーの多くは、新規デジタルツール採用率のような包括的な成功指標を用いてはいたが、具体的にパフォーマンスへの影響が生じたかどうかを評価することはできていなかった。

ＢＣＧの２０２０年の調査によれば、デジタルツールやデジタル技術の導入をビジネスへの影響と結びつける指標を編み出した組織は5分の2しかない。また、調査では、指標を編み出した組織でのＤＸの成功確率が高いことも明らかになった（注１）。

デジタル・プロジェクトは複雑にならざるを得ない。機能横断型の調整が数多く必要となるのに加えて、通常のＩＴプロジェクトと同様のプロセス（投資や予算の管理など）も必要だからだ。事実、ガートナーの２０２０年の調査によれば、約半数の組織が、デジタル・プロジェクトの成功を測定するための具体的な指標を持っていないことがわかった（注２）。その結果、デジタル・プロジェクトの多くは、根拠のない非現実的な期待を寄せられたあげく、「失敗」の烙印を押される。

ベストプラクティス

デジタル・プロジェクトでは、有意義なかたちで直接、定量化できるような成果が出ないことが多い。そのため、進捗を測定するのが難しい。進捗を評価するには、複雑なアルゴリズムをつくるよりも、組織の全プロジェクトの進展をリアルタイムに把握し、ダッシュボード形式で表示できる「デジタル・スコアカード」を構築するほうがよい。

まず、明確な目標を立てる

明確な目標を立てることの重要性を本書では繰り返し述べてきた。目標は一貫性のあるかたちで効果的に測定されなければならない。しかし残念なことに、打ち立てた目標を測定するには適さない指標が、代用として使われることがある。たとえば、アプリの成功は、多くの場合、ダウンロード数で測定される。ダウンロードが多ければ多いほど、アプリは成功しているように見える。だが、ダウンロードされてもほとんど使われていないアプリも多い。ダウンロード数より、アプリの使用率のほうがはるかに適切な成功指標である。

いまどのあたりなのかがとても不確かなので、チェックは特異なものになります。仮説を頻繁にチェックして、プロジェクトをすぐに中止し、本当に成功するかどうかわからないまま多額の投資に踏み切ることがないようにすることが重要です(注3)。

――バート・ルアーズ（ラボバンクCDO兼CXO）

明確な目標が定まったら、測定可能な形式に変換する。たとえば、第1章で述べたシスコの「50／50／2020」という目標は、2020年度末までに収益の50％をソフトウエアから、同じく50％を反復性のある収入源から得るというものだった。

シスコの場合、製品・サービスの1回限りの販売から得られる収益（ネットワーク機器など）とサブスクリプション販売による収益（ビデオ会議の更新ライセンスなど）を明確に区別する必要があった。また、ソフトウエア製品とハードウエア製品を区別し、それぞれの収益を（ひとつの取引で組み合わせて提供される場合でも）きっちりと分けることも必要だった。

デジタル指標を分類する

デジタルツールやデジタル技術が事業業績に与える影響と直接リンクするように、次の4つのカテゴリーに指標を分類することを提唱したい。

1 業務効率――業務のスピードと効率を高めることでコストを削減する

2 顧客エンゲージメント――顧客の満足度と双方向性（対話）を向上させる

3 従業員エンゲージメント――従業員の満足度と生産性を向上させる

4 新たな価値創造――収益と利益の新たな源泉を生み出す

これら4つのカテゴリーに分類されるデジタル成功指標を図表28－1に示した。参考にしてほしい。

1　業務効率　スピード向上とコスト削減を目的とするデジタルツールやデジタル技術の活用に関連した指標が、ここに分類される。顧客対応の目標や価値創造の目標と比べると地味かもしれないが、多くの価値を追加することができる。たとえば、予測・予防保守システムは、不具合や不必要な機器停止コストを劇的に減らせる。アメリカのエネルギー省によれば、予測保守プログラムによって、保守費用の25～30％減、ダウンタイムの35～45％減が見込めるという(注4)。バリューチェーンのプロセスやステップを削減することで、製品・サービスの市場投入までの期間を短縮するツールもある。たとえば、イギリスのホスピタリティ大手、ミッチェルズ＆バトラーズは事務処理を自動化し、2万時間以上の労働時間と300万枚以上の紙を節約した(注5)。ミスもすぐに発見できるようになった。

2　顧客エンゲージメント　デジタルの測定法で最も成熟している領域は、デジタル・マーケティングだろう。顧客と関わるための代替チャネルとして、ソーシャルメディアが台頭したことが大きい。この領域の指標は、カスタマー・ジャーニーの各段階におけるマーケティングの有効性を評価することを目標としている。製品・サービスの認知や特定の行動（クリックしてウェブ

図表28-1　デジタル成功指標

分類	業務効率	顧客エンゲージメント	従業員エンゲージメント	新たな価値創造
上位目標	コスト削減、業務のスピードや効率を高める	顧客の満足度やエンゲージメントを高める	従業員の満足度や生産性を高める	収益と利益の新たな源泉を生み出す
指標の例	デジタル製品・サービスの市場投入までの期間	デジタルツール利用の顧客NPS	デジタルツール利用の従業員NPS	デジタル製品・サービスの収益の割合
	デジタルツールによる労働時間の削減	デジタルツールの顧客利用（アプリや機能の利用時間など）	リモートワークの従業員満足度	デジタルチャネルの収益の割合（ウェブやアプリなど）
	デジタルツールによるコスト削減（予測メンテナンスなど）	デジタルチャネルでのリードコンバージョン率	デジタル・プラットフォームの従業員利用（イントラネットや社内SNSなど）	デジタルと非デジタルの顧客収益性の比較
	デジタルツールによる不具合の削減	クリックスルー率などのデジタルマーケティング指標	デジタルツールでのアイデア生成	デジタルチャネルでの新規顧客獲得
	デジタルな手段による業務の割合	デジタルチャネルでの顧客維持	デジタルツールでの従業員の連携度	
		デジタルツールによる操作時間の削減		
		アクティブな顧客、またはサイトやプラットフォーム上の顧客の割合		

サイトにアクセスするなど)、購買・使用・再購入・推薦などがある(注6)。

デジタルマーケターは、数多くの指標を重要なツールとして使っている。トラフィック計測やインプレッション、クリックスルー率、コンバージョン率、ドロップオフ、メンション、リポスト、チャーンなどだ。

デジタル・マーケティング・ツール以外にも、パルス調査やNPSを通じて顧客満足度を評価する指標がある。サイトやプラットフォームでの顧客の活動を測定して、彼らの注意を効果的に引きつけられているかどうかを測ることができる。また、どれくらい時間を節約できたかでも、顧客エンゲージメントを測定することができる。

デジタル巨大企業のネットフリックス、ウーバー、アマゾンは、動画視聴や配車、買い物のプロセスを自動化することで、効果的に時間を節約できるようにしている。どのくらい短縮されたかは、測定することが可能だ(質問の答えにたどり着くまでの時間をインテリジェント・エージェントとコールセンターで比較するなど)。

シンガポールのDBS銀行は、DXを通じて「顧客時間」という概念を考案するに至った。これは、グーグルなどのデジタル先駆者にも採用された概念で、顧客の待ち時間の単位を表す。考案された陰には、顧客の暮らしをよりよいものにしたいという思いがあった。DBSは「1000万顧客時間の削減」を目標として掲げたが、最終的には2億5000万顧客時間の削減に成功した。また、これがきっかけとなり、従業員のあいだで目的意識が共有されるようになった(注7)。

3 従業員エンゲージメント　イントラネットなどのデジタルツールは、従業員エンゲージメントを向上させるためによく使われる。コロナ禍によりさらに利用が進んだ。デジタルツールの効果を測る指標には、自動化された作業数や従業員1人当たり収益などがある。ツールの採用と使用を測定することが重要だ。ツールを使用している従業員は何人か、ツールの全機能が使われているか、ツールの使用により何時間削減されたかに着目しよう。

マクドナルドは、レジ研修にゲーミフィケーション（訳注、参加者を熱中させるために、ゲームの要素をゲーム以外のことに用いる）を導入した。その結果、新システムに対する従業員の理解が深まり、業績とエンゲージメントが向上した。客単価も上昇したという（注8）。

4 新たな価値創造　「業務効率」「顧客エンゲージメント」「従業員エンゲージメント」に加えて、デジタルツールやデジタル技術が新しいかたちの価値創造を可能にして、収益や利益にプラスの影響を与えているかどうかを検証することも重要だ。新たな価値創造は、新しいデジタル製品やサービス、ビジネスモデルによってもたらされる。指標には、デジタル製品やサービス、チャネルから得られる収入や利益の割合などがある。多くの組織が、自社ブランドのＥＣやオンライン・マーケットプレイス、アプリなどの新しいチャネルを通じて製品・サービスを提供している。これらのチャネルの相対的なパフォーマンスを評価する必要がある。

デジタル・スコアカードで可視化する

個別の成功指標だけでなく、DXの目標に基づいた全般的な業績評価を確立することも重要だ。たとえば、シスコには、目標であるサブスクリプション販売とソフトウエア製品からの収益を評価するために、研究開発（新製品開発など）や製造（生産目標など）、マーケティング（認知度目標など）、営業（収益・利益目標など）にまたがる数十の指標がある。これらの指標を統合して初めて「50／50／2020」という目標を達成したかどうかが評価される。

個別の指標を包括的な評価に統合するためのアルゴリズムやスコアカードは、組織ごとに決める必要がある。測定値をできるだけリアルタイムに収集し、ダッシュボードとして提示することをお勧めする。ダッシュボードは、ほぼすべてのデータベースとデータ分析ツールからつくることができる。

デンマークのスポーツ用品メーカー、ヒュンメルは、オムニチャネル販売をDXの中核に据えることを決めたが、複数の販売チャネルにわたってさまざまな指標を追跡するという課題に直面した。そこで同社は、ソーシャル・メディア・プラットフォーム別指標（フォロワー数など）やページ別閲覧・訪問数、EC取引量などを追跡するリアルタイム・ダッシュボードを開発した（注9）。最も効果的なのは、視覚性に優れ、最新式で、設定変更が可能なため、個々のマネジャーが特定のニーズに合わせて変更できるダッシュボードだ。

ツールボックス

よりよい指標は明確な目標から　デジタル・プロジェクトを追跡するための適切な指標を開発するのは難しい。目標が不明確ならなおさらだ。まず、何を達成したいかを明確にし、次に、指標が目標と一致しているかを確認しよう。

代替指標に注意する　達成したい目標を正確に測定できないときは、代替指標を使わざるを得ない。代替指標には適不適がある。先に、ダウンロード数はアプリの成功指標に適さないと述べたが、同様のことはコスト削減にも言える。コスト削減は効率が改善したことを示す指標ではあるが、コストはさまざまな方法で割り当てられるため、個別のデジタル・ソリューションが与えた影響を特定するのは難しい。効率の代替指標としては、節約された時間のほうが（従業員または顧客に対して）正確に測定できるため、適切だろう。

直感的かつリアルタイムに概観する　プロジェクトが多岐にわたり、関連する指標が膨大になると、ＤＸの状況を全体的に評価するのが難しくなる。それに対する最善策は、すべてのＫＰＩをひとつの数字にまとめる複雑なアルゴリズムを開発することではなく、デジタル・ポートフォリオ全体の状況をリアルタイムに把握する「ＤＸスコアカード」を作成することだ。ＤＸスコアカードでは、直感的な視覚効果を活用する。「タブロー」などのビジネス・インテリジェンス・

ツールは、カスタマイズされたダッシュボードを作成し、利害関係者グループに合わせて調整することができる。

チェックリスト

- デジタル・ポートフォリオにおける全プロジェクトに明確な指標があるか?
- 指標と目標は明確に伝達され、文書化されているか?
- デジタル・プロジェクトの指標を確立して、管理し、定期的に更新しているのは誰か。指標と目標について、すべての利害関係者が合意しているか?
- 自社のDXの現状について、どのくらい容易に説明できるか。どうすれば、より容易になるか?

関連する章

- 明確で強力な「変革理念」を打ち立てる（第1章）
- DXを行うために資金を調達する（第6章）
- バランスのよいプロジェクト・ポートフォリオを構築する（第20章）
- プロジェクトを拡張する（第27章）
- DXで組織のレジリエンスを高める（第30章）

第29章 技術の最前線に居続ける

Staying on Top of New Technologies

デジタルで成功するためには、新技術を発見して、導入し、実験する能力が不可欠だ。フォレスターのレポートによれば、デジタル成熟度の高い企業の86%が、技術を事業戦略の重要な原動力と見なしている（注1）。しかし、技術革新は急速に進むため、新しい技術についていくのは「消火ホースから水を飲む」ように感じることもある。では、デジタルリーダーは、どの技術が破壊的な力を秘めており、どの技術が見かけ倒しかをどうやって見分けるのか。どうすれば、未来の勝者に賭けることができるのか。

今日の環境下での最善の行動は、「リアル・オプション」だ。これは、少数の大きな賭けではなく、多数の小さな賭けをすることで、イノベーションのリスクを抑え、将来の投資のための幅広い選択肢を確保する手法である。また、イノベーション・パートナーのエコシステムを活用すれば、次の有望株を発見する可能性が高まる。そこからは、試験や試作を経て拡張するか、放棄するかのスピード勝負になる。

なぜ重要か

歴史の本をひもとくと、業界をまたたく間に席巻することになる新技術を察知できなかった組織、または迅速に対応できなかった組織であふれている。コダック（注2）、ノキア（注3）、ブロックバスター（注4）などは、悲劇のヒーローと言えるだろう。タイミングがすべてだ。調査によれば、新技術は、最初はゆっくりと進化し、やがて急速に普及して広く採用される。その過程で、企業や業界全体を根本から破壊する（注5）。安全策として流行の技術に飛び乗るのは、悪い（そして高くつく）戦略だ。新技術の開発スピードがかつてないほど速い現代では、なおさらだ（注6）。不選別するためには、新技術を特定、検証、実験する体系的アプローチを実装する必要がある。不確実性をなくすことはできないが、管理することはできる。

ベストプラクティス

DXと新技術は切っても切れない関係にある。大企業のCTOとCIOは、自社に将来、価値をもたらす可能性のある技術を特定することを使命とするべきだが、それで終わりではない。その技術が事業にもたらすインパクトとタイミングを経営陣全体で共有する必要がある。そのためには、巧みなコミュニケーション、経験からの学習、説得する力がいる。新技術の育成は、見返りがほぼ約束されていない先行投資だからだ。それゆえ、情報に基づく意思決定をベースに、新技術を「特定」「検証」「実験」する体系的アプローチを適用する必要がある。

特定する——網を広く張る

社内の研究開発部門や研究センター、社外の大学やスタートアップ、ベンダー、政府の研究機関など、新技術には多くの源泉がある。さらには、材料科学の基礎研究やスマート・ソフトウェア・アプリケーション、応用機械学習アルゴリズムのように技術革新の形態もさまざまだ。それゆえ、ビジネスに直接影響を与えたり、DXを推進したりする領域を中心に見ることが重要になる。

まず、内部プロセスを確立することが賢明な第一歩となる。研究開発部門やエンジニアリング・リーダー、経営陣のあいだで継続的なコミュニケーションを促すことが重要だ。ただし、技術が組織全体に浸透するにつれて、非技術部門の役割も出てくる。たとえば、マーケティングのCTOや人事のCTOのような新しい役職を置き、機能レベルで影響を与える可能性のある新技術の洗い出しに当たらせている企業もある。

しかし、そうした取り組みの大半は、伝統的な組織の境界線の外側で行われる。それゆえ、デジタルリーダーは、新技術の源泉を発見するのに役立つ（あるいは少なくとも正しい方向性を示してくれる）メディアや利害関係者に注意を払う必要がある。これには、ソーシャルメディアや技術フォーラム、カンファレンス、大学、規制当局、標準化団体なども当てはまる。時間がいくらあっても足りないと思うかもしれないが、そういうものなのだ。

これらの大きなトレンドを見つけるのはそれほど難しくないが（話題になったり、記事に書かれたりする）、大企業が取り入れるのは不思議と難しい。いま、私たちを取り巻くトレンドがひとつ、はっきりと見えています。機械学習と人工知能です（注7）。

——ジェフ・ベゾス

しかし、よいニュースもある。いくつかの企業は、こうした複雑な外部とのつながりを管理するための革新的な手法を開発した。たとえば、有望な新技術とその潜在的な影響について報告することを任務とする外部の「技術諮問委員会」などだ。また、ＣＥＯがさまざまな新技術領域を執行委員会の各メンバーに割り当てている企業もある。割り当てられたメンバーは、技術の可能性を社外で調査および評価し、制度化されたワークショップを通じて執行委員会に報告する。これにより説明責任が生まれるだけでなく経営トップの知識が増え、技術戦略への支援が及ぼす影響とタイミングについての健全な議論が促進される。

検証する——ひとつの大勝負より、多くの選択肢

夢の新技術に日ごろから触れていると、開発の初期段階で大きな投資を決断しなければならないと感じるかもしれない。しかし、それでは、将来の意思決定の自由が大幅に制限され、不確実性が高い領域ではサンクコストが発生する。トヨタ自動車が電気自動車の開発に乗り遅れたのは、燃料電池技術（有望だが期待値が高すぎたソリューション）と非プラグイン・ハイブリッド車に注力していたからだった（注8）。

ストラテジャイザー共同経営者のテンダイ・ヴィキは次のように説明している。「イノベーション・プロジェクトの初期段階における事業化についての問題は、仮定ばかりで知識がないことです。そんなストーリーを信じるかどうかを、リーダーは判断しなければならない」（注9）

よりよい戦略は、いくつかの大きな賭けに出るのではなく、「賭け金」を細かく分散して、自由度を狭めずに将来の選択肢をつくることだ（注10）。ヒューレット・パッカードの伝説的な創業者であるビル・ヒューレットは、「予測不可能な機会を発掘するための小さな賭け」を好むことで有名だった（注11）。有望な技術革新の幅広いポートフォリオに分散してコミットすれば、見返りが明確になったときには投資を増やし、失敗したときには損失を最小限に抑えることができる。

では、「小さな賭け」をどのように選定すべきか。新技術に関する情報源としては、ガートナーの「ハイプ・サイクル（注12）」や、デロイトの年次レポート「テック・トレンド（注13）」が一般的だ。この他にも、数ある新技術の全体像と評価がわかる、ソートワークスの「テクノロジー・レーダー」が出発点として優秀だ。リーダーは独自のレーダーをつくり、新技術を4段階（保留・検討・試用・採用）で評価することができる（注14）。シスコやザランドなどの先進企業もこのアプローチを使っており、自社のレーダーを公表までしている（注15）。とはいえ、最終的には、新技術が事業に与える影響と実用性を絶対かつ確実に見積もる方法はない。

実験する――仮説主導の実験管理

有望な新技術が特定できたら、評価し検討するための体系的なアプローチを追求する必要がある。多くの場合、仮説を立てて実験でテストする。世界的な旅行大手のブッキング・ドット・コムは実験を盛んに行い、通常の事業活動の一部にまでしている。専任の実験担当責任者を雇ってからは、常に1000以上の実験を同時進行させている。

ほとんどの大規模組織が新技術をテストおよび実験する機能を持っている。しかし、有用な事例を見つけることが、ハードウエアやソフトウエアを開発するのと同じぐらい難しいこともある。また、ネットワーク化が進んだ今日の世界では、大きな影響力を持つ新技術をひとつの組織が独力でアイデアから市場化まで持っていくのは現実的でなくなってきた。それゆえ、技術革新の創造、開発、実現を可能にするイノベーション・ネットワークと提携先のエコシステムの重要性が高まっている。

イノベーションに成功している組織は、新技術による価値提案を確実なものにするために、匿名化された顧客データを備えた社内テストベッドなどを用いて、スタートアップ・エコシステムからベストプラクティスや新しい知見を取得するポートフォリオ アプローチ（内部化を含む）を、インキュベーターまたはアクセラレーター・プログラムと組み合わせて使っている。また、他の企業や大学、調査機関との共同調査プログラムを実施している組織もある（注16）。

では、仮説・検証・実験の分散型アプローチをまとめあげるにはどうすればよいのか。「ＡＤＡＭＯＳ」がひとつの手本になる（注17）。ＡＤＡＭＯＳは、産業ＩｏＴとインダストリー4・

0のための技術的プラットフォームの開発を目指すコンソーシアム（戦略的アライアンス）だ。産業用製造企業やエンジニアリング企業が参加している。各社ばらばらでは、この急速に変化する分野で競争力のある価値提案をつくりあげるのは困難だ。ＡＤＡＭＯＳでは、技術を検証・実験・開発する共通のアプローチから、すべてのメンバーが恩恵を受けることができる。

デジタル時代において単独で技術革新を起こす力を備えている組織は少ない。ゆえに、規模に関係なくほとんどの組織にとって、ネットワークの力を活用する連携型のイノベーション戦略は有用だ（注18）。

＊　＊　＊

人がＤＸの中心とはいえ、デジタル革命をリードしたければ、競合よりも速く新技術を特定・評価・実践して価値提案につなげる専門家にならなければならない。

ツールボックス

好奇心に働きかけて技術をバズらせる　新技術の探索に誰もが関与する組織になるために、常に新技術が話題になるようにしよう。ハッカソンやアクセラレーター、インキュベーターといったイノベーション・イベントに参加（あるいは後援）し、スタートアップ・エコシステムとの関わりを持って新技術を内部化しよう。コラボレーション型またはソーシャル型のコミュニケーションメディア（社内ブログや、スラック、ディスコードなどのツール）を通じて新しいアイデアをつかむこと。判断を急がず、技術的な背景や知識、役職に関係なく誰でも参加するように推奨しよう。「エキサイティングな新技術」を議論するための専用コミュニケーション・チャネルを設置している企業もある。

小さく賭けて機会をヘッジする　将来的に幅広い選択肢を持っておくため、「少数の大きな賭け」ではなく「多数の小さな賭け」をするリアル・オプションを取り入れよう。技術革新は本質的にハイリスクなので、開発初期に「伸るか反るか」の博打を打つより、将来の投資のための機会を残しておくことが重要だ。期待の技術であっても、成熟して検証され、自社と似た市場状況で実用化されるまでは全力を賭けないようにしよう。

実験を組織のＤＮＡに組み込む　アンテナを張り続け、新しいアイデアについて議論するだけでは不十分だ。新技術の適性と潜在力を素早く見極めるため、新技術のアイデアを組織に取り入れる具体的な道筋を「実験」というかたちで確立しよう。顧客とのデジタルな接点があれば、比較的容易にできる。まずは、どうすれば実験を現行の事業プロセスに公式に組み込めるか、検討しよう。実験を組織のＤＮＡの一部にするために。

チェックリスト

- 新技術が自社にもたらす機会について最後に議論したのはいつか？
- 組織内で新技術を調査しているのは誰か。専用の役職やプロセスはあるか？
- 技術革新のアイデアが出たとき、肯定的な側面や「フィットするかどうか」に焦点を当てているか。自社ではうまくいかないという理由に焦点を当てていないだろうか？
- 複数の画期的な技術の可能性に分散して賭けているか。すべての卵をひとつのバスケットに入れていないだろうか？

関連する章

- 組織内に「ハイパーアウェアネス」を構築する（第12章）
- パートナーシップ戦略を成功させる（第13章）
- スタートアップに投資する（第14章）
- オープン・イノベーションを効果的に実行する（第15章）
- バランスのよいプロジェクト・ポートフォリオを構築する（第20章）

第30章 DXで組織のレジリエンスを高める

How to Leverage Digital for Organizational Resilience

近年、組織はより頻繁に、より大きな「ディスラプション」と直面するようになった。そのため、「レジリエンス」が重要な優先事項になりつつある。レジリエンスを備えた組織は、新しい現実に際しても回復し、成長し、繁栄することができる。多くの組織がデータや分析、デジタルツール、プロセスの自動化に依存するなか、デジタル技術は、事業の継続性や突然の外的ショックからの回復に欠かせない要素となっている。いまやレジリエンスは、DXの重要な構成要素なのだ。うまくいけば、長期的な組織のレジリエンスを構築するだけでなく、売上増やコスト削減といった短期的な効果も見込める。

なぜ重要か

不況時に同業他社をしのぐ業績をあげる組織もあれば、地歩を失ったり、生き残りに失敗したりする組織もある。事実、昨今の景気後退期に売上高と利益率の両方を向上させた企業は7社に1社しかない（注1）。大規模な外的ショックを受けると、短期的な行動に向かいがちだ。たとえば、新型コロナウイルスの感染拡大期には、経済の不確実性から生き残りモードに入り、イノベーション・プロジェクトへの投資をとりやめた組織が4分の1にのぼった(注2)。

対照的に、レジリエンスを備えた、回復力のある組織は、コスト削減に走ることなく投資を継続し、既存または新しい価値の源泉に素早くリソースを投入している。アパレルメーカーのリーバイ・ストラウスは、コロナ禍のあいだにEC関連のインフラと技術に投資して成果をあげた。ものの数日で、卸売業者や小売業者からのオンライン注文に応じることが可能になった。また、カーブサイド・ピックアップ(訳注、オンラインで注文した商品を、店舗の駐車場で受け取れるサービス)や製品カスタマイズなどのデジタル接続サービスを開始し、AIを活用してプロモーションの分析と促進を行ったことで、6倍増の売上を実現した(注3)。

延滞率の増加と消費者需要の低下に見舞われていたアメリカン・エキスプレスは、2008年の金融危機を投資の機会として利用した。当初はコスト削減を目指していたが、デジタルコマースへの移行を加速する起業直後のテクノロジー・スタートアップへの投資にすぐに軸足を移した(注4)。それから10年後、新たなテクノロジー・スタートアップからの挑戦を受けても、同社の市場価値は920億ドルに達し、誰もが認める市場リーダーであり続けている(注5)。

ベストプラクティス

「アジリティ」や「DX」といった多くの企業向けのバズワードと同様、「レジリエンス」も定義されないまま使われがちだ。私たちは、真のレジリエンスと言えるのは、「機敏性」「堅牢性」「即応性」の3つの特性を備えている場合だけだと考える。機敏性とは、脅威を避ける能力だ。機敏な組織は、危険を察知し、素早く動いて損害を回避する能力を持っている。しかし、どれほど機敏な組織でも、すべての障害をかわすことはできない。疫病や天災、不況は無差別に襲ってくる。そのため、堅牢性（ショックを吸収する能力）と即応性（ショックから即座に、かつ効果的に回復する能力）も不可欠である。レジリエンスを構成するこれらの要素は、デジタルツールとデジタル技術で強化することができる。

1　デジタルで「機敏性」を強化する

脅威に対処する前に、環境を感知し、迫りくる脅威を察知する必要がある。それゆえ、強力な早期警戒能力が、機敏性のカギとなる。環境を感知する能力は、デジタルツールを使って高めることができる。たとえばソーシャル・リスニングは、否定的な意見のフィードバックや製品・サービスの問題を検知する早期警戒システムとして機能する。また、従業員が匿名で意見を寄せる仕組みをつくれば、経営陣が隠れた問題に気づく一助となる。

素早く動いて脅威を避ける　感知だけでなく、対応もしなければならない。多くの場合、組織は、意思決定が遅いというハンデを負っており、何をすべきかがわかっていても時間内にアクションを起こせない。ビジネス・インテリジェンス・ソフトウエア（ダッシュボードなど）は、迅速な意思決定を容易にするデータを提示するのに役立つ。

また、分析ツールは、代替案を素早く提示して意思決定を支援してくれる。コラボレーション・ツールを使えば、データや情報を組織全体で取得・共有し、それを必要としている人に素早く届けられる。仮想化技術があれば、主要サイトが不正アクセスを受けたときでも事業を継続させることができる。

2 デジタルで「堅牢性」を強化する

堅牢性は、衝撃を吸収する能力だ。断片化したシステムやスパゲティ化したプログラムには、障害を起こす可能性のあるポイントが存在し、その多くが隠れている。デジタルツールは、安定した技術インフラの上に構築することが不可欠だ。新たなデジタル・プロジェクトは、既存のITルールやシステム、能力と迅速に統合する必要があるが、その重要性は平時でも過小評価されがちだ。DXは包括的なプロセスであり、バックエンドの事業プロセスとシステムに密接に関連している。私たちが特定した成功例でも、インフラについて標準化されたアプローチを採っているケースが多かった。

悪い企業は危機によって破壊され、よい企業は危機を生き延びる。偉大な企業は危機によって進歩する(注6)。

——アンドリュー・グローブ(インテル共同創業者)

複数の事業部門を持つ組織では、基幹デジタルインフラが、各部門に共通するデジタル能力を単一のプラットフォームに統合し、さまざまな事業プロセスを支援している。たとえば、多様な業界と市場で製品やービスを提供している食品大手のネスレは、新型コロナウイルスの感染拡大後、消費者の嗜好の変化に対応するためにデータへのアプローチを一新した。サプライチェーンの変化を予測するツールを導入して、工場の操業方法を見直した。「小売店が在庫切れ状態になることは避けたかった」と元ＣＩＯのフィリッポ・カタラーノは言う（注７）。

社内の専門チームは、感染状況を郵便番号レベルまで追跡し、そのデータを社内の製造やサプライチェーンのデータと関連づけることで製品供給を維持するためのダッシュボードを作成した。この取り組みが成功した理由のひとつに、「ＧＬＯＢＥ（グローバル・ビジネス・エクセレンス）」があった。これは、ネスレの本社と子会社で使われているさまざまなＩＴシステムを評価、統合する目的で２０００年に導入されたシステムだ。かつてネスレのＣＩＯオフィスで責任者を務めたエベラール・ロイスは、こう述べている。「この共通インフラがなければ、分散型のデータ構造を実装し、拡張することはできなかった」（注８）。全社的な相互運用やアクセス、再利用が可能なコアデータを取得し、それを新しいＡＩ技術と組み合わせたことが、ネスレの成功につながった。

サイバー攻撃に対する防止策、封じ込め策を講じる　深刻なプレッシャーにさらされている組織は、フィッシング詐欺やマルウェアなどのソーシャル・エンジニアリング攻撃の主要ターゲットになりやすい。パロアルト・ネットワークスの調べでは、新型コロナウイルス関連の名称を用いた悪意あるドメインは、コロナ禍の最初の半年間で4万以上にのぼった（注9）。

強力な防止策と封じ込め策で回避したり、影響を軽減したりできるサイバー攻撃もある。しかし、いつかは大きな打撃を受ける可能性がある。迅速な復旧と稼働を担保するのが、サイバーセキュリティ対応計画だ。たとえば、多くの企業がデータのバックアップに「3－2－1アプローチ」を採用している。これは、重要データを保存するときには3つのコピーを持ち、少なくとも2つのストレージメディアを使う。このうち1つのストレージは遠隔地のオフライン環境に置くというものだ。

2017年にノットペトヤ・ウイルスに襲われたマースクは、会社の大部分でインターネット接続を切る破目になった。データをリアルタイムでバックアップしていたため、すべてのバックアップがオンライン環境にあり、ウイルスに感染した。幸いなことに、アフリカに置かれていたサーバーが停電でオフラインになっていたため、失われたデータの多くを復旧することができた（注10）。

複数の調査で、セキュリティチームがDXに関与していないという事実が明らかになっている（注11）。しかし、安全なクラウド環境を整え、業務に不可欠なデータの共有・利用を保護する厳格な予防策を講じ、IoT機器のセキュリティを確保し、高価な資産を保全することは、DXを進めるうえで不可欠だ。それゆえ、ITセキュリティチームを最初からDXの計画に関与させる必要がある。

さらに関与させるべき利害関係者がいる。上級管理者だ。ポネモン・インスティテュートの調査によれば、上級管理者層が安全なＤＸプロセスの重要性を認識している組織は、成熟したサイバーセキュリティとＤＸプログラムを実践している確率が高い。サイバーセキュリティとＤＸは連携しているのだ(注12)。

3　デジタルで「即応性」を強化する

現代の組織は、ディスラプションの影響と無縁ではいられない。新型コロナウイルスがＤＸに与えた影響を調べたところ、危機対応においては、組織のデジタル成熟度が極めて重要であることがわかった。デジタルに成熟した組織は、革新的なデジタル・プロジェクトへの投資を維持するとともに、既存のデジタル投資を活用して、ニーズが伸びている市場でも成長していることがわかった(注13)。

グローバルな検査・認証企業のＳＧＳは、遠隔検査で生産性を強化し、新しいデジタル・サービスを開発するため、２０１６年にＤＸを開始した。コロナ禍が始まってからは、検査担当者が現地に行けなくなったので、モバイルアプリケーションを使ったビデオ検査の提供を始めた。このモバイルアプリケーションを介した説明に従えば、顧客は自身で検査することができる。サービス自体は新しかったが、モバイル技術は社内で進行中のデジタル・プロジェクトのなかにすでに存在していた。元ＣＤＯのフレッド・ヘレンは次のように説明している。「まったく新しいものを立ち上げる時間はありませんでした。すでにあるツールを、新しい方法で使うことが重要でした」（注14）。ＳＧＳでは、以前なら「あれば助かる」程度に見られていた既存のデジタルツールが、危機に瀕している顧客を満足させるために欠かせない存在となった。それを加速させたのがコロナ禍だった。

サプライチェーンを可視化する　「デジタル技術が、組織のビジネスモデルや顧客向けの活動をどのように変えているか」については多くの議論があるが、「デジタル技術が、サプライチェーンの変革にどのような影響を与えているか」についての議論は少ない。自然災害や産業事故、疫病などが発生した際に、サプライチェーンの安定稼働を確保することが最優先事項であることを考えると、もっと議論されてしかるべきだ。

デジタルサプライチェーン管理の利点には、製品の入手可能性の向上、応答時間の短縮、運転資金の削減などがある（注15）。デジタルサプライチェーンの中身は組織によってさまざまだが、サプライチェーンの可視性と制御を担保しておくことは、危機の際に特に役に立つ。

２０１２年にハリケーン・サンディが、ニュージャージー州アベネルにあるプロクター＆ギャンブルの工場を破壊したのをきっかけに、同社は、より先を読んだ危機対応を心がけるようになった。２０１６年には、全製品の原材料表とサプライチェーンのデジタルマップを管理するクラウドベースのソフトウエアに投資した。ＥＲＰシステムのデータや天気予報などの外部データを取り込むことで、最もコスト効率のよい方法で混乱を回避するシナリオを描くことができるようになった（注16）。

リーダーがリアルタイムのデータを使って「情報に基づく意思決定」をすれば、サプライチェーンの混乱に一歩先んじて行動することができる。チームはその洞察に素早く反応して復旧計画を立案し、組織は混乱期をスムーズに乗りきることができる。

＊　＊　＊

デジタル技術の重要性を考えると、デジタルリーダーには、十分なデジタル・レジリエンスを備えたDXを設計することをお勧めする。つまり、機敏性、堅牢性、即応性を備えたDXだ。財務的な備えも損失を和らげるために役立つが、デジタル・レジリエンスがあればリスクを軽減し、ディスラプション後の新たな現実に素早く適応することができる。

ツールボックス

パフォーマンス・ギャップを是正する　着手する領域の優先順位づけをするときは、パフォーマンス・ギャップの是正を目指すとよい。先進企業では、従来の手法では解決できないほど面倒な問題にデジタル技術を用いることが多い。倉庫内の在庫をリアルタイムで可視化することは、従来のERPシステムでは実現が難しかったが、デジタル技術を使えば比較的自動化できる。データ分析は、製品補充や在庫計画を支援するために使われる。

技術の力で意思決定を強化する　既存のプロセスや業務を強化するのではなく、デジタル技術を使って置き換える。これが通常の考え方だ。しかし、混乱期で大きな不確実性があるときには、迅速な意思決定をする必要がある。技術を活用してデータ分析やシナリオ分析を行い、意思決定を強化することが出発点となる。コロナ禍では、サプライチェーン計画の改善や、病気の進行のモデル化、臨床上の意思決定を支援するために機械学習やＡＩが活用された。

リアルタイムなデジタル行動の情報源として、中央のチームを活用する　大規模な混乱が起きたときには、何が機能しているかに関するリアルタイムの情報が極めて重要になる。組織、とりわけ高度に分散化された組織は、「企業全体でデジタル行動を収集し、拡散するには、中央集権型のチームが最適だ」と気づくだろう。たとえば、ロシュ・ダイアグノスティックスでは、コロナ禍のあいだ、中央デジタルチームがデジタル・ベストプラクティスの頼れる情報源としての役割を積極的に務めた。ある国や事業部門で起きている問題を聞き取り調査し、他部署で開発されたデジタル・ソリューションを素早く探して拡散した(注17)。

シングルソース・サプライヤーは避ける　レジリエンスが低い直接の原因が、「組織の落ち度」ではなく「主要サプライヤーの失敗」だというケースがよくある。１社が独占的に供給しているデジタルツールやデジタル技術は、事業上の大きなリスクになる。重要だが独占契約ではないシステムを複数のベンダーから仕入れれば、多少の追加コストはかかるが、サービス停止の際には先行投資が何倍にもなって返ってくる。

チェックリスト

- 自社の機敏性、堅牢性、即応性における組織能力に点数をつけるとしたら、何点か？
- DXの主要素としてレジリエンスを取り入れているか？
- 組織のレジリエンスを構築するために、どのデジタル・プロジェクトを加速させるか。あるいは、どんな新規プロジェクトを提案するか？
- 機敏性、堅牢性、即応性を備えたデジタルインフラを構築するために、主要な利害関係者（ITチームやセキュリティチームなど）と足並みをそろえているか？

関連する章

- デジタルとITを連携させる（第9章）
- アジャイル手法でDXを加速させる（第10章）
- 組織内に「ハイパーアウェアネス」を構築する（第12章）
- バランスのよいプロジェクト・ポートフォリオを構築する（第20章）

終章　デジタル組織になるための道のり

行く価値のある場所に近道はない。
——ビヴァリー・シルズ

「ＤＸとは、プロジェクトではなくジャーニーである」という言葉はよく知られている。まったくそのとおりだ。『オックスフォード・ラーナーズ・ディクショナリー』は、ジャーニー（journey）を「ある場所から別の場所に移動する行為で、特に遠く離れた場所に移動すること」と定義している（注１）。世の組織がＤＸに取り組みはじめて10年以上になるので、「遠く離れた」の部分は誰もが理解している。しかし、行き先についてはどうだろうか。この旅に終着点はあるのだろうか。

私たちの答えは、「おそらくノー」だ。

なぜか。技術革新のスピードが近いうちに落ちることはないからだ。それどころか加速して、組織の運営方法と管理手法を根本から揺さぶり続けるだろう。調査会社のＩＤＣは、ＤＸを可能にする技術やサービスに対する企業の支出は、２０２３年に世界全体で２兆３０００億ドルに達すると予測している。２０２４年には、ＩＴ費用の半分以上がＤＸとデジタル・イノベーションに向けられるという（注２）。

私たちは、苦しみながらもＤＸの最初の２段階（開始段階と実行段階）を乗り越えてきた大企業を数多く見てきた。顧客との接し方を変えたり、業績を改善したり、従業員がより効率的に働けるようにしたりするためのデジタル技術の使い方を見つけた企業だ。

しかし、既存事業をデジタル化することが当たり前になったものの、DXの最終段階（定着段階）を終えようとしている企業はほとんどない。この段階では、新たなビジネスモデルに移行して業務を完全にコネクテッド化あるいは自動化するか、人間と機械の協働を通じて従業員の能力向上を実現する必要がある。

デジタル技術が組織や個人、社会全体のパフォーマンスに劇的な変化をもたらしたことに疑いの余地はない。では、次はどうなるのか。

ポスト・デジタルの世界における聖杯（訳注、奇跡をもたらすもの）を、多くの経営者や学者、コンサルタントが予想している。工業からデジタルへ、そして次の「第3のシフト」は何をもたらすのか。「次はどうなるのか」といった問いの答えとしては、新手の有望技術や、さらに進んだアルゴリズムばかりが聞こえてくる。量子コンピューターやコグニティブ・コンピューティング、分散型台帳、より「知的」な人工知能などだ。アナリストや自称未来学者のほとんどが、将来の変革の中心となる枠組みのメカニズムとして、相変わらず「技術」を推している。

しかし、技術の進歩は不可欠だが、このような予想は間違いだと私たちは考えている。

デジタル組織への道筋をハックする

近い将来、「これまで私たちが経験してきたDX黎明期の出来事が、すべて序章にすぎなかった」と思わせるような大きな変化がデジタルによって引き起こされるだろう。そして、技術の進展以上に組織の革新が、企業や個人にとって最大の変化となる。

いつの時代もビジネスの主要課題は、新たな技術の可能性と変化する競争環境（いうなれば、トランスフォーメーション的なもの）に素早く適応する組織能力である。「聖杯」は組織が握ることになるのだ。より正確には、DXの「行為」そのものを当たり前のものにする組織能力がカギとなる。

私たちは、「DXを卒業して、デジタル組織へ移行するためのプロセスを、いくらかでも進めやすくしたい」との思いから本書を書いた。過去10年ほどのあいだ、コンサルティングや教育、調査を行うなかで繰り返し耳にしてきた主要課題と実行上の難所に対処してきた。私たちが学んだのは、DXを加速するアクセルも妨げる障害も、技術よりもむしろ、リーダーシップや人材、組織構造、文化、社内政治にあるということだ。DXの最終段階に進むカギは、より困難なソフト面に潜んでいる。

組織や人材、顧客にとっては、DXが「平常運転」になるのが理想だ。組織運営や人材管理、新たな技術革新の活用のなかにデジタルが埋め込まれ、透明になる。物理的な資産や人との関わりをやめるわけではない。ビジネスモデルとオペレーションモデルを、デジタルなプロセスとデータ基盤の上に構築するのだ。

たとえば、デジタル銀行に支店（実店舗）があってもかまわない。が、その舞台裏では、すべてのチャネルで顧客体験が一貫していることを保証する、デジタル化した業務手順が整備されていなければならない。そこには、デジタルの考え方や実践、能力、行動に根ざした新しい組織的ＤＮＡがある。本書では、その組織的ＤＮＡを構築するためのベストプラクティスについて説明してきた。しかし、すでに見てきたように、デジタル組織になるための特効薬はない。困難な道のりだが、幸いなことに、いくつかのヒントがある。

デジタル組織になるために

強力なデジタル技術、ユビキタスなデータ、高度なアルゴリズムにより、製品やサービス、ビジネスモデルの新しい戦略的選択肢が生まれている。また、これらの技術は、人材や業務をデザインし、調整し、管理するための組織的選択肢も提示する。これまでＤＸを語るとき、選択したデジタル戦略を実行するという組織的課題に注意が向けられることはあまりなかった。

世のビジネスリーダーは、「スタートアップのように行動せよ」とか「自社をウーバー化しよう」といった無数のアドバイスを浴びせられている。しかし、それが大規模で複雑化している企業の経営にどれだけ役立つのか。デジタル企業の特徴については理解が進んでいる。まず、リーダーは、自分たちの組織の真の姿を正しくとらえなければならない。デジタル組織への道を切り拓くうえで、文化やリーダーシップ、組織構造、複雑性、グローバル性が重要となる。俊敏で機敏だと言われる組織はほとんどない。では、どうすれば、デジタル組織になり、効果的かつ持続的に競争するために必要な俊敏さを身に付けられるのか。

これまでの調査では、デジタル組織になるためには、新技術を通じて価値を提供するために素早く適応し、自己組織化して持続可能な能力を開発することが重要だと示されている(注3)。そのためには、どうすれば新しいやり方で組織を編成、運営できるかを再考する必要がある。また、適応力ある従業員も必要だ。ほとんどの企業にとって、デジタル組織への変身はただの願望にとどまっている。調査によれば、ほぼすべての組織が移行状態にある。実行段階に踏み込んで久しい伝統的な企業でさえ、定着段階に進みそうな組織は7%しかない(注4)。出来合いの答えなどないが、青写真ならある。

この目的地にたどり着くのは、短距離走というよりマラソンのようなものであり、道中には快適でないこともままある。粘り強さと回復力が欠かせない。そして何よりも、コースを先導し、組織を最終目標に向かって集中させ続けることができる、強いリーダーシップが必要になる。大変な努力だが、そうする価値はある。デジタル組織になれば、限られた機会に適応したり、重要な事象に素早く対応したりすることができるのだ。ここまで来れば、組織化されたプロセスとしてのDXはもはや必要なくなる。

デジタル組織の域に達した一握りの企業には、共通の特徴がいくつも見られる。「デジタルファーストのマインドセット」「デジタルの知識と拡張性のある労働力」「データ主導の意思決定と

図表31-1　デジタル企業への道

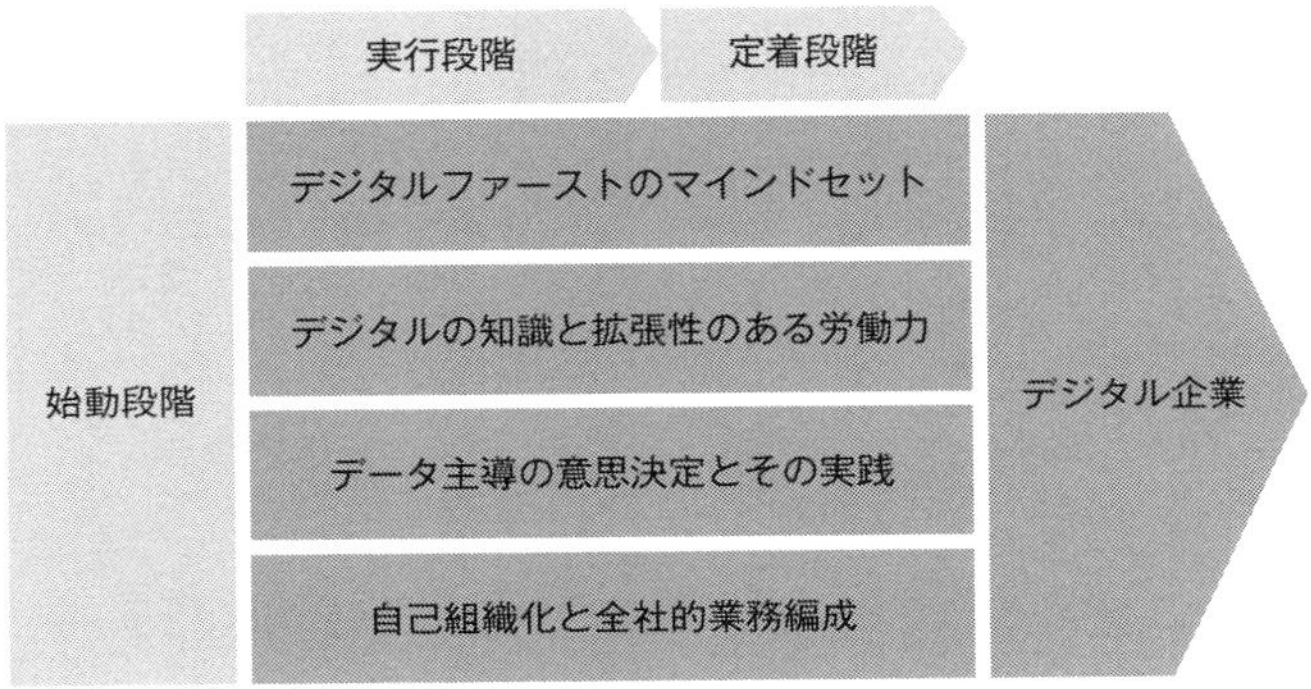

その実践」「自己組織化と全社的業務編成」だ（図表31－1参照）。どれも一筋縄ではない。

デジタルファーストのマインドセット　DXは本質的に、事業変革と技術を結びつけている。デジタルの可能性に対してポジティブで積極的な姿勢をとることが特に重要だ。デジタルファーストとは、社員の誰もがデジタルツールやデータ分析を体系的に用いて、従来型のプロセスよりも先にデジタル・ソリューションを探索することである。こうしたデジタルファーストの考え方は、可能な限り作業を自動化し、デジタル実験と革新を促進するための技術とアプローチを好む。

この本では、デジタルファーストのマインドセットを構築するために必要なことについて述べてきた。オープン・イノベーションに秀でる、ハイパーアウェアネスを構築する、俊敏な組織になることは、そのための方法の一部だ。キャピタル・ワンのリチャード・フェアバンクCEOは、次のように語っている。「デジタルは私たち自身であり、私たちのビジネスそのものです。顧客とのビジネスだけでなく、企業の運営方法も、デジタル化する必要があります」（注5）。このアプローチで従業員が成功を体験し、その体験談を広めれば、前向きなマインドセットが連鎖反応的に組織の隅々まで広がっていく。

デジタルの知識と拡張性のある労働力

組織でデジタルIQを高め、主要スキルを開発することは、DXの重要な課題となっている。デジタル組織として活動するなら、必須の要素だ。しかも、一度きりのものではない。継続的な学習の必要性は、小さくなるどころか、むしろ大きくなっている。デジタル組織には、ツールとデータを使って労働力と資本を動的かつ迅速に配置し、再構成する高い能力がある。

そして自動化だ。原則として、デジタル組織は、コアプロセス（特に反復的で非生産的な作業）の自動化に真っ先に取り組む。しかし、既存の業務の大半がそれに取って代わられる（失われる）わけではなく、むしろ拡張される。ワークフローを動かなくしていた作業の多くが取り除かれ、よりやりがいと意義のある作業に集中できるようになる。

人間と機械の協働は、単なる足し算よりも大きな意味を持つ。機械学習企業、フィギュアエイトのCEOであるロビン・ボルドリが、その可能性について次のように語っている。「機械が人間に取って代わるのではなく、機械が人間を拡張するのです。人間と機械にはそれぞれ相対的な強みと弱みがあり、両者が連携することで、近いうちに人間の意図（したいこと）とビジネスプロセスは10倍に、そして100倍に、さらにはそれ以上に拡張されるでしょう」（注6）。たとえば、放射線医学では、コンピューターのアルゴリズムによって単純な症例診断の生産性が高まり、医師は、より複雑な診断に集中できるようになった。素晴らしい成果だ。

データ主導の意思決定とその実践

DXでは、ビッグデータやアナリティクスが戦略的意思決定をサポートすると言われる。しかし実際には、自分の直感に頼る人がほとんどだ。これは悪いことではない。デジタル組織では依然として、人間の判断力が重要となる。ジェフ・ベゾスによれば、意思決定には2つのタイプがあるという。「分析による意思決定があります。最善の意思決定です。事実に基づいた意思決定であり、組織階層を凌駕します。しかし、残念ながら、そうではない意思決定も大量にあります。数学の問題に落とし込めない意思決定も」（注7）

とはいえ、デジタル組織では、顧客や経営、人材など、あらゆる問題の意思決定が事実に基づいている。この考え方は、イノベーションや実験にも適用される。言うまでもなく、データ主導の意思決定を行うには、タイムリーで正確かつ完全な、高品質のデータにアクセスできなければならない。

良質のデータは、従業員が社内業務を改善し、顧客の要求に効果的に対応するのに役立つ。デジタル化への投資をフル活用するには、蓄積されたデータを体系的な分析に用いて、重要な戦略的意思決定を促すとともに、社内プロセスを監視し、改良しなければならない。データを使いこなすことで、デジタル組織はこれまで以上に緊密に編成、制御できるようになる。逆説的だが、それは、従業員の自律性を高めるための前提条件だ。データ主導のメリットに気づいた従業員とマネジャーは、事実に基づいたアプローチをより一貫して使うようになり、それが好循環を生み出す。

自己組織化と全社的業務編成

組織デザインは完璧な科学ではない。どのように編成しても、サイロは残り続ける。もちろん、最初にすべきは、指揮命令系統や機能領域に沿ってサイロができないように編成することだ。しかし、成功するには、デジタル・プロジェクトが組織構造を横断していなければならない。デジタル組織は、協働学習を行うことでチームや業務の流動性を高める。チームワークやパートナーシップを活用して、既存の制度や地理的条件、担当割りなどに関係なく問題を解決し、洞察とソリューションが境界をまたいで迅速かつ容易に伝わるようにする。

リーダーの役割は、支援することだ。明確なゴールを設定し、境界を越えた協働を促し、関連情報への自由なアクセスを提供するとともに、専門知識をフル活用して実際に問題解決に当たる従業員を信頼する。これは、アジャイル・プログラムに限った話ではない。それよりもはるかに広範囲にわたる。デジタル組織では、業務の進め方や従業員同士の集まりや交流、協働の仕方のDNAのなかに、俊敏さが刻み込まれている。データやアナリティクスを通じた厳密な連動と制御により、デジタル組織はより多くの自律性を従業員に与えることができる。それによって、自己組織化がより高いレベルに移行する。

世界最大の家電メーカーである中国のハイアールは、インターネットのアーキテクチャを模して組織モデルを刷新することでDXをさらに一歩進めた。同社の組織は、顧客対応をする約200の小企業と、サービスやサポートを受け持つ3500以上の小企業から編成されている。ワークフローと従業員のマインドセットを変えるのに10年もの年月を要したが、その努力は報われた。

同社のCEO、張瑞敏《チャンルエミン》は、小企業群を成功に導いた原動力を次のように説明する。

「成功を収めた小企業には3つの特徴があります。第1に、起業家精神にあふれ、新しい市場機会を特定し、開発し、獲得することに優れているため、その市場を発展させてつかみとれること。第2に、非常にうまく自己組織化されており、研究開発のために外部人材を招き入れることに対して抵抗がないこと。そして第3に、自発的で意欲的であることです。彼らは次の成長機会を常に探しています」(注8)

デジタル組織の域に達すると、2つのことが実現する。ひとつは、境界に穴があくこと。名門大学の機械学習の専門家や、スタートアップのソフトウエア・ソリューション開発者、コーディングが得意なギグワーカーなど、外部人材に素早くアクセスすることができる。もうひとつは、境界や収支、予算に縛られることなく、顧客や事業機会があるところに社内のリソースや専門人材を柔軟に展開できること。これらが実現すれば、従業員エンゲージメントが向上し、起業家精神が発揮される。

次のことを自分に問いかけてみよう。

- あなたの組織は、デジタルファーストのマインドセットの獲得までに、どれほどの距離があるか？
- あなたの会社の従業員はどのくらいデジタルに精通しているか。付加価値を生む仕事が自動化によって拡張されることについて組織内で議論しているか？
- データ主導の意思決定に必要なデータとマインドセットを持っているか？
- 従来の境界を越えて自己組織化する能力がどのくらい備わっているか？

ここまで提示してきた課題の大きさにくじけそうだと感じても、諦めないでほしい。誰もがそう感じるのだ。多くの企業がデジタル組織に変わろうとしているが、変身を遂げた企業はまだほとんどない。重要なのは、進捗状況を把握する能力だ。自分の組織が前進しているかどうかを教えてくれる明確なシグナルがある。

たとえば、マネジャーによる調整に代わって協働と共有が行われるようになれば、デジタル・ガバナンスはもう必要ない。エアバスは、デジタルに精通した1万2000人の従業員コミュニティが形成されたところで、もう十分に成熟したと判断し、主流の活動にデジタル能力を埋め込むことにした。そして、DXの基盤となっていたガバナンス機構（DXオフィス）を解体した（注9）。

重要なのは、企業を真のデジタル組織に近づけようとする熱意と意欲だ。それはリーダー層にかかっている。ただし、リーダーは、協働や自己組織化、事実に基づく意思決定などの価値観や規範の開発を義務づけることはできない。しかし、自らがロールモデルになったり、サイロ間の協働を奨励したり、データ主導の意思決定を要求したりすることによって、新しいマインドセットや実践を奨励する条件を整えることができる。

DXのフェーズが進むたびに新たな課題が出てくる。技術に関する課題もあるが、多くの場合、変革の成功を阻む障壁は組織にまつわるものが大半だ。人材や組織構造、文化、インセンティブ、ガバナンス、ビジョンなどのさまざまな困難が立ちはだかる。私たちがDXに関わった10年のあいだに実践者から集めたベストプラクティスは、困難だらけの変革を乗り越える道をハックする役に立つはずだ。

DXの実践者から独自のデジタル組織の設計者になるまで、本書が、皆さんのより迅速な行動に役立つことを願う。

謝辞

「ひとりの子どもを育てるには、ひとつの村がいる」という言葉がある。私たちなら「ＤＸの本を1冊書くには、ひとつの都市がいる」と言うところだ。本書で提示したアイデアや事例、処方箋に関しては大勢の人々が貢献してくれた。その全員に感謝したい。

本書で述べたベストプラクティスや洞察は、時間や経験を気前よく共有してくれた何百人ものデジタルリーダーの存在なくしては得られなかった。彼らは、ＤＸについての私たちの考えに刺激を与え、疑問を呈し、後押しをしてくれた。そして、アドバイスをひとつひとつ検証し、修正し、再検証し、仕上げるまで多大な忍耐を示してくれた。ＤＸの課題と日々現場で格闘している彼らの寛大さと洞察がなければ、この本は実現できなかっただろう。名前は記されていないが、私たちが定期的にやりとりした数百人のエグゼクティブは本書の共同制作者であり、この本のなかには彼らの英知が宿っている。彼らこそがＤＸのヒーローだ。

ＩＭＤでは、グローバルセンター・フォー・デジタルビジネス・トランスフォーメーションの同僚であるジアル・シャン、エリザベス・テラチノ、レミー・アッシルが、私たちの考えや方向性を明確にするのに役立つ貴重な知的サポートとフィードバックを提供してくれた。運営上のサポートをしてくれたローレンス・テンペルにも感謝する。アナンド・ナラシマンとナタリア・ゲアサクは重要で有益な管理を、IMD学長のジャン＝フランソワ・マンツォーニは必要に応じて航空支援を提供するなど、私たちの活動に多くの財政支援をしてくれた。デジタルをテーマにした領域で活躍している学部の同僚たち、ゴータム・チャラガラ、カルロス・コルドン、マーク・グリーブン、オイコー・イシュク、ジェニファー・ジョーダン、アミット・ジョシ、ミシーク・ピスコルスキ、ハワード・ユーからは、インスピレーションを得た。

前2作『対デジタル・ディスラプター戦略』『DX実行戦略』（いずれも日本経済新聞出版）を執筆したシスコのチームメンバーであるジェイムズ・マコーレー、アンディ・ノロニャ、ジョエル・バービア、ジェフ・ルークスは、本書が依って立つ知的基盤を整えるのを助けてくれた。編集者のピート・ゲラルドは、執筆を繰り返す過程で綿密な鋭い指摘をしてくれた。著作権エージェントのエズモンド・ハームズワースは、常に舞台裏に控え、ビジネス出版という迷いやすい世界を熟練の腕で案内してくれた。

私たちが執筆のゴールテープを切るまで、プロフェッショナルなマグロウヒルのチームが提供してくれた助力の価値は計り知れない。スティーブン・アイザックス、ジュディス・ニューリン、スコット・クルツ、パトリシア・ワレンバーグ、ケビン・カミンズ、スコット・シューエルは、常に信頼できるパートナー兼アドバイザーだった。本書に寄せてくれた自信と信頼に感謝する。

解説　継続するジャーニーとしてのＤＸ

早稲田大学ビジネススクール教授　根来龍之

本書は、ＩＭＤビジネススクールのマイケル・ウェイド教授を中心とするグローバルセンター・フォー・デジタルビジネス・トランスフォーメーション（ＤＢＴセンター）による3冊目の本である。先行する2つの本、『対デジタル・ディスラプター戦略』『ＤＸ実行戦略』（いずれも日本経済新聞出版）の成果をふまえながら、より包括的で常備すべき本となっている。

本書は、すべての章が同じ構成となっている。各章は、まず、その章のテーマとなる課題を提示し、アドバイスを短くまとめたあと、次の4つのセクションからなる記述が続く。

1　なぜ重要か　各章で示す課題が、なぜＤＸの成否に関わるのかを説明する。
2　ベストプラクティス　その課題にどう取り組むべきか、エビデンスに基づいたアドバイスを述べる。事例を交えながら、ベストプラクティスを紹介する。
3　ツールボックス　実践的なツールとアドバイスを提示する。
4　チェックリスト　各章のアプローチを採用する際のチェックリスト。

これらを通じて本書全体が、ＤＸのための包括的な「やることリスト」となっている。

以下では、その「やることリスト」のなかから特徴的な主張をいくつか取り出し、日本企業の事例とあわせて解説したい。

明確で強力な「変革理念」を掲げているか

本書では、DXを「単発のプロジェクト」ではなく、始動段階から実行段階を経て、定着段階に至る「ジャーニー（旅路）」としてとらえる。第I部では「DXの始動」がテーマだ。ここでは、「DXのためのDX」にならないようにするために、どのような「変革理念」を掲げるかが重要となる。シスコは2015年から2020年までの5年間にわたる変革理念を、「50／50／2020」という言葉に凝縮した。これは、2020年度末までに、収益の50％をハードウエアではなくソフトウエアから、同じく50％を単発（売り切り）ではなく反復性のある（リカーリングな）収入源から得るという目標だ。変革理念は、正確（Precise）、現実的（Realistic）、包摂的（Inclusive）、簡潔（Succinct）、測定可能（Measurable）でなければならない（第1章）。

変革理念を明確に掲げている日本企業として、トラスト中山を挙げたい。同社は、工具などのプロツールを機械工具商やネット通販企業、ホームセンターなどの顧客へ販売する専門商社だ。同社の在庫は約50万アイテム、取扱商品データは約400万アイテムと非常に多い。そのため、物流や管理、在庫、商品の全分野で常にデータを集めて分析し、利便性や納品の迅速性・確実性、品揃えの確保を強化することを目標にDXを進めてきた。たとえば、AI見積もり「即答名人」の導入や、需要予測システム「ザイコン」を整備したのはその成果だ。同社のDXには、数値目標がある。上記のシステム導入に際しては、「システム受注率（全受注のうちシステムで受注処理した件数の比率）」と「在庫出荷率（全受注のうち在庫から出荷した比率）」が目標として掲げられた。ＤＸによって両比率とも90％前後になったと発表している。

独立か統合か――デジタルチームのあり方

第Ⅱ部では「ＤＸの推進体制」がテーマになる。たとえば、デジタルチームを他の部門と完全に分けるべきか、密接に事業部門に統合させるべきかという議論について、「どちらに振り切っても、よい結果は得られない。ハイブリッドなアプローチが最もうまくいく」と主張する。デジタルチームを事業部門から完全に分離させれば、現在のガバナンスモデルや運用の制約にとらわれずに進めることができるが、デジタルチームが日々のビジネスから孤立するというリスクを伴う。一方、デジタルチームを事業部門と統合すれば、デジタル実験から業務への移行をシームレスに行うことはできるが、漸進主義や重複を生み出し、新鮮な思考や組織的学習を犠牲にするリスクを伴う。したがって、適切なバランスを見つけること、言い換えれば、デジタルの勢いを加速させるために十分な独立性と、成功したプロジェクトを会社全体に移行させるために十分な統合性を両立することが重要となる（第8章）。

日本企業の場合、「ＤＸ推進室」のような専門組織を設置する例が多い。この場合、現場が専門組織に丸投げして、「いい提案があれば検討する」という受け身の立場をとるといった事例を見聞きする。しかし、「ＤＸ推進室」は、本書が提案するように、ＤＸの具体案を実現する立場をとるのではなく、事業部門自身のデジタル化提案を促進する、あるいは技術や訓練を提供する立場をとるほうが好ましいと思われる。

脱・自前主義のマインドセットを持てているか

第Ⅲ部では「外部組織との協働」が語られる。「DXを早期に進めるためには、パートナー（提携先）を探すべきだ」と本書は主張する（第13章）。また、スタートアップへの投資（第14章）やオープン・イノベーション（外部の企業や組織と協働して製品開発を進めること）の実行（第15章）も勧める。たとえば、フィリップスの照明ブランド、フィリップス・コンシューマー・ライティングは、2010年にオープン・イノベーションに乗り出し、業務提携を行うことで、社外の技術との統合を継続的に進めてきたという。オープン・イノベーションの実行にあたっては、既存大企業に多い「自前主義」というマインドセットを克服することが重要だ。このことは日本企業にも通じる。

コマツは、日本を代表するDX先進企業だ。同社は、建設機械への通信モジュール内蔵（KOMTRAX〔コムトラックス〕、2001年から標準装備）や自動化（ICT建機、2015年より開始）だけでは工事現場全体の効率化には十分に貢献できないと考え、2015年2月、「スマートコンストラクション」のコンセプトを発表した。スマートコンストラクションとは、工事現場のあらゆるデータをICTで有機的につなぐことで、測量や工事進行、検査まで現場のすべてを「見える化」し、安全で生産性の高い「未来の現場」を創造していくソリューションである。

ここで問題なのは、それを実現するためには、コマツが持っていない技術や製品も数多く必要になることだ。たとえば、土木工事では、測量をして工事の設計・施工計画を立案するが、この測量に手間がかかり、不正確だという問題がある（そのため、工事計画に手直しや手戻りがたびたび必要となる）。コマツは、ドローンによる空中からの測量と3Dデータ作成を考えたが、ドローン技術を持っていない。そこで同社は、世界中のドローン企業を探索し、アメリカのスタートアップであるスカイキャッチ社にたどりつく。スカイキャッチは、ドローンを活用した測量及び測量データのソフトウエアを提供する会社である。コマツは同社をパートナーにして、スマートコンストラクションに不可欠なピース（要素）であるドローン測量を実現した。

サービスモデルへの転換は段階的に行われているか

第Ⅳ部のテーマは「ビジネスモデルの変革」だ。DXでは、ビジネスモデルの変革を伴うことが多い。代表的な変革は、「モノ（製品）」から「サービス」への移行だ。本書でもこのテーマを扱っている。たとえば、ミシュランでは、タイヤにセンサーを埋め込むことで、利用状況や走行距離、補修ニーズについてのデータを得ることを前提に、「距離当たり課金」のサービスモデルへの転換が試みられている。こうして、運送会社と3～5年間の契約を結び、保有車両の総合的タイヤ管理サービスを提供する「ミシュラン・フリート・ソリューション」ビジネスが誕生した（第17章）。

日本でも、ミシュランと同業のブリヂストンが、サービスモデルへの転換を試行している。同社は法人向けに、「タイヤ料金やタイヤ交換などのメンテナンス料金がすべて含まれた定額フルサービス」を個別契約で提供している。さらに2021年には、「Ｍｏｂｏｘ」という消費者向け「定額フルサービス」も開始した。同サービスは、2年あるいは3年という期間契約（月1000円前後）で、タイヤ交換（4本）やパンク補償、脱着、ローテーション、ガス充填、安全点検などを提供している。また、トヨタ自動車も「ＫＩＮＴＯ」という月固定価格（3年契約）でのメンテナンス保証付き個人向けカーレンタルサービスを開始している。

ただし、サービスモデルへの転換は、時間がかかることを覚悟すべきだ。サービス化は一気に終わるものではない。「製品販売後に付随したサービス（保守や修理など）を行うモデル」から「成果ベースのソリューション（自動車の走行距離当たり価格やジェットエンジンの飛行時間当たりモデルなど）」への転換には困難が伴う。本書ではそれゆえ、サービスモデルに移行する際のフェーズを分け、段階的に必要な組織能力を取り入れていく方法をとる必要があるとしている。具体的には、①顧客が保有する販売済みの自社製品全部にサービスを行う、②予測メンテナンスのサービスを導入する、③成果ベースや定額課金を導入する、といった段階を踏むのがよいとしている（第17章）。

サイロ化された組織構造がＤＸを阻んでいないか

第Ｖ部のテーマは「人と組織」の問題である。ＤＸを進めると、組織的あるいは経営的な「綱引き」が起こる。この「綱引き」をマネジメントするには、「両利きのリーダー」が必要だ。本書は、有能なデジタルリーダーは、リーダーシップの伝統型アプローチと新興型アプローチのあいだで「綱引き」を行い、バランスをとる能力を持っている必要があると主張する。この綱引きには、「専門家vs学習者」「一貫性vs適応性」「戦術家vsビジョナリー」「語り手vs聞き手」「権力掌握vs権限委譲」「経験的直感力vsデータ分析力」「完璧主義者vsアクセラレーター」の7つがある（第21章）。

既存大企業には、これらの対立のなかで前者に秀でたリーダーが多い。しかし、デジタルの世界は、後者を必要とする。後者の資質を持つリーダーを得るには、デジタルベンチャーからの中途採用を検討する必要があるだろう。同時にトップ自らが、デジタル化を指向する顧客やデジタル企業と会話することで「両利きのリーダー」に変身することが重要だ。

本書では、「サイロ」化された組織構造の問題も取り上げられている（第25章）。デジタル・プロジェクトの成功には高度な機能横断型の連携とリソースの流動性が不可欠であり、ビジネスの一体性を優先事項とする必要がある。しかし、すべての事業部門と階層をまたいだ連携を促そうとしても、実際には組織は常に縦割り化し、各部門やユニットがサイロ化する（壁をつくる）傾向がある。本書では、キャタピラー社の事例が取り上げられている。これは、デジタル・サービスの対価にどう説得力を持たせるかという問題でもある（第18章）。

キャタピラー社は、建設や採掘機械のグローバル・ジャイアントだが、デジタル化についてはコマツに遅れをとった。そこで経営トップがデジタル化の推進を指示し、デジタル・サービスの開発と活用にあたる専門チーム「CATコネクト」が2015年の初めごろに組織された。この専門チームは、同社の建機に通信モジュールを内蔵して、リアルタイムに稼働データを得ることを前提にした「KOMTRAX」に対抗するサービスをデザインし、市場に提供することにした。同社とその顧客にとって、コネクティビティがもたらす恩恵は明らかだ。顧客にとっては、ダウンタイムの削減や生産性の向上、燃費の改善、資産管理の改善（機械の盗難防止）につながる。キャタピラーにとっては、機械の使用状況や顧客の行動をより詳細に理解する、製品開発のための知見を得る、補修部品の収益向上を見込めるといったメリットがある。両者にとって利益のあるDX提案のはずだった。

しかし、取り組み開始から5年が過ぎても、コネクテッド製品のうち、顧客が支払うデジタル・サービスを含むものは1割未満で、残りの費用は自社で負担せざるを得ない状況だったという。2019年には、当初のデジタル・サービス販売施策はいったん中止され、後追い戦略がさらに遅れることになる（現在は、通信モジュールを標準装備した建機を前提にして、コマツの「スマートコンストラクション」に対抗する「CATコネクト・ソリューションズ」をオプションサービスとして提供している）。

連携を促すインセンティブ制度になっているか

中止の背景には、「有料デジタル・サービスの価値がなかなか顧客に伝わらない」という問題があった。顧客は、新たなデジタル・サービスに代金を払う必要性をすぐには認識しなかったのである。キャタピラーは、顧客への訴求に失敗していた。オペレーターや現場監督、購買責任者、経営者、それぞれの立場によってサービスの価値に対する考え方は異なっている。たとえば、購買責任者はコストを最小限に抑えることを重視するので、「無償で提供してくれ」が基本姿勢となる。一方、オペレーターは、自分の働きぶりが上司に監視されることを不安視する。現場監督は新サービスから最大の恩恵を受けるが、彼らが購買プロセスに直接参加することはほとんどない。デジタル・サービスに対価を払うように顧客を説得するには、経営者を説得する他なかったのである。これは、顧客側の組織の「サイロ」化の問題だ。顧客の組織問題は、提供側が変えることは難しく、それを前提に対応せざるをえない。「対価に見合うメリットがあるのだから顧客は対価を支払うはずだ」というのは、提供側の思い込みだ。

キャタピラーの場合、同社内にも「サイロ」問題があったと本書は指摘している。「CATコネクト」チームは、設計を担当するエンジニアリングチームからも、製造や出荷を担当するオペレーションチームからも、顧客とやりとりするセールス・サービスチームからも切り離されていた。この結果、「事業としてのデジタル化」というCATコネクトの理念が、社内の他の組織には必ずしも歓迎されなかったというのが本書の分析だ。

有料のデジタル・サービスが収益と結びつかないのは、顧客がお金を払いたがらないだけでなく、営業担当者がそのサービスを売りたがらなかったからだ。「CATコネクト」を販売する際のインセンティブが大きくなかったため、営業チームは販売に力を入れなかった。「30万ドルの建設機械を売るなかで、月20ドルのサービス契約を追加することに時間を割く価値があるとは思えなかった」

インセンティブは社外にも必要だ。B2B企業の多くがそうであるようにキャタピラーもエンドユーザーと関わることはほとんどない。販売の大部分が世界中のディーラーと代理店のネットワークを通じて行われている。それらの業者の目には、キャタピラーとエンドユーザーを直接つなぐ「CATコネクト」が脅威に見えた。自分たちを飛ばして顧客に直接、補修部品を販売するつもりではないかという疑念を持たれたのである。ディーラーや代理店に「CATコネクト」のメリットを説明し、彼らにもこの新サービスの販売にインセンティブを与える必要があった。

組織内で情報を共有し、「同じ目標に向かって団結する」という文化を育むことは重要だ。しかし、組織のサイロ化は宿命でもある。したがって、サイロ化の弊害を克服する努力をすると同時に、一方では、サイロの存在を前提にしたうえで「連携にインセンティブを与える」「リソースを共有する」「アジャイルな実践を支援する」ことが重要だと本書は主張する（第25章）。デジタルリーダーは、既存のインセンティブ制度が目標に沿ったものになっているかどうかを確認し、必要なら見直しを提案する必要がある。

また、独立型のデジタルチームをつくり、専任の専門家たちが計画を進める体制にすると、チーム外との接触を失うリスクがある。本書が提案する解決策は、「実際の業務に携わっている従業員を、組織全体から部門や地域をまたぐかたちで巻き込む体制」の必要性である。「デジタル専門チーム」ではなく、全社のデジタル化を促し、必要に応じて技術を提供する「デジタル・ハブ」の設置が、多くの場合、好ましいとされる。さらに、現場のアジャイルな実践を支援する組織設計も提案している（この部分については、スポティファイ・モデルやスクラムなどのソフトウエア開発組織の例示があるのみで、本書の提案はあまり具体的でない。さらに研究が必要なテーマだ）。

プロジェクトを拡張できているか

最終セクションである第Ⅵ部では、「DX推進力の持続」がテーマとなる。本書は、解説の冒頭に述べたように、DXを「単発のプロジェクト」ではなく、始動段階から実行段階を経て、定着段階に至る「ジャーニー（旅路）」としてとらえている。DXが定着すれば、デジタル技術が組織に組み込まれ、あらゆる業務の基本構造となる。

ここでは、定着に至るために本書が強調する「プロジェクトの拡張」（第27章）について指摘しておきたい。本書は、有望なデジタル・イノベーションやデジタル技術の構築と検証に力を入れている組織の多くが、パイロット版や実証実験では成功しているが、大規模なデジタル・プロジェクトとしての真の価値創造では非常に苦労していると指摘する。価値創造は、デジタル・プロジェクトが大規模に展開された後に起こる。そのためには、段階的な成長を慎重かつ意図的に導く必要がある。本書が紹介するガートナーによる2018年の調査によれば、83％の企業がDXの計画、設計または試行段階にあり、デジタル・プロジェクトを拡張できた企業はわずか17％だという。

本書の主張は、「デジタル・プロジェクトでは、最初から拡張性を考慮すべきだ」というものだ。小さなプロジェクトであれば、組織の他部門から本格的な抵抗にあうことはないし、既存のルールや規範を変えずに実験として許容される。しかし、抵抗やルールの変更は、プロジェクトの拡張時には必ず問題になる。そのため、当初からそうした変更を準備しておく必要がある。また、拡張を図るための注意事項として、パイロット版から正式版への移行時に存在する各部門や各現場のスキルギャップを事前に予測しておくことも必要だとする。

さらに、拡張の際にありがちなミスは、「ある状況でうまくいったデジタル・プロジェクトが、別の状況でもうまくいく」と考えてしまうことからくる。プロジェクトの拡張には「カット&ペースト（切って、貼る）」ではなく、「切って、合わせて、貼って、調整する」ことが必要だという。また、拡張に関して経営陣から承認と資金を得ていても（プッシュ要因）、利害関係者からの需要がなければ（プル要因）、デジタル・プロジェクトは失敗する。拡張を成功させるには、プロジェクトを「プッシュ」から「プル」の段階に移行させることが重要だと主張する。

本書は、段階的かつ現実的なアプローチを提案する、既存企業のためのリアルなＤＸ指南書だ。「ＤＸは1回かぎりのプロジェクトでも、実験的な打ち上げ花火でもない。組織全体に浸透し、デジタル技術が組織活動の基本構造になるまで続く、長い段階的なプロセス（ジャーニー）なのだ」という主張が本書では一貫している。そのうえでベストプラクティスを示し、さらに具体的な方法やツールが例示された、常備すべき参考図書となっている。

news/pg-ready-for-anything-supply-chain-disaster-response/555945.

（注17） 著者によるインタビュー。

終章

（注1） McArthur, G., C. K. Wu, J. Hull, A. Kingston, and M. McIntosh. "Journey." In *Oxford Learner's Dictionary*. Oxford University Press, n.d. https://www.oxfordlearnersdictionaries.com/definition/american_english/journey_1.

（注2） *Worldwide Semi-Annual Digital Transformation Spending Guide*. International Data Corporation, 2019.

（注3） Soule, Deborah L., Akshita Puram, George F. Westerman, and Didier Bonnet. "Becoming a Digital Organization: The Journey to Digital Dexterity." *SSRN Electronic Journal*, December 2, 2015. https://doi.org/10.2139/ssrn.2697688.

（注4） Bonnet, Didier, Akshita Deora Puram, Jerome Buvat, Subrahmanyam KVJ, and Amol Khadikar. "Organizing for Digital: Why Digital Dexterity Matters." Capgemini Consulting (research paper), 2015.

（注5） Capital One Q4 2013 earnings call. http://investor.capitalone.com/static-files/8c0456aa-22d3-4fb9-b515-187783c1f015.

（注6） Johnson, Nick. Interview of Robin Bordoli: "How Artificial Intelligence Can Help You Get 100x More Work Done." *Salesforce Live*. Accessed February 17, 2021. https://www.salesforce.com/video/1718054/.

（注7） Girard, Bernard. *The Google Way: How One Company Is Revolutionizing Management as We Know It*. San Francisco: No Starch Press, 2009.

（注8） "For Haier's Zhang Ruimin, Success Means Creating the Future." *Knowledge@Wharton* (podcast), April 28, 2018. Accessed February 17, 2021. https://knowledge.wharton.upenn.edu/article/haiers-zhang-ruimin-success-means-creating-the-future/.

（注9） "Digital Transformation Becomes Mainstream: Airbus Digital Teams Join Engineering and Operations." Airbus, May 15, 2020. https://www.airbus.com/newsroom/news/en/2020/05/digital-transformation-becomes-mainstream-airbus-digital-teams-join-engineering-and-operations.html.

Shift." *Wall Street Journal*, August 1, 2020. https://www.wsj.com/articles/covid-19-forces-levi-to-accelerate-its-consumer-strategy-shift-11596223224.

（注4） Eaton, Kit. "Amex Invests $100 Million in Its Future: Digital Ecosystem, Not the Plastic Card." *Fast Company*, September 11, 2011. https://www.fastcompany.com/1793698/amex-invests-100-million-its-future-digital-ecosystem-not-plastic-card.

（注5） Verhage, Julie, Jenny Surane, and Bloomberg. "New Tech Startups Challenge AmEx in the Niche Corporate Card Market." *Fortune*, March 8, 2020. https://fortune.com/2020/03/08/new-tech-startups-want-to-remake-the-corporate-card/.

（注6） Takahashi, Dean. "Intel CEO: Bad companies are destroyed by crises . . . great companies are improved by them." Venturebeat.com. April 23, 2020. https://venturebeat.com/2020/04/23/intel-ceo-bad-companies-are-destroyed-by-crises-great-companies-are-improved-by-them/.

（注7） "Technology Versus Pandemic." *Porsche Consulting Magazine*, July 23, 2020. https://newsroom.porsche.com/en/2020/company/porsche-consulting-nestle-cio-filippo-catalano-21556.html.

（注8） 著者によるインタビュー。

（注9） Olson, Ryan, "COVID-19: The Cybercrime Gold Rush of 2020." *Palo Alto Networks* (blog), July 21, 2020. https://blog.paloaltonetworks.com/2020/07/unit-42-cybercrime-gold-rush/.

（注10） Greenberg, Andy. "The Untold Story of NotPetya, the Most Devastating Cyberattack in History." *Wired*, August 22, 2018. https://www.wired.com/story/notpetya-cyberattack-ukraine-russia-code-crashed-the-world/.

（注11） 以下を参照。"Cyber Security in the Age of Digital Transformation." Nominet White Paper. https://nominetcyber.com/cyber-security-in-the-age-of-digital-transformation. 以下も参照。Nofal, Hani. "The Unspoken Truth: The Role of Cybersecurity in Breaking the Digital Transformation Deadlock." *GBM 8th Annual Security Survey 2019*.

（注12） "Bridging the Digital Transformation Divide: Leaders Must Balance Risk & Growth." *Ponemon Institute Research Report*, March 2018. https://www.ibm.com/downloads/cas/ON8MVMXW.

（注13） Global Center for Digital Business Transformation. IMD Business School, 2020.

（注14） 著者によるインタビュー、2020年8月。

（注15） Gstettner, Stefan, Robert Roesgen, Amit Ganeriwalla, and Gideon Walter. "Three Paths to Advantage with Digital Supply Chains." *BCG*, February 1, 2016. https://www.bcg.com/en-ch/publications/2016/three-paths-to-advantage-with-digital-supply-chains.

（注16） Cosgrove, Emma. "How P&G Created a 'Ready for Anything' Supply Chain." *Supply Chain Dive* (newsletter), June 3, 2019. https://www.supplychaindive.com/

Andrus. *The Technology Fallacy: How People Are the Real Key to Digital Transformation*. Cambridge, MA: MIT Press, 2019.
（注7） *Entrepreneur* Staff. "Read Jeff Bezos's Inspiring Letter to Shareholders on Why He Keeps Amazon at 'Day 1.'" *Entrepreneur*, April 12, 2017. https://www.entrepreneur.com/article/292797.
（注8） Loveday, Steven. "Toyota Won't Make a Proper EV Because Dealers Say It Won't Sell." *InsideEVs*, December 7, 2018. https://insideevs.com/news/341448/toyota-wont-make-a-proper-ev-because-dealers-say-it-wont-sell/.
（注9） Viki, Tendayi. "How Making Small Bets Can Help Leaders Accept Innovation Failure." *Forbes*, June 11, 2020. https://www.forbes.com/sites/tendayiviki/2020/06/11/how-making-small-bets-can-help-leaders-accept-innovation-failure/?sh=315d633d2c10.
（注10） McGrath. *Seeing Around Corners*.
（注11） Sims, Peter. *Little Bets: How Breakthrough Ideas Emerge from Small Discoveries*. New York: Simon & Schuster, 2011, p. 21.
（注12） "Gartner Hype Cycle." Gartner, 2020. https://www.gartner.com/en/research/methodologies/gartner-hype-cycle.
（注13） Deloitte. "Tech Trends 2020," https://www2.deloitte.com/content/campaigns/za/Tech-Trends-2020/Tech-Trends-2020/Tech-Trends-2020.html.
（注14） ThoughtWorks. *Technology Radar: An Opinionated Guide to Technology Frontiers*, Vol. 23, 2020. https://www.thoughtworks.com/radar.
（注15） Zalando Tech Radar—2020. https://opensource.zalando.com/tech-radar/.
（注16） McAfee, Andrew, and Erik Brynjolfsson. "Investing in the IT That Makes a Competitive Difference." *Harvard Business Review*, July 1, 2008. https://hbr.org/2008/07/investing-in-the-it-that-makes-a-competitive-difference.
（注17） ADAMOS. https://www.adamos.com/.
（注18） "Collaborative Innovation: Transforming Business, Driving Growth." World Economic Forum, August 2015. http://www3.weforum.org/docs/WEF_Collaborative_Innovation_report_2015.pdf.

第 30 章

（注1） Reeves, Martin, David Rhodes, Christian Ketels, and Kevin Whitaker. "Advantage in Adversity: Winning the Next Downturn." BCG Henderson Institute, January 18, 2019. https://bcghendersoninstitute.com/advantage-in-adversity-winning-the-next-downturn-5853b4425db1.
（注2） Palmer, Maija. "Pandemic Kills Corporate Innovation Plans." *Sifted*, June 9, 2020. https://sifted.eu/articles/pandemic-kills-corporate-innovation/.
（注3） Trentmann, Nina. "Covid-19 Forces Levi to Accelerate Its Consumer Strategy

measure-digital-transformation-progress/.
（注3） 著者によるインタビュー。
（注4） US Department of Energy. “Types of Maintenance Programs.” *Operations & Maintenance Best Practices Guide: Release 3.0,* Chapter 5, 2013. https://www1.eere.energy.gov/femp/pdfs/OM_5.pdf.
（注5） Duguid, Ryan. “How Automation Is Transforming the Supply Chain Process.” Manufacturing.net, September 7, 2018. https://www.manufacturing.net/automation/article/13245800/how-automation-is-transforming-the-supply-chain-process.
（注6） Gregory, Sonia. “19 Important Digital Marketing Metrics for Measuring Success.” *FreshSparks*, August 13, 2019. https://freshsparks.com/digital-marketing-success/.
（注7） Sia, Siew Kien, Christina Soh, and Peter Weill. “How DBS Bank Pursued a Digital Business Strategy.” *MIS Quarterly Executive*, Vol. 15, No. 2, 2016. https://aisel.aisnet.org/misqe/vol15/iss2/4/.
（注8） “How to Use Digital Learning to Increase Employee Engagement.” *Profiles Asia Pacific*, May 5, 2020. https://www.profilesasiapacific.com/2020/05/05/digital-learning-employee-engagement/.
（注9） Hansen, Rina, and Sia Siew Kien. “Hummel's Digital Transformation Toward Omnichannel Retailing: Key Lessons Learned.” *MIS Quarterly Executive*, Vol. 4, No. 2, 2015. https://aisel.aisnet.org/misqe/vol14/iss2/3/.

第29章

（注1） Fenwick, Nigel. “The State of Digital Business 2018: Top Technologies.” *Forrester* (blog), March 2, 2018. https://go.forrester.com/blogs/digital-business-top-tech/.
（注2） Lucas Jr., Henry C., and Jie Mein Goh. “Disruptive Technology: How Kodak Missed the Digital Photography Revolution.” *Journal of Strategic Information Systems*, Vol. 18, No. 1, pp. 46–55, March 2009. https://www.sciencedirect.com/science/article/abs/pii/S0963868709000043. https://doi.org/10.1016/j.jsis.2009.01.002.
（注3） Aspara, Jaakko, Juha-Antti Lamberg, Arjo Laukia, and Henrikki Tikkanen. “Strategic Management of Business Model Transformation: Lessons from Nokia.” *Management Decision*, Vol. 49, No. 4, May 2011. https://www.researchgate.net/publication/244085692_Strategic_management_of_business_model_transformation_Lessons_from_Nokia.
（注4） Davis, Todd, and John Higgins. “A Blockbuster Failure: How an Outdated Business Model Destroyed a Giant.” *Chapter 11 Bankruptcy Case Studies*, 2013. https://trace.tennessee.edu/utk_studlawbankruptcy/11.
（注5） McGrath, Rita. *Seeing Around Corners: How to Spot Inflection Points in Business Before They Happen*. Boston: Houghton Mifflin Harcourt, 2019.
（注6） Kane, Gerald C., Anh Nguyen Phillips, Jonathan R. Copulsky, and Garth R.

Company." *Scandinavian Journal of Information Systems*, Vol. 31, No. 2, 2019.

第 27 章

(注1) Mattes, Frank. "Scaling-Up: The Framework." *The Digital Transformation People*, May 17, 2019. https://www.thedigitaltransformationpeople.com/channels/strategy-and-innovation/scaling-up-the-framework/.

(注2) "The Secrets to Scaling Digital." Hitachi Consulting, 2019. https://www.hitachivantara.com/en-us/pdf/hcc/point-of-view/hitachi-scaling-digital-pov.pdf.

(注3) Moyer, Kristin, and Ian Cox. "Digital Business Transformation: Closing the Gap Between Ambition and Reality." Gartner Research, June 18, 2018. https://www.gartner.com/en/documents/3879565/digital-business-transformation-closing-the-gap-between-.

(注4) Abood, David, Aidan Quilligan, Raghav Narsalay, and Aarohi Sen. Accenture, 2019. https://www.accenture.com/_acnmedia/Thought-Leadership-Assets/PDF/Accenture-IXO-HannoverMesse-report.pdf.

(注5) 著者によるインタビュー。

(注6) Obwegeser, Nikolaus, Tomoko Yokoi, Michael Wade, and Tom Voskes. "7 Key Principles to Govern Digital Initiatives." *MIT Sloan Management Review*, April 1, 2020. https://sloanreview.mit.edu/article/7-key-principles-to-govern-digital-initiatives/.

(注7) マイケル・ウェイド他『DX実行戦略』日本経済新聞出版、2019年。

(注8) 著者によるインタビュー。

(注9) 著者によるインタビュー。

(注10) Salzman, Marian L., Ira Matathia, and Ann O'Reilly. *Buzz: Harness the Power of Influence and Create Demand*. Hoboken, NJ: John Wiley & Sons, 2005.

(注11) 著者によるインタビュー。

(注12) 著者によるインタビュー。

(注13) Büchel, Bettina, and Michael R. Wade. "Anchored Agility: The Holy Grail of Competitiveness." IMD (article), June 2013. https://www.imd.org/research-knowledge/articles/anchored-agility-the-holy-grail-of--competitiveness/.

第 28 章

(注1) Forth, Patrick, Tom Reichert, Romain de Laubier, and Saibal Chakraborty. "Flipping the Odds of Digital Transformation Success." *BCG*, October 29, 2020. https://www.bcg.com/en-ch/publications/2020/increasing-odds-of-success-in-digital-transformation.

(注2) Moore, Susan. "How to Measure Digital Transformation Progress." Gartner, September 30, 2019. https://www.gartner.com/smarterwithgartner/how-to-

Technology Company Can Teach Us About Scaling Agile." *Atlassian*, 2020. https://www.atlassian.com/agile/agile-at-scale/spotify.
（注16） Schlatmann, Bart. "ING's Agile Transformation." *McKinsey Quarterly*, January 10, 2017. https://www.mckinsey.com/industries/financial-services/our-insights/ings-agile-transformation.

第VI部

（注1） Wade, Michael, and Jialu Shan. "Covid-19 Has Accelerated Digital Transformation, but May Have Made It Harder Not Easier." *MIS Quarterly Executive*, Vol. 19, No. 3, 2020.

第26章

（注1） 著者によるインタビュー。
（注2） Yoo, Youngjin, Richard J. Boland, Kalle Lyytinen, and Ann Majchrzak. "Organizing for Innovation in the Digitized World." *Organization Science*, pp. 1398–1408, September 2012.
（注3） InGenius: Nestlé's Employee Innovation Accelerator. Accessed February 16, 2021. https://ingenius-accelerator.nestle.com/.
（注4） 著者によるインタビュー。
（注5） 著者によるインタビュー。
（注6） Chesbrough, Henry W., and Melissa M. Appleyard. "Open Innovation and Strategy." *California Review Management*, Vol. 50, Fall 2007. https://doi.org/10.2307/41166416.
（注7） LEGO Ideas. Accessed February 16, 2021. https://ideas.lego.com/.
（注8） Schlender, Brent, and Steve Jobs. "The Three Faces of Steve." *Fortune Magazine*. November 9, 1998. https://archive.fortune.com/magazines/fortune/fortune_archive/1998/11/09/250880/index.htm.
（注9） Harwood, Roland. "Unleashing Customer Innovation with LEGO Ideas." *100%Open*, April 30, 2014. https://www.100open.com/unleashing-customer-innovation-with-lego-ideas/.
（注10） 著者によるインタビュー。
（注11） Obwegeser, Nikolaus, Tomoko Yokoi, Michael Wade, and Tom Voskes. "7 Key Principles to Govern Digital Initiatives." *MIT Sloan Management Review*, April 1, 2020. https://sloanreview.mit.edu/article/7-key-principles-to-govern-digital-initiatives.
（注12） 著者によるインタビュー。
（注13） 著者によるインタビュー。
（注14） Müller, Sune D., Nikolaus Obwegeser, Jakob V. Glud, and Gunnar Johildarson. "Digital Innovation and Organizational Culture: The Case of a Danish Media

第 25 章

（注1） Altschuler, Max. "How Managers Can Support Business Unity." *MIT Sloan Management Review*, April 7, 2020. https://sloanreview.mit.edu/article/how-managers-can-support-business-unity/.

（注2） Goran, Julie, Laura LaBerge, and Ramesh Srinivasan. "Culture for a Digital Age." McKinsey, June 20, 2017. https://www.mckinsey.com/business-functions/mckinsey-digital/our-insights/culture-for-a-digital-age.

（注3） Obwegeser, Nikolaus, Tomoko Yokoi, Michael Wade, and Tom Voskes. "7 Key Principles to Govern Digital Initiatives." *MIT Sloan Management Review*, April 1, 2020. https://sloanreview.mit.edu/article/7-key-principles-to-govern-digital-initiatives.

（注4） ジェラルド・C・ケイン他『DX経営戦略』NTT出版、2020年。

（注5） Kane, Gerald C., Anh N. Phillips, David Kiron, and Natasha Buckley. *Accelerating Digital Innovation Inside and Out*. Deloitte, 2019. https://www2.deloitte.com/us/en/insights/focus/digital-maturity/digital-innovation-ecosystems-organizational-agility.html.

（注6） Kappelman, Leon, Russell Torres, Ephraim McLean, Chris Mauer, Vess Johnson, and Kevin Kim. "The 2018 SIM IT Issues and Trends Study." *MIS Quarterly Executive*, Vol. 18, No. 1, March 2019.

（注7） マイケル・ウェイド他『DX実行戦略』日本経済新聞出版、2019年。

（注8） 同上。

（注9） "Ian Rogers, LVMH; When Luxury Goes Digital." Capgemini. https://www.capgemini.com/ian-rogers-lvmh/.

（注10） "How to Create & Cultivate a Digital Culture in Your Organization." Digital Marketing Institute, January 9, 2018. https://digitalmarketinginstitute.com/blog/how-to-create-and-cultivate-a-digital-culture-in-your-organization.

（注11） 著者によるインタビュー。

（注12） Harvard University. "Carrots Are Better Than Sticks for Building Human Cooperation, Study Finds." *ScienceDaily*, September 4, 2019. http://www.sciencedaily.com/releases/2009/09/090903163550.htm.

（注13） Wade, Michael R., and Lisa Duke. "Rabobank: Building Digital Agility at Scale." IMD (case study), October 2019. https://www.imd.org/research-knowledge/for-educators/case-studies/Rabobank-Building-digital-agility-at-scale/. Reference No. IMD-7-2020.

（注14） Hron, Michal, and Nikolaus Obwegeser. "Scrum in Practice: An Overview of Scrum Adaptations." *Proceedings of the 51st Hawaii International Conference on System Sciences*, 2018. DOI: 10.24251/HICSS.2018.679.

（注15） Cruth, Mark. "Discover the Spotify Model: What the Most Popular Music

（注3） Wang, Qian (Emily), Michael D. Myers, and David Sundaram. "Digital Natives and Digital Immigrants," *Business & Information Systems Engineering*, Vol. 5, pp. 409–419, November 8, 2013. https://link.springer.com/article/10.1007/s12599-013-0296-y#:~:text=The%20article%20looks%20at%20the,stage%20during%20their%20adult%20life.

（注4） 以下を参照。*PwC 23rd Annual Global CEO Survey: Navigating the Rising Tide of Uncertainty*. http://www.ceosurvey.pwc. 以下も参照。Joseph B., Judith K. Wallenstein, Manjari Raman, and Alice de Chalendar. "Your Workforce Is More Adaptable Than You Think." *Harvard Business Review*, May 1, 2019. https://hbr.org/2019/05/your-workforce-is-more-adaptable-than-you-think.

（注5） Pashler, Harold, Mark McDaniel, Doug Rohrer, and Robert Bjork. "Learning Styles: Concepts and Evidence." *PubMed*, December 1, 2009. https://journals.sagepub.com/doi/full/10.1111/j.1539-6053.2009.01038.x?casa_token=Dn8qaRIkmq4AAAAA%3AgPyPJ3xb9quzsRXFPuGngk9miRicgs2NRqOxFeSs-KiwGofm5ue8WTHNUkWBE9GMHc5frzGRzbsS. https://doi.org/10.1111/j.1539-6053.2009.01038.x.

（注6） Piskorski, Mikolaj J., and Ivy Buche. "Digital Transformation at Axel Springer." IMD, 2016. Case Study Reference No. IMD-7-1733.

（注7） 同上。

（注8） Caminiti, Susan. "AT&T's $1 Billion Gambit: Retraining Nearly Half Its Workforce for Jobs of the Future." *CNBC*, March 13, 2018. https://www.cnbc.com/2018/03/13/atts-1-billion-gambit-retraining-nearly-half-its-workforce.html.

（注9） Donovan, John, and Cathy Benko. "AT&T's Talent Overhaul." *Harvard Business Review*, October 1, 2016. https://hbr.org/2016/10/atts-talent-overhaul.

（注10） Bersin, Josh, and Marc Zao-Sanders. "Making Learning a Part of Everyday Work." *Harvard Business Review*, February 19, 2019. https://hbr.org/2019/02/making-learning-a-part-of-everyday-work.

（注11） Boynton, Andy. "Are You an 'I' or a 'T'?" *Forbes*, October 18, 2011. https://www.forbes.com/sites/andyboynton/2011/10/18/are-you-an-i-or-a-t/?sh=6f33fba46e88.

（注12） Brassey, Jacqueline, Katie Coates, and Nick van Dam. "Seven Essential Elements of a Lifelong-Learning Mind-Set." McKinsey & Company, 2019. https://www.mckinsey.com/~/media/McKinsey/Business%20Functions/Organization/Our%20Insights/Seven%20essential%20elements%20of%20a%20lifelong%20learning%20mind%20set/Seven-essential-elements-of-a-liefelong-learning-mind-set.pdf.

（注13） Lundberg, Abbie, and George Westerman. "The Transformer CLO." *Harvard Business Review*, January 1, 2020. https://hbr.org/2020/01/the-transformer-clo.

（注14） 同上。

（注10） Wade and Obwegeser. "How to Choose the Right Digital Leader for Your Company."

（注11） Hamel, Gary, and C. K. Prahalad. "Strategic Intent." *Harvard Business Review*, July–August 2005. https://hbr.org/2005/07/strategic-intent.

第 23 章

（注1） Horlacher, Anna, and Thomas Hess. "What Does a Chief Digital Officer Do? Managerial Tasks and Roles of a New C-Level Position in the Context of Digital Transformation." *Proceedings of the 49th Hawaii International Conference on System Sciences*, 2016. DOI: 10.1109/HICSS.2016.634.

（注2） Wade, Michael, and Nikolaus Obwegeser. "How to Choose the Right Digital Leader for Your Company." *MIT Sloan Management Review*, May 14, 2019. https://sloanreview.mit.edu/article/how-to-choose-the-right-digital-leader-for-your-company/.

（注3） Walchshofer, Manuela, and René Riedl. "Der Chief Digital Officer (CDO): Eine Empirische Untersuchung." *HMD Praxis der Wirtschaftsinformatiked*, 2017. DOI: 10.1365/s40702-017-0320-7.

（注4） Tumbas, Sanja, Nicholas Berente, and Jan vom Brocke. "Digital Innovation and Institutional Entrepreneurship: Chief Digital Officer Perspectives of Their Emerging Role." *Journal of Information Technology*, Vol. 33, no. 3, 2018. DOI: 10.1057/s41265-018-0055-0.

（注5） Singh, Anna, Patricia Klarner, and Thomas Hess. "How Do Chief Digital Officers Pursue Digital Transformation Activities? The Role of Organization Design Parameters." *Long Range Planning*, Vol. 53, No. 3, 2019. https://doi.org/10.1016/j.lrp.2019.07.001.

（注6） Singh, Anna, and Thomas Hess. "How Chief Digital Officers Promote the Digital Transformation of Their Companies." *MIS Quarterly Executive*, Vol. 16, 2017. https://www.researchgate.net/publication/316629795_How_Chief_Digital_Officers_Promote_the_Digital_Transformation_of_their_Companies.

（注7） 著者によるインタビュー。

（注8） 著者によるインタビュー。

第 24 章

（注1） Wiles, Jackie. "Foster Innovation to Drive Digital Transformation." *Gartner*, April 1, 2019. https://www.gartner.com/smarterwithgartner/foster-innovation-to-drive-digital-transformation/.

（注2） Davenport, Thomas H., and Thomas C. Redman. "Digital Transformation Comes Down to Talent in 4 Key Areas." *Harvard Business Review*, May 21, 2020. https://hbr.org/2020/05/digital-transformation-comes-down-to-talent-in-4-key-areas.

now-explains-why-its-so-hard/?sh=5edf3d197fc4.

（注8） Amed, Imran. “CEO Talk: Angela Ahrendts on Burberry’s Connected Culture.” *The Business of Fashion*, September 3, 2013. https://www.businessoffashion.com/articles/ceo-talk/burberry-angela-ahrendts.

（注9） Jordan, Jennifer, and Michael Sorell. “Why You Should Create a ‘Shadow Board’ of Younger Employees.” *Harvard Business Review*, January 4, 2019. https://hbr.org/2019/06/why-you-should-create-a-shadow-board-of-younger-employees.

（注10） 著者によるインタビュー。

（注11） 著者によるインタビュー。

（注12） Hogan Assessments. *Hogan Agile Leader*. https://www.performanceprograms.com/shop/hogan-agile-leader-report/.

第 22 章

（注1） Péladeau, Pierre, and Olaf Acker. “Have We Reached ‘Peak’ Chief Digital Officer?” *Strategy+Business* (blog), March 26, 2019. https://www.strategy-business.com/blog/Have-we-reached-peak-chief-digital-officer?gko=2443a.

（注2） Wade, Michael. “From Dazzling to Departed—Why Chief Digital Officers Are Doomed to Fail.” World Economic Forum, February 12, 2020. https://www.weforum.org/agenda/2020/02/chief-digital-officer-cdo-skills-tenure-fail/.

（注3） Wade, Michael, and Nikolaus Obwegeser. “How to Choose the Right Digital Leader for Your Company.” *MIT Sloan Management Review*, May 14, 2019. https://sloanreview.mit.edu/article/how-to-choose-the-right-digital-leader-for-your-company/.

（注4） *Digital Leadership: Unilever: Consumer-First Approach Accelerates Digital Transformation. An Interview with Rahul Welde, Unilever*. Capgemini Research Institute, 2019. https://www.capgemini.com/ch-en/wp-content/uploads/sites/43/2019/02/Download-%E2%80%93-DTR-12_Unilever_Web.pdf.

（注5） Chng, Daniel Han Ming, Tae-Yeol Kim, Brad Gilbreath, and Lynne Andersson. “Why People Believe in Their Leaders—or Not.” *MIT Sloan Management Review*, August 17, 2018. https://sloanreview.mit.edu/article/why-people-believe-in-their-leaders-or-not/.

（注6） *Digital Transformation Review, Twelfth Edition. Taking Digital Transformation to the Next Level; Lessons from the Leaders*. Capgemini Research Institute, February 12, 2019. https://www.capgemini.com/wp-content/uploads/2019/02/Download-%E2%80%93-Digital-Transformation-Review-12.pdf.

（注7） Chng, Kim, Gilbreath, and Andersson. “Why People Believe in Their Leaders—or Not.”

（注8） 著者によるインタビュー。

（注9） 著者によるインタビュー。

to Operate Separately." *TechCrunch*, February 20, 2014. https://techcrunch.com/2014/02/20/simple-acquired-for-117m-will-continue-to-operate-separately-under-its-own-brand/.

(注9) Ulaga, Wolfgang, Franck Estoquié, Heiko Gebauer, Erik Grab, Stephan März, Patrick Soler, Hans van der Velden, Chloe Renault, Athanasios Kondis, and Lindsay McTeague. "From Product to Service: Navigating the Transition." IMD (article), 2013. https://www.imd.org/contentassets/9a2c2d15c4194e139a79da4b2ab936d6/26.-from-product-to-service-final-22-07-13.pdf.

(注10) Obwegeser, Nikolaus, Tomoko Yokoi, Michael Wade, and Tom Voskes. "7 Key Principles to Govern Digital Initiatives." *MIT Sloan Management Review*, April 1, 2020. https://sloanreview.mit.edu/article/7-key-principles-to-govern-digital-initiatives/.

第21章

(注1) Wade, Michael, Jennifer Jordan, and Elizabeth Teracino. "Every Leader Needs to Navigate These 7 Tensions." *Harvard Business Review*, February 20, 2020. https://hbr.org/2020/02/every-leader-needs-to-navigate-these-7-tensions.

(注2) Glazer, Robert. "'Command and Control' Leadership Is Dead. Here's What's Taking Its Place." *Inc.*, August 12, 2019. https://www.inc.com/robert-glazer/command-control-leadership-is-dead-heres-whats-taking-its-place.html.

(注3) Mangelsdorf, Martha E. "From the Editor: Decision Making in the Digital Age." *MIT Sloan Management Review*, December 19, 2013. https://sloanreview.mit.edu/article/from-the-editor-decision-making-in-the-digital-age/.

(注4) Majdan, Krzysztof, and Michal Wasowski. "We sat down with Microsoft's CEO to discuss the past, present and future of the company." *Business Insider*. April 20, 2017. https://www.businessinsider.com/satya-nadella-microsoft-ceo-qa-2017-4?r=US&IR=T.

(注5) Ifeanyi, KC. "'Pandora Broke My Heart': Tim Westergren, Digital Radio Pioneer, Returns to Break the Music Industrial Complex." *Fast Company*, April 30, 2020. https://www.fastcompany.com/90494948/pandora-broke-my-heart-tim-westergren-digital-radio-pioneer-returns-to-break-the-music-industrial-complex.

(注6) Weiner, Yitzi. "Red Hat CEO Jim Whitehurst on Why It's So Important for a Leader to Be Humble." *Medium*, January 31, 2019. https://medium.com/authority-magazine/red-hat-ceo-jim-whitehurst-on-why-its-so-important-for-a-leader-to-be-humble-3128113c3a36.

(注7) Shaywitz, David. "Novartis CEO Who Wanted to Bring Tech into Pharma Now Explains Why It's So Hard." *Forbes*, January 16, 2019. https://www.forbes.com/sites/davidshaywitz/2019/01/16/novartis-ceo-who-wanted-to-bring-tech-into-pharma-

Viyet." *Barron's*, February 13, 2018. https://www.barrons.com/articles/sothebys-buys-online-antique-and-vintage-furniture-retailer-viyet-1518556570.

（注10） "Richemont to Buy Watchfinder as Pre-Owned Watch Market Heats Up." *Reuters*, June 1, 2018. https://www.reuters.com/article/us-watchfinder-m-a-richemont/richemont-to-buy-watchfinder-as-pre-owned-watch-market-heats-up-idUSKCN1IX5HQ.

（注11） Holt, Siobhan. "Watchfinder & Co Opens Second Store in Paris." *Retail Jeweller*, October 15, 2020. https://www.retail-jeweller.com/retail/watchfinder-co-opens-second-store-in-paris-15-10-2020/.

（注12） "Chinese Tech Giants Alibaba and JD.com Have Won Over Luxury Brands." *Retail Insight Network*, April 9, 2019.

（注13） Liu, Alex, and Jenny Hsu. "Tmall Luxury Connects High-End Brands with China's 'New Luxury' Gen Z Consumers." *Businesswire*, August 25, 2020. https://www.businesswire.com/news/home/20200824005678/en/Tmall-Luxury-Connects-High-End-Brands-with-China%E2%80%99s.

（注14） Schaller, Andreas, and Mathias Christen. "ADAMOS IIoT Platform Is Growing: Five Further Mechanical Engineering Firms Have Joined." *Dürr*, January 23, 2019. https://www.durr.com/en/media/news/news-detail/view/adamos-iiot-platform-is-growing-five-further-mechanical-engineering-firms-have-joined-2422.

（注15） ジェフリー・G・パーカー他『プラットフォーム・レボリューション』ダイヤモンド社、2018年。『プラットフォームビジネス』（マイケル・A・クスマノ他、有斐閣、2020年）も参照。

第20章

（注1） Bonnet, Didier. "A Portfolio Strategy to Execute Your Digital Transformation." Capgemini Consulting White Paper, 2016. https://www.capgemini.com/consulting/wp-content/uploads/sites/30/2016/08/portfolio_strategy-didier-bonnet.pdf.

（注2） Lakhani, Karim R., Marco Iansiti, and Kerry Herman. *GE and the Industrial Internet*. Harvard Business School Faculty & Research, 2015. https://www.hbs.edu/faculty/Pages/item.aspx?num=47272.

（注3） Bonnet, Didier, and George Westerman. "The Best Digital Business Model Put Evolution Before Revolution." *Harvard Business Review*, January 20, 2015. https://hbr.org/2015/01/the-best-digital-business-models-put-evolution-before-revolution.

（注4） Bonnet. "A Portfolio Strategy to Execute Your Digital Transformation."

（注5） Lakhani, Iansiti, and Herman. *GE and the Industrial Internet*.

（注6） Bonnet. "A Portfolio Strategy to Execute Your Digital Transformation."

（注7） 同上。

（注8） Etherington, Darrel. "Banking Startup Simple Acquired for $117M, Will Continue

Leaders. Capgemini Research Institute, February 12, 2019. https://www.capgemini.com/wp-content/uploads/2019/02/Download-%E2%80%93-Digital-Transformation-Review-12th-Edition.pdf.

第18章

(注1) Sawers, Paul. "Kone Monetizes Connected Elevators with Alexa, Music-Streaming, and Digital Displays." *Venturebeat*, November 30, 2019. https://venturebeat.com/2019/11/30/kone-monetizes-connected-elevators-with-alexa-spotify-and-digital-displays/.

(注2) Ulaga, Wolfgang, and Stefan Michel. "Bill It, Kill It, or Keep It Free?." *MIT Sloan Management Review*, October 30, 2018. https://sloanreview.mit.edu/article/bill-it-kill-it-or-keep-it-free/.

(注3) Paul, Kari. "Zoom Releases Security Updates in Response to 'Zoom-Bombings.'" *The Guardian*, April 23, 2020. https://www.theguardian.com/technology/2020/apr/23/zoom-update-security-encryption-bombing.

第19章

(注1) Cusumano, Michael A., David B. Yoffie, and Annabelle Gawer. "The Future of Platforms." *MIT Sloan Management Review*, February 11, 2020. https://sloanreview.mit.edu/article/the-future-of-platforms/.

(注2) Matveeva, Sophia. "How New Platforms Solve the Chicken or the Egg Dilemma." *Forbes*, May 30, 2019. https://www.forbes.com/sites/sophiamatveeva/2019/05/30/how-new-platforms-solve-the-chicken-or-the-egg-dilemma/?sh=135598d75cef.

(注3) Shah, Semil. *Transcript: @Chamath at StrictlyVC's Insider Series*. Haystack, 2015. https://semilshah.com/2015/09/17/transcript-chamath-at-strictlyvcs-insider-series/.

(注4) Nath, Trevir. "How Airbnb Makes Money." *Investopedia*, December 10, 2020. https://www.investopedia.com/articles/investing/112414/how-airbnb-makes-money.asp.

(注5) 以下を参考にした。マイケル・A・クスマノ他『プラットフォームビジネス』有斐閣、2020年。

(注6) "Etsy Market Cap 2013–2020: ETSY." Macrotrends, n.d. https://www.macrotrends.net/stocks/charts/Etsy/etsy/market-cap.

(注7) "Klöckner: Trailblazing the Steel Industry." World Economic Forum, 2019. https://reports.weforum.org/digital-transformation/klockner/.

(注8) Roy, Prasanto K. "Why Did Walmart Buy India's Flipkart?" *BBC News*, May 11, 2018. https://www.bbc.com/news/world-asia-india-44064337.

(注9) Schultz, Abby. "Sotheby's Buys Online Antique and Vintage Furniture Retailer org/agenda/2020/01/diversity-tech-skills-gap-4ir-digital-revolution/.

（注5） Salinas, Sara. "Zuckerberg on Cambridge Analytica: 'We Have a Responsibility to Protect Your Data, and If We Can't Then We Don't Deserve to Serve You.'" *CNBC*, March 21, 2018. https://www.cnbc.com/2018/03/21/zuckerberg-statement-on-cambridge-analytica.html.

（注6） Elks, Sonia. "Gig Economy Is 'Extreme Exploitation' Says British Film Director Ken Loach." *Thomson Reuters Foundation News*, October 21, 2019. https://news.trust.org/item/20191021154702-2qrbp.

（注7） Buolamwini, Joy. "Artificial Intelligence Has a Problem with Gender and Racial Bias. Here's How to Solve It." *Time*, February 7, 2019. https://time.com/5520558/artificial-intelligence-racial-gender-bias/.

（注8） Edelman, Gilad. "Facebook's Deepfake Ban Is a Solution to a Distant Problem." *Wired*, July 1, 2020. https://www.wired.com/story/facebook-deepfake-ban-disinformation/.

（注9） "Data Protection and Valorisation—Unipol Data Vision." Unipol Gruppo. http://www.unipol.it/en/sustainability/integrated-approach/data-protection-and-valorisation-unipol-data-vision.

（注10） Conger, Kate, and Daisuke Wakabayashi. "Google Employees Protest Secret Work on Censored Search Engine for China." *New York Times*, August 16, 2018. https://www.nytimes.com/2018/08/16/technology/google-employees-protest-search-censored-china.html. およびCaptain, Sean. "How Tech Workers Became Activists, Leading a Resistance Movement That Is Shaking Up Silicon Valley." *Fast Company*, October 15, 2018. https://www.fastcompany.com/90244860/silicon-valleys-new-playbook-for-tech-worker-led-resistance.

（注11） Aston, Ben. "Write a Project Charter: How-to Guide, Examples & Template." *Digital Project Manager*, July 5, 2019. https://thedigitalprojectmanager.com/project-charter/.

（注12） データ科学者のための倫理性チェックリストの一例が以下で提供されている。https://deon.drivendata.org/

第17章

（注1） "Is Servitization Helping Your Business Rise Up the Value Chain?" *The Manufacturer*, June 14, 2017. https://www.themanufacturer.com/articles/servitization-helping-business-rise-value-chain/.

（注2） Chambers, John, and Diane Brady. *Connecting the Dots: Lessons for Leadership in a Start-Up World*. London: HarperCollins Publishers, 2018.

（注3） Ruh, William, "Industry Leaders Perspectives." *Digital Transformation Review, Twelfth Edition: Taking Digital Transformation to the Next Level; Lessons from the* in Siemens." *InnovationManagement.se* (interview), September 5, 2013. https://innovationmanagement.se/2013/09/05/open-innovation-an-integrated-tool-in-siemens/.

(注10) Lakhani, Karim R., Katja Hutter, Stephanie H. Pokrywa, and Johann Fuller. *Open Innovation at Siemens*. Case 613-100. Harvard Business School, 2013. https://www.hbs.edu/faculty/Pages/item.aspx?num=44999.

(注11) Lifshitz-Assaf, Hila. "Dismantling Knowledge Boundaries at NASA: The Critical Role of Professional Identity in Open Innovation." *Administrative Science Quarterly*. Vol. 63, No. 4, pp. 746–782, December 2018. https://www.hbs.edu/faculty/Pages/item.aspx?num=56512.

(注12) 著者によるインタビュー。

(注13) Thompson, Bonnet, and Ye. "Why Innovation's Future Isn't (Just) Open."

(注14) Shipilov, Andrew. "A Better Way to Manage Corporate Alliances." *Harvard Business Review*, December 2, 2014. https://hbr.org/2014/12/a-better-way-to-manage-corporate-alliances.

(注15) Barrett, Brian. "McDonald's Bites on Big Data with $300 Million Acquisition." *Wired*, March 25, 2019. https://www.wired.com/story/mcdonalds-big-data-dynamic-yield-acquisition/.

(注16) Light, David, Jitendra Kavathekar, and Raghav Narsalay. "A Hands-Off Approach to Open Innovation Doesn't Work." *Harvard Business Review*, May 3, 2016. https://store.hbr.org/product/a-hands-off-approach-to-open-innovation-doesn-t-work/H02UYX.

(注17) Thompson, Bonnet, and Ye. "Why Innovation's Future Isn't (Just) Open."

(注18) Brunswicker and Chesbrough. "The Adoption of Open Innovation in Large Firms."

第 16 章

(注1) "Tay (bot)." Wikipedia. https://en.wikipedia.org/wiki/Tay_(bot).

(注2) Leonhardt, Meghan. "Equifax to Pay $700 Million for Massive Data Breach. Here's What You Need to Know About Getting a Cut." *CNBC*, July 22, 2019. https://www.cnbc.com/2019/07/22/what-you-need-to-know-equifax-data-breach-700-million-settlement.html.

(注3) Lobschat, Lara, Benjamin Mueller, Felix Eggers, Laura Brandimarte, Sarah Diefenbach, Mirja Kroschke, and Jochen Wirtz. "Corporate Digital Responsibility." *Journal of Business Research*, Vol. 122, pp. 875–888, January 2021. https://doi.org/10.1016/j.jbusres.2019.10.006.

(注4) Elias, Howard. "Diversity Is the Bridge on Which We Can Cross the Skills Gap." World Economic Forum Annual Meeting, January 16, 2020. https://www.weforum.

Investment Fund." *CNBC*, July 12, 2017. https://www.cnbc.com/2017/07/12/samsung-next-backs-european-start-ups-150-million-investment-fund-venture-capital.html.

(注7) 同上。

(注8) Flesner, Wade, and Obwegeser. "Making Corporate Venture Capital Work."

(注9) 同上。

(注10) Brigl, Gross-Selbeck, Denhert, Schmieg, and Simon. "After the Honeymoon Ends."

(注11) Orn, Scott, and Bill Growney. "How to Approach (and Work with) the 3 Types of Corporate VCs." *TechCrunch*, May 26, 2020. https://techcrunch.com/2020/05/26/how-to-approach-and-work-with-the-3-types-of-corporate-vcs/.

(注12) Brigl, Gross-Selbeck, Denhert, Schmieg, and Simon. "After the Honeymoon Ends."

第15章

(注1) ヘンリー・チェスブロウ『OPEN INNOVATION』産能大出版部、2004年。

(注2) Brigl, Michael, Alexander Roos, Florian Schmieg, Xinyi Wu, and Max Hong. "Corporate Venturing Shifts Gears." *BCG*, April 25, 2016. https://www.bcg.com/en-ch/publications/2016/innovation-growth-corporate-venturing-shifts-gears-how-largest-companies-apply-tools-innovation.

(注3) Thompson, Neil C., Didier Bonnet, and Yun Ye. "Why Innovation's Future Isn't (Just) Open." *MIT Sloan Management Review*, May 11, 2020. https://sloanreview.mit.edu/article/why-innovations-future-isnt-just-open/.

(注4) Zynga, Andy, Kathleen Diener, Christoph Ihl, Dirk Lüttgens, Frank Piller, and Bruno Scherb. "Making Open Innovation Stick: A Study of Open Innovation Implementation in 756 Global Organizations." *Research-Technology Management*. Vol. 61, No. 4. 2018.

(注5) Thompson, Bonnet, and Ye. "Why Innovation's Future Isn't (Just) Open."

(注6) Brunswicker, Sabine, and Henry Chesbrough. "The Adoption of Open Innovation in Large Firms." *Research-Technology Management*, Vol. 61, No. 1, 2018. https://doi.org/10.1080/08956308.2018.1399022.

(注7) Zynga, Andy, Kathleen Diener, Christoph Ihl, Dirk Lüttgens, Frank Piller, and Bruno Scherb. "Making Open Innovation Stick: A Study of Open Innovation Implementation in 756 Global Organizations." *Research-Technology Management*. Vol. 61, No. 4. 2018.

(注8) Bauer, Stefan, Nikolaus Obwegeser, and Zlato Avdagic. "Corporate Accelerators: Transferring Technology Innovation to Incumbent Companies." *MCIS Conference Proceedings*, 2016. https://www.researchgate.net/publication/310766520_Corporate_Accelerators_Transferring_Technology_Innovation_to_Incumbent _Companies.

(注9) Lockhart, Campbell, and Tomas Lackner. "Open Innovation—an Integrated Tool

(注14) Marchand, Donald A., Michael R. Wade, and Fang Li. “Digital Business Transformation.” IMD (article), December 2014. https://www.imd.org/research-knowledge/articles/digital-business-transformation/.

(注15) Hoffman, William, Raphael Bick, Austin Boral, Nicolaus Henke, Didunoluwa Olukoya, Khaled Rifai, Marcus Roth, and Tom Youldon. “Collaborating for the Common Good: Navigating Public-Private Data Partnerships.” McKinsey, May 30, 2019. https://www.mckinsey.com/business-functions/mckinsey-analytics/our-insights/collaborating-for-the-common-good.

(注16) Sears, Joshua B., Michael S. McLeod, Robert E. Evert, and G. Tyge Payne. “Alleviating Concerns of Misappropriation in Corporate Venture Capital: Creating Credible Commitments and Calculative Trust.” *Strategic Organization*, June 10, 2020. https://doi.org/10.1177/1476127020926174.

(注17) Spooner, Nick. “How to Establish a Successful Digital Partnership.” *Digital Pulse*, March 7, 2016. https://www.digitalpulse.pwc.com.au/establish-successful-digital-partnership/.

(注18) Riccio, John. “Meeting of Minds: How Strategic Partnerships Are Shaping Today's Business Model.” *Digital Pulse*, November 16, 2015. https://www.digitalpulse.pwc.com.au/strategic-partnerships-shaping-todays-business-models/.

第14章

(注1) Flesner, Patrick, Michael Wade, and Nikolaus Obwegeser. “Making Corporate Venture Capital Work.” *MIT Sloan Management Review*, June 18, 2019. https://sloanreview.mit.edu/article/making-corporate-venture-capital-work/.

(注2) Kane, Gerald C., Doug Palmer, Anh Nguyen Phillips, David Kiron, and Natasha Buckley. “Accelerating Digital Innovation Inside and Out.” *MIT Sloan Management Review* and Deloitte Insights, June, 2019. https://www2.deloitte.com/content/dam/Deloitte/lu/Documents/deloitte-digital/lu-accelerating-digital-innovation.pdf.

(注3) *Open Innovation: Building, Scaling and Consolidating Your Firm's Corporate Venturing Unit*. IESE Business School and Oppino, 2018. https://media.iese.edu/research/pdfs/ST-0478-E.pdf.

(注4) Brigl, Michael, Stefan Gross-Selbeck, Nico Denhert, Florian Schmieg, and Steffen Simon. “After the Honeymoon Ends: Making Corporate-Startup Relationships Work.” *BCG*, June 13, 2019. https://www.bcg.com/en-ch/publications/2019/corporate-startup-relationships-work-after-honeymoon-ends.

(注5) Gaba, Vibha, and Gina Dokko. “Learning to Let Go: Social Influence, Learning, and the Abandonment of Corporate Venture Capital Practices.” *Strategic Management Journal*, May 26, 2015.

(注6) Graham, Luke. “Samsung to Back European Start-Ups with $150 Million

video/.

（注4） Obwegeser, Nikolaus, Amalie C. Dam, Kim H. Fenger, Karine Arenfeldt, and Johan V. Silkjaer. "Aligning Drivers, Contractual Governance, and Relationship Management of IT-Outsourcing Initiatives." *Journal of Information Technology Case and Application Research*, Vol. 22, No. 1, 2020. https://doi.org/10.1080/15228053.2020.1786265.

（注5） Hinings, Bob, Thomas Gegenhuber, and Royston Greenwood. "Digital Innovation and Transformation: An Institutional Perspective." *Information & Organization*, Vol. 28, No. 1, 2018. https://doi.org/10.1016/j.infoandorg.2018.02.004.

（注6） Relihan, T. "In the Age of Digital Everything, Is It Time to Eliminate IT?" MIT Management Sloan School, February 13, 2019. https://mitsloan.mit.edu/ideas-made-to-matter/age-digital-everything-it-time-to-eliminate-it.

（注7） De Backer, R., and E. K. Rinaudo. "Improving the Management of Complex Business Partnerships." McKinsey, 2019. https://www.mckinsey.com/business-functions/strategy-and-corporate-finance/our-insights/improving-the-management-of-complex-business-partnerships.

（注8） Fenwick, N. "How to Pick the Right Partners to Accelerate True Digital Transformation." *Forrester* (blog), September 12. 2019. https://go.forrester.com/blogs/accelerate-digital-transformation-2/.

（注9） Hale, Conor. "Novartis' Sandoz Drops out of Prescription App Deal with Pear Therapeutics." *Fierce Biotech*, October 16, 2019. https://www.fiercebiotech.com/medtech/novartis-sandoz-drops-out-prescription-app-deal-pear-therapeutics.

（注10） Kane, Gerald C., Doug Palmer, Anh Nguyen Phillips, David Kiron, and Natasha Buckley. "Accelerating Digital Innovation Inside and Out. " *MIT Sloan Management Review* and Deloitte Insights, June 2019. https://www2.deloitte.com/content/dam/Deloitte/lu/Documents/deloitte-digital/lu-accelerating-digital-innovation.pdf.

（注11） The Economist Intelligence Unit. *Connecting Companies: Strategic Partnerships for the Digital Age*. Telstra, 2015. http://connectingcompanies.cope.economist.com/wp-content/uploads/sites/4/2015/09/Connecting-Companies-Whitepaper_final.pdf.pdf.

（注12） Kannan, Anand. "3 Points to Consider While Choosing a Digital Transformation Partner." *Hakuna Matata* (blog), October 1, 2020. https://www.hakunamatatatech.com/our-resources/blog/3-points-to-consider-while-choosing-a-digital-transformation-partner/.

（注13） *The Digital Enterprise: Moving from Experimentation to Transformation*. World Economic Forum, 2020. http://www3.weforum.org/docs/Media/47538_Digital%20Enterprise_Moving_Experimentation_Transformation_report_2018%20-%20final%20(2).pdf.

Vortex 2019: Continuous and Connected Change." IMD (report), Global Center for Digital Business Transformation, May 2019.

（注4） Wade, Michael, Jialu Shan, and Didier Bonnet. "Lifting the Lid on Disruption Fever." *Journal of Strategy and Management*, Vol. 3, No. 4, 2020. https://www.researchgate.net/publication/343191542_Lifting_the_lid_on_disruption_fever.

（注5） McGrath, Rita. *Seeing Around Corners: How to Spot Inflection Points in Business Before They Happen*. Boston/New York: Houghton Mifflin Harcourt, 2019.

（注6） マイケル・ウェイド他『対デジタル・ディスラプター戦略』日本経済新聞出版、2017年。

（注7） 同上。

（注8） Jordan, Jennifer, and Michael Sorell. "Why Reverse Mentoring Works and How to Do It Right." *Harvard Busines Review*, October 3, 2019. https://hbr.org/2019/10/why-reverse-mentoring-works-and-how-to-do-it-right.

（注9） Wade, Michael, and Jialu Shan. "How China Is Rebooting Retail." IMD (article), March 2018. https://www.imd.org/research-knowledge/articles/how-china-is-rebooting-retail/.

（注10） Boler-Davis, Alicia. "How GM Uses Social Media to Improve Cars and Customer Service." *Harvard Business Review*, February 12, 2016. https://hbr.org/2016/02/how-gm-uses-social-media-to-improve-cars-and-customer-service.

（注11） 著者によるインタビュー。

（注12） マイケル・ウェイド他『対デジタル・ディスラプター戦略』日本経済新聞出版、2017年。

（注13） 同上。

（注14） 同上。

（注15） McGrath, *Seeing Around Corners*.

（注16） Venkatraman, Venkat. "How to Read and Respond to Weak Digital Signals." *MIT Sloan Management Review*, February 22, 2019. https://sloanreview.mit.edu/article/how-to-read-and-respond-to-weak-digital-signals/.

第13章

（注1） Auerbach, Jonathan. "Why Partnership Is the Business Trend to Watch." World Economic Forum Annual Meeting, January 16, 2018. https://www.weforum.org/agenda/2018/01/why-partnership-is-the-business-trend-to-watch/.

（注2） Barreira, Teresa. "Choosing the Right Partner for Your Business's Digital Transformation." *Forbes India*, March 26, 2019. https://www.forbesindia.com/blog/digital-navigator/choosing-the-right-partner-for-your-digital-business-transformation/.

（注3） Rear, Andrew. "Partnership as a Digital Enabler at Munich Re." Bain (web log), August 30, 2018. bain.com/insights/partnership-as-a-digital-enabler-at-munich-re-

（注5） Bonnet, Didier, and George Westerman. “The New Elements of Digital Transformation.” *MIT Sloan Management Review*, November 19, 2020. https://sloanreview.mit.edu/article/the-new-elements-of-digital-transformation/.

（注6） Dynatrance. “76% of CIOs Say It Could Become Impossible to Manage Digital Performance, as IT Complexity Soars.” *Businesswire*, January 31, 2018. https://www.businesswire.com/news/home/20180131005240/en/76-CIOs-Impossible-Manage-Digital-Performance-Complexity.

（注7） High, Peter. “The First Ever CIO of $16 Billion Micron Technology.” *Forbes*, January 11, 2016. https://www.forbes.com/sites/peterhigh/2016/01/11/the-first-ever-cio-of-16-billion-micron-technology/?sh=1af69b88519e.

（注8） Joshi, Amit, and Michael Wade. “The Building Blocks of an AI Strategy.” *MIT Sloan Management Review*, August 10, 2020. https://sloanreview.mit.edu/article/the-building-blocks-of-an-ai-strategy/.

（注9） Bonnet and Westerman. “The New Elements of Digital Transformation.”

（注10） Office of Inspector General. “Undeliverable as Addressed Mail.” US Postal Service, 2014. https://www.uspsoig.gov/sites/default/files/document-library-files/2015/ms-ar-14-006.pdf.

（注11） “5 Digital Marketing Best Practices for 2021 and Beyond.” *Stirista*, December 2, 2020. https://www.stirista.com/digital-marketing-best-practices.

（注12） Nagle, Tadhg, Thomas C. Redman, and David Sammon. “Only 3% of Companies' Data Meets Basic Quality Standards.” *Harvard Business Review*, September 11, 2017. https://hbr.org/2017/09/only-3-of-companies-data-meets-basic-quality-standards.

（注13） “What Is a Data Quality Audit? Ensuring Your Data Integrity.” *DataOpsZone*, November 26, 2019. https://www.dataopszone.com/what-is-a-data-quality-audit/.

（注14） Bonnet and Westerman. “The New Elements of Digital Transformation.”

（注15） “Big Data and AI Executive Survey 2019 Executive Summary of Findings.” NewVantage Partners LLC, 2019. https://www.tcs.com/content/dam/tcs-bts/pdf/insights/Big-Data-Executive-Survey-2019-Findings-Updated-010219-1.pdf.

第12章

（注1） Ferguson, Jamie, and Nate Anderson. “Step by Step Building a Digital Strategy.” World Economic Forum Annual Meeting, January 10, 2018. https://www.weforum.org/agenda/2018/01/step-by-step-building-a-digital-strategy/.

（注2） Anthony, Scott D., Patrick S. Viguerie, Evan I. Schwartz, and John Van Landeghem. “2018 Corporate Longevity Forecast: Creative Destruction Is Accelerating.” *Innosight*, 2018. https://www.innosight.com/wp-content/uploads/2017/11/Innosight-Corporate-Longevity-2018.pdf.

（注3） Yokoi, Tomoko, Jialu Shan, Michael R. Wade, and James Macaulay. “Digital from Cisco Systems." *Business Horizons*, Vol. 59, No. 6, pp. 635–644, November–December 2016.

(注14) Paasivaara, Maria, and Casper Lassenius. "Empower Your Agile Organization: Community-Based Decision Making in Large-Scale Agile Development at Ericsson." IEEE, February 21, 2019. https://ieeexplore.ieee.org/document/8648263.

(注15) 同上。

(注16) Dikert, Paasivaara, and Lassenius. "Challenges and Success Factors for Large-Scale Agile Transformations"; Denning, *The Age of Agile*.

(注17) Denning, Steve. "Why and How Volvo Embraces Agile at Scale." *Forbes*, January 26, 2020. https://www.forbes.com/sites/stevedenning/2020/01/26/how-volvo-embraces-agile-at-scale/?sh=46619f4d4cf0.

(注18) Hayward, Simon. *The Agile Leader: How to Create an Agile Business in the Digital Age*. London: Kogan Page, 2021.

(注19) Denning, Stephen. *The Leader's Guide to Radical Management: Reinventing the Workplace for the 21st Century*. San Francisco: Jossey-Bass, 2010.

(注20) Alqudah, Mashal, and Rozilawati Razali. "A Review of Scaling Agile Methods in Large Software Development." *International Journal on Advanced Science Engineering and Information Technology*, Vol. 6, No. 6, December 2016. http://insightsociety.org/ojaseit/index.php/ijaseit/article/view/1374.

(注21) Dikert, Paasivaara, and Lassenius. "Challenges and Success Factors for Large-Scale Agile Transformations."

(注22) 著者によるインタビュー。

第11章

(注1) Mayor, Tracy. "5 Building Blocks of Digital Transformation." MIT Management Sloan School, June 27, 2019. https://mitsloan.mit.edu/ideas-made-to-matter/5-building-blocks-digital-transformation.

(注2) Fitzgerald, Michael, Nina Kruschwitz, Didier Bonnet, and Michael Welch. "Embracing Digital Technology: A New Strategic Imperative." *MIT Sloan Management Review*, October 7, 2013. https://sloanreview.mit.edu/projects/embracing-digital-technology/.

(注3) Forth, Patrick, Tom Reichert, Romain de Laubier, and Saibal Chakraborty. "Flipping the Odds of Digital Transformation Success." *BCG*, October 29, 2020. https://www.bcg.com/publications/2020/increasing-odds-of-success-in-digital-transformation#factor4.

(注4) Davenport, Thomas H., and George Westerman. "Why So Many High-Profile Digital Transformations Fail." *Harvard Business Review*, March 9, 2018. https://hbr.org/2018/03/why-so-many-high-profile-digital-transformations-fail.

第10章

（注1） "Agile Transformation from Agile Experiments to Operating Model Transformation: How Do You Compare to Others?" KPMG, 2019.

（注2） Denning, Stephen. *The Age of Agile: How Smart Companies Are Transforming the Way Work Gets Done*. New York: AMACOM, 2018.

（注3） Forth, Patrick, Tom Reichert, Romain de Laubier, and Saibal Chakraborty. "Flipping the Odds of Digital Transformation Success." *BCG*, October 29, 2020. https://www.bcg.com/publications/2020/increasing-odds-of-success-in-digital-transformation#factor4.

（注4） スクラムとエクストリーム・プログラミングについてくわしく知りたい場合には以下の引用先を参照。https://www.scrum.org/resources/what-is-scrum http://www.extremeprogramming.org/

（注5） Dikert, Kim, Maria Paasivaara, and Casper Lassenius. "Challenges and Success Factors for Large-Scale Agile Transformations: A Systematic Literature Review." *Journal of Systems and Software*, Vol. 119, pp. 87–108, September 2016. https://www.sciencedirect.com/science/article/pii/S0164121216300826.

（注6） Bohem, Barry, and Richard Turner. "Management Challenges to Implementing Agile Processes in Traditional Development Organizations." IEEE Software, October 2015. https://www.researchgate.net/publication/3248286_Management_Challenges_to_Implementing_Agile_Processes_in_Traditional_Development_Organizations.

（注7） Denning. *The Age of Agile*.

（注8） Howard, Annie. "Case Study: Bosch Embracing Agility." Bosch, September 2020. https://www.scrumatscale.com/wp-content/uploads/2020/09/Annie-Howard-Bosch-Slides.pdf.

（注9） マイケル・ウェイド他『DX実行戦略』日本経済新聞出版、2019年。

（注10） Gardner, Heidi K. "When Senior Managers Won't Collaborate." *Harvard Business Review*, March 2015. https://hbr.org/2015/03/when-senior-managers-wont-collaborate.

（注11） Esbensen, Bo Krag, Klemens Hjartar, David Pralong, and Olli Salo. "A Tale of Two Agile Paths: How a Pair of Operators Set Up Their Organizational Transformations." McKinsey, February 4, 2019. https://www.mckinsey.com/industries/technology-media-and-telecommunications/our-insights/a-tale-of-two-agile-paths-how-a-pair-of-operators-set-up-their-organizational-transformations.

（注12） マイケル・ウェイド他『対デジタル・ディスラプター戦略』日本経済新聞出版、2017年。

（注13） Chen, Roger Ronxin, Ramya Ravichandar, and Don Proctor. "Managing the Transition to the New Agile Business and Product Development Model: Lessons

Financial Times, January 22, 2018. https://www.ft.com/content/6bd8ac00-f7c4-11e7-88f7-5465a6ce1a00.

（注6） "Digital Ambassadors." Radiall, August 2017, https://www.radiall.com/insights/digitalambassadors.

（注7） Moazed, Alex. "Why GE Digital Failed." *Inc.*, January 8, 2018. https://www.inc.com/alex-moazed/why-ge-digital-didnt-make-it-big.html.

（注8） 著者によるインタビュー。

（注9） 著者によるインタビュー。

（注10） 著者によるインタビュー。

（注11） *Digital Transformation Review, Twelfth Edition: Taking Digital Transformation to the Next Level; Lessons from the Leaders*. Capgemini Research Institute, February 12, 2019. https://www.capgemini.com/wp-content/uploads/2019/02/Download-%E2%80%93-Digital-Transformation-Review-12.pdf.

第9章

（注1） "The Digital Culture Challenge: Closing the Employee-Leadership Gap." Capgemini, Digital Transformation Institute, 2017. https://www.capgemini.com/wp-content/uploads/2017/12/dti_digitalculture_report.pdf.

（注2） McDonald, Mark P. "Digital Strategy Does Not Equal IT Strategy." *Harvard Business Review*, November 19, 2012. https://hbr.org/2012/11/digital-strategy-does-not-equa.

（注3） Yoo, Youngjin, Ola Henfridsson, and Kalle Lyytinen. "Research Commentary: The New Organizing Logic of Digital Innovation: An Agenda for Information Systems Research." *JSTOR*, December 2010. https://www.jstor.org/stable/23015640?seq=1.

（注4） Hess, Thomas, Christian Matt, Alexander Benlian, and Florian Wiesböck. "Options for Formulating a Digital Transformation Strategy." *MIS Quarterly Executive*, June 2016.

（注5） Brotman, Adam, Curt Garner, and Michael Fitzgerald. "How Starbucks Has Gone Digital." *MIT Sloan Management Review*, April 4, 2013.

（注6） Deloitte. "Postdigital Partners: CIOs and Chief Digital Officers," May 9, 2013. https://deloitte.wsj.com/cio/2013/05/09/postdigital-partners-cios-and-chief-digital-officers/.

（注7） Fuchs, Christoph, Philipp Barthel, and Matthias Berger. "Characterizing Approaches to Digital Transformation: Development of a Taxonomy of Digital Units." 14th International Conference on Wirtschaftsinformatik. Siegen, Germany, April 2019.

（注8） Brotman, Adam, Curt Garner, and Michael Fitzgerald. "How Starbucks Has Gone Digital." *MIT Sloan Management Review*, April 4, 2013.

（注8） 同上。
（注9） 著者によるインタビュー。

第7章

（注1） Bonnet, Didier. "It's Time for Boards to Cross the Digital Divide." *Harvard Business Review*, July 9, 2014. https://hbr.org/2014/07/its-time-for-boards-to-cross-the-digital-divide.
（注2） Rickards, Tuck, and Rhys Grossman. "The Board Directors You Need for a Digital Transformation." *Harvard Business Review*, July 13, 2017. https://hbr.org/2017/07/the-board-directors-you-need-for-a-digital-transformation.
（注3） Weill, Peter, Thomas Apel, Stephanie L. Woerner, and Jennifer S. Banner. "It Pays to Have a Digitally Savvy Board." *MIT Sloan Management Review*, March 12, 2019. https://sloanreview.mit.edu/article/it-pays-to-have-a-digitally-savvy-board/.
（注4） Larcker, David F., and Brian Tayan. "Netflix Approach to Governance: Genuine Transparency with the Board." Stanford Graduate School of Business, May 2018. https://www.gsb.stanford.edu/faculty-research/publications/netflix-approach-governance-genuine-transparency-board.
（注5） Deloitte. "Bridging the Boardroom's Technology Gap," June 29, 2017. https://www2.deloitte.com/us/en/insights/focus/cio-insider-business-insights/bridging-boardroom-technology-gap.html.
（注6） 同上。
（注7） Sarrazin, Hugo, and Paul Willmott. "Adapting Your Board to the Digital Age." McKinsey, June 13, 2016. https://www.mckinsey.com/business-functions/mckinsey-digital/our-insights/adapting-your-board-to-the-digital-age#.
（注8） Larcker and Tayan. "Netflix Approach to Governance."
（注9） Jordan, Jennifer, and Michael Sorell. "Why You Should Create a 'Shadow Board' of Younger Employee." *Harvard Business Review*, June 4, 2019. https://hbr.org/2019/06/why-you-should-create-a-shadow-board-of-younger-employees?ab=hero-main-text4.
（注10） Weill, Apel, Woerner, and Banner. "It Pays to Have a Digitally Savvy Board."

第8章

（注1） マイケル・ウェイド他『DX実行戦略』日本経済新聞出版、2019年。
（注2） Passerini, Filippo. "Transforming the Way of Doing Business via Digitization." Slideshare.com, May 21, 2012.
（注3） マイケル・ウェイド他『DX実行戦略』日本経済新聞出版、2019年。
（注4） 著者によるインタビュー。
（注5） Jenkins, Patrick. "Orange Bank: Is a Phone Company the Future of Fintech?"

www.pernod-ricard.com/en/media/press-releases/record-engagement-rate-pernod-ricard-employees/.

第5章

（注1） Obwegeser, Nikolaus, Yokoi, Tomoko, Michael Wade, and Tom Voskes. "7 Key Principles to Govern Digital Initiatives." *MIT Sloan Management Review*, April 1, 2020.

（注2） 著者によるインタビュー。

（注3） Frei, Frances X., and Anne Morriss. "Everything Starts with Trust." *Harvard Business Review* (blog), May–June 2020. https://hbr.org/2020/05/begin-with-trust.

（注4） 著者によるインタビュー。

（注5） Bodson, Bertrand. "Inside View: Supercharging Our Digital Transformation." LinkedIn, September 25, 2019. https://www.linkedin.com/pulse/inside-view-supercharging-our-digital-transformation-bertrand-bodson/.

（注6） 著者によるインタビュー。

（注7） *Covid-19 Digital Engagement Report*. Twilio, 2020.

第6章

（注1） Carter, Philip, Lianfeng Wu, Dan Vesset, Eileen Smith, Craig Simpson, Swapnil Shende, Joseph C. Pucciarelli, et al. *IDC FutureScape: Worldwide Digital Transformation 2020 Predictions*, 2019.

（注2） Tabrizi, Benham, Ed Lam, Kirk Girard, and Vernon Irvin. "Digital Transformation Is Not About Technology." *Harvard Business Review* (blog), March 19, 2019. https://hbr.org/2019/03/digital-transformation-is-not-about-technology.

（注3） "Digital Leadership: An Interview with Angela Ahrendts, CEO of Burberry." Capgemini Consulting. August 16, 2012. https://www.capgemini.com/wp-content/uploads/2017/07/DIGITAL_LEADERSHIP__An_interview_with_Angela_Ahrendts.pdf.

（注4） Walker, Ron. "Think like a Venture Capitalist." KPMG LLP, August 20, 2019. https://advisory.kpmg.us/articles/2019/think-like-a-venture-capitalist.html.

（注5） Kelly, Brianna. "Mondelez Invests in Food Business Incubator the Hatchery." *Chicago Business* (blog), March 21, 2019. https://www.chicagobusiness.com/consumer-products/mondelez-backs-food-biz-incubator-hatchery.

（注6） *Digital Transformation Review, Twelfth Edition: Taking Digital Transformation to the Next Level; Lessons from the Leaders*. Capgemini Research Institute, February 12, 2019.

（注7） 以下を参考にした。ディディエ・ボネ他『一流ビジネススクールで教えるデジタル・シフト戦略』ダイヤモンド社、2018年。

com/1665840/an-hr-lesson-from-steve-jobs-if-you-want-change-agents-hire-pirates.
(注8) Toegel, Ginka, and Jean-Louis Barsoux. "It's Time to Tackle Your Team's Undiscussables." *MIT Sloan Management Review* (blog), September 10, 2019. https://sloanreview.mit.edu/article/its-time-to-tackle-your-teams-undiscussables/.
(注9) Anthony, Scott D., and Bernard C. Kümmerli. "A Simple Way to Get Your Leadership Team Aligned on Strategy." *Harvard Business Review* (blog), January 2, 2019. https://hbr.org/2019/01/a-simple-way-to-get-your-leadership-team-aligned-on-strategy.
(注10) Toegel and Barsoux. "It's Time to Tackle Your Team's Undiscussables."
(注11) Jelassi, Tawfik. "In the Field with Accorhotels. How Can an Industry Incumbent Respond Strategically to Challenges from Digital Disruptors?" *IMD* (blog), November 2017. https://www.imd.org/research-knowledge/articles/a-strategic-response-to-digital-disruption-the-case-of-accorhotels/.

第4章

(注1) "State of the Global Workplace." Gallup Inc., 2017. https://www.gallup.com/workplace/238079/state-global-workplace-2017.aspx.
(注2) Fitzgerald, Michael, Nina Kruschwitz, Didier Bonnet, and Michael Welch. "Embracing Digital Technology." *MIT Sloan Management Review*, October 7, 2013. https://sloanreview.mit.edu/projects/embracing-digital-technology/.
(注3) *Digital Transformation Review, Twelfth Edition: Taking Digital Transformation to the Next Level; Lessons from the Leaders.* Capgemini Research Institute, February 12, 2019. https://www.capgemini.com/wp-content/uploads/2019/02/Download-%E2%80%93-Digital-Transformation-Review-12.pdf.
(注4) Cross, Rob, Thomas H. Davenport, and Peter Gray. "Collaborate Smarter, Not Harder." *MIT Sloan Management Review* (blog), September 10, 2019. https://sloanreview.mit.edu/article/collaborate-smarter-not-harder/.
(注5) 同上。
(注6) Hemp, Paul, and Thomas A. Stewart. "Leading Change When Business Is Good." *Harvard Business Review* (blog), December 2004. https://hbr.org/2004/12/leading-change-when-business-is-good.
(注7) Michelman, Paul, and Shantanu Narayen. "Key Words for Digital Transformation." *MIT Sloan Management Review* (blog), December 4, 2018. https://sloanreview.mit.edu/article/key-words-for-digital-transformation/.
(注8) *Digital Transformation Review, Twelfth Edition.*
(注9) ディディエ・ボネ他『一流ビジネススクールで教えるデジタル・シフト戦略』ダイヤモンド社、2018年。
(注10) "Transform and Accelerate." Pernod-Ricard.com, December 18, 2019. https://

（注3） Kattel, Rainer, and Ines Mergel. "Estonia's Digital Transformation: Mission Mystique and the Hiding Hand." Working paper. UCL Institute for Innovation and Public Purpose (IIPP), 2018. https://www.ucl.ac.uk/bartlett/public-purpose/publications/2018/sep/estonias-digital-transformation-mission-mystique-and-hiding-hand.

（注4） Price, Jonathan. *Transforming How We Transform*. BHP, 2019. https://www.bhp.com/media-and-insights/reports-and-presentations/2019/10/transforming-how-we-transform/.

（注5） Kaganer, Evegeny, Robert Wayne Gregory, and Catalin Codrean. "Driving Digital Transformation at the DBS Bank." *Harvard Business Review*, October 28, 2016.

（注6） Bloomberg, Jason. "How DBS Bank Became the Best Digital Bank in the World by Becoming Invisible." *Forbes* (blog), December 23, 2016. https://www.forbes.com/sites/jasonbloomberg/2016/12/23/how-dbs-bank-became-the-best-digital-bank-in-the-world-by-becoming-invisible/?sh=4b5665a73061.

第3章

（注1） Sull, Donald, Charles Sull, and James Yoder. "No One Knows Your Strategy—Not Even Your Top Leaders." *MIT Sloan Management Review* (blog). Accessed February 12, 2018. https://sloanreview.mit.edu/article/no-one-knows-your-strategy-not-even-your-top-leaders/.

（注2） Sutcliff, Mike, Raghav Narsalay, and Aarohi Sen. "The Two Big Reasons That Digital Transformations Fail." *Harvard Business Review* (blog), October 18, 2019. https://hbr.org/2019/10/the-two-big-reasons-that-digital-transformations-fail.

（注3） ディディエ・ボネ他『一流ビジネススクールで教えるデジタル・シフト戦略』ダイヤモンド社、2018年。

（注4） Nembhard, Ingrid M., and Amy C. Edmondson. "Making It Safe: The Effects of Leader Inclusiveness and Professional Status on Psychological Safety and Improvement Efforts in Health Care Teams." *Journal of Organizational Behavior*, November 2006. https://www.researchgate.net/publication/227521893_Making_It_Safe_The_Effects_of_Leader_Inclusiveness_and_Professional_Status_on_Psychological_Safety_and_Improvement_Efforts_in_Health_Care_Teams.

（注5） Silverberg, David. "Why You Need to Question Your Hippo Boss." *BBC News*. BBC, April 19, 2017. https://www.bbc.co.uk/news/business-39633499.

（注6） Hoffman, Reid. "Why Relationships Matter: I-to-the-We." LinkedIn, November 6, 2012. https://www.linkedin.com/pulse/20121106193412-1213-why-relationships-matter-i-to-the-we/.

（注7） Sander, Peter. "An HR Lesson from Steve Jobs: If You Want Change Agents, Hire Pirates." *Fast Company* (blog), January 18, 2012. https://www.fastcompany.

原注

序章

（注1） Wade, M., and J. Shan. "Covid-19 Has Accelerated Digital Transformation, but May Have Made It Harder Not Easier." *MIS Quarterly Executive*, Vol. 19, No. 3, pp. 213–220, 2020.

（注2） Wade, M., and N. Obwegeser. "How to Choose the Right Digital Leader for Your Company." *MIT Sloan Management Review*, May 14, 2019. https://sloanreview.mit.edu/article/how-to-choose-the-right-digital-leader-for-your-company/.

第1章

（注1） McIntyre, Alan, Julian Skan, and Francesca Caminiti. "Beyond North Star Gazing: How Our Four Winning Bank Models Map to Actual Market Evolution." Accenture, 2018. https://www.accenture.com/_acnmedia/PDF-85/Accenture-Banking-Beyond-North-Star-Gazing.pdf.

（注2） Obwegeser, Nikolaus, Tomoko Yokoi, Michael Wade, and Tom Voskes. "7 Key Principles to Govern Digital Initiatives." *MIT Sloan Management Review*, April 1, 2020. https://Sloanreview.mit.edu/Article/7-Key-Principles-to-Govern-Digital-Initiatives/.

（注3） "Digital Transformation Readiness Survey Summary." Center for Creative Leadership, 2018. https://www.ccl.org/wp-content/uploads/2018/04/Digital-Transformation-Survey-Report.pdf.

（注4） マイケル・ウェイド他『DX実行戦略』日本経済新聞出版、2019年。

（注5） 同上。

（注6） Fitzgerald, Michael. "Inside Renault's Digital Factory." *MIT Sloan Management Review* (blog), January 10, 2014. https://sloanreview.mit.edu/article/inside-renaults-digital-factory/.

（注7） Editorial Board. "George H. W. Bush Had No Grand Dreams. His Competence and Restraint Were Enough." *Washington Post* (blog), December 1, 2018. https://www.washingtonpost.com/opinions/george-hw-bush-wasnt-into-the-vision-thing-but-he-skillfully-handled-historic-crises/2018/12/01/2b4b3512-4faf-11e2-950a-7863a013264b_story.html.

第2章

（注1） ジョン・P・コッター『企業変革の核心』日経BP、2009年。

（注2） ビル・ゲイツ『ビル・ゲイツ未来を語る』アスキー、1995年。

著者紹介（続き）

ニコラウス・オブウェゲザー（Nikolaus Obwegeser）

ベルン応用科学大学教授、デジタル技術マネジメント研究所所長。専門分野はDXとイノベーション。IMDの研究員、オーフス大学（デンマーク）の情報システム学准教授を経て現職。公共機関や民間企業に対してDX分野での専門的な助言やコンサルティングも行う。学術誌や実務家向け媒体への寄稿多数。

訳者紹介

根来龍之（ねごろ・たつゆき）

早稲田大学ビジネススクール教授。京都大学文学部卒業、慶應義塾大学大学院経営管理研究科修了（MBA）。鉄鋼メーカー、文教大学などを経て2001年より現職。この間、英ハル大学、米カリフォルニア大学バークレー校などで在外研究。早稲田大学IT戦略研究所所長、早稲田大学大学院経営管理研究科長、経営情報学会会長、CRM協議会顧問などを歴任。著書に『集中講義デジタル戦略』『プラットフォームの教科書』『ビジネス思考実験』『事業創造のロジック』（いずれも日経BP）、『代替品の戦略』（東洋経済新報社）など。

門脇弘典（かどわき・ひろのり）

翻訳家。東京外国語大学外国語学部卒。訳書に『シェアリングエコノミー』『ギグ・エコノミー』（いずれも日経BP）、『プラットフォーマー 勝者の法則』（日本経済新聞出版）、『Z世代マーケティング』（ハーパーコリンズ・ジャパン）など。

著者紹介

マイケル・ウェイド（Michael Wade）

IMD教授、グローバルセンター・フォー・デジタルビジネス・トランスフォーメーション（DBTセンター）所長。専門分野はイノベーションと戦略。IMDでは「リーディング・デジタルビジネス・トランスフォーメーション」「デジタル・ディスラプション」「デジタル・エグゼキューション」「取締役会のためのデジタル・トランスフォーメーション」など、デジタル関連の上級管理職向けプログラムを多数行う。*Bilanz*誌、*Le Temps*紙、*Handelszeitung*紙で3度、スイスのトップ・デジタル・ソートリーダーに選出される。『対デジタル・ディスラプター戦略』『DX実行戦略』（いずれも共著、日本経済新聞出版）などの著書の他、論文多数。

ディディエ・ボネ（Didier Bonnet）

IMD教授。専門分野は戦略とDX。大企業の戦略策定やグローバル戦略、事業変革について25年以上の経験を持ち、15カ国以上に勤務。キャップジェミニ・インベントのEVPを経て現職。DXに関するメディア・コメンテーターも務める。CDO Conclaveによりグローバル・デジタルリーダーO2018に、Thinkers 360によりデジタル・ディスラプションに関するグローバル・ソートリーダー＆インフルエンサー（2021年）のトップ5に選出される。『一流ビジネススクールで教えるデジタル・シフト戦略』（共著、ダイヤモンド社）などの著書の他、論文多数。

横井朋子（よこい・ともこ）

IMD・DBTセンターのリサーチャー、ライター。産業技術やヘルスケア、エンタープライズ・ソフトウエア、教育サービスなどのB2B/B2C業界で20年にわたり上級管理職を務めた経験から得られた実務家としての洞察を研究に活かしている。起業家として非常勤でDX分野での専門的な助言も行う。フォーブス誌など実務家向け媒体への寄稿多数。

（前ページに続く）

ハッキング・デジタル

DXの成功法則

2023年3月17日　1版1刷

著　者　マイケル・ウェイド、ディディエ・ボネ、
　　　　横井朋子、ニコラウス・オブウェゲザー
監訳者　根来龍之
訳　者　門脇弘典
発行者　國分正哉
発　行　株式会社日経BP
　　　　日本経済新聞出版
発　売　株式会社日経BPマーケティング
　　　　〒105-8308　東京都港区虎ノ門4-3-12
装　幀　松田行正
ＤＴＰ　有限会社マーリンクレイン
印刷・製本　中央精版印刷株式会社
ISBN978-4-296-11362-0

本書籍に関するお問い合わせ，ご連絡は下記にて承ります。
https://nkbp.jp/booksQA

Printed in Japan